臺灣宗教統計學

謝邦昌 張家麟 李國隆 合著

蘭臺出版社

感謝員邦企業股份有限公司助印

序

　　宗教學研究近年來在台灣有了蓬勃的發展，各大學紛紛成立宗教學系。而宗教學也從早期被歸在神學的範疇中，十九世紀繆勒（F. Max Muller）將科學方法帶進宗教研究領域後，逐漸脫離神學而成為社會科學的一環，此時宗教得以誕生。宗教的研究範疇，是在探討人類的宗教活動，仍屬於社會科學的範疇。然而，通常一門社會科學的發展初期，特別是有許多現象與概念尚未清楚，或是資料並不顯明或數量不多的狀況下，往往是先透過質性的研究來進行現象的觀察，以及探索式的研究。在台灣宗教學目前的發展，也正顯示出這樣的樣貌。許多學者進行了相當有價值的質性研究，將一些隱而未現的現象給呈現出來。但是，如果一個學科要能夠有更符合科學的標準，那麼光是靠質性的研究來堆積其學術價值，或是被其他學科，甚至社會大眾予以認同，仍嫌不足。因此，當質性的研究發展到一個階段後，量化的研究就勢必要開始進行。學習過研究方法的同學都知道，質化與量化的屬性與定位是不同的，但對於社會科學的任何一門學科而言，這兩種研究方法應該都要被同等的重視。因為知識的累積，絕對無法單憑質化或量化研究而成。

　　由於憲法對人民宗教自由的權利保障，使得台灣社會中各種宗教信仰的發展也呈現相當多元的樣貌，也成為宗教學研究最佳的場域之一。宗教學在許多宗教學者多年的研究與努力之下，使得許多宗教現象也透過科學方法的整理而有系統地呈現在大家面前，每一年都有許多的研究與論文在進行與發表。這真的是一件值得高興的一件事。不過，我們也認在宗教學研究的領域中，也應該開始發展量化研究。而量化研究最重要的工具是統計學，相信許多宗教系所的學生以及從事宗教研究的人士多半對統計有著「望而生畏」的恐懼感。總覺得統計一定要數理很好才能學會。其實，拜資訊科技的發展所賜，現今個人電腦的普及，以及統計應用軟體的使用便利，統計似乎不再是那麼遙遠的一門技術。但

也因為這樣的便利，產生許多統計使用上的迷思，好比說：追逐顯著差異，以就是分析報表中「星星」越多，表示該研究越成功；或是不明究理地把資料往電腦裡丟，只要有報表就算是有交待，結果就產生所謂的「GIGO：garbage in, garbage out」，完全八竿子打不到的現象，統計軟體顯示有相關，但研究者卻沒有去分辨其相關是否有意義。

　　統計對於宗教研究者而言是一個分析的工具。但我們在使用統計的時候，仍然需要對其中的原理有一些基本的了解，以期能夠精準地使用統計方法與正確解釋分析結果。本書便是在這樣的思維基礎上來進行編寫，從敘述統計，進而推論統計的順序介紹各種統計方法的使用條件與方式。在統計軟體的示範上，本書使用 Microsoft Office 系列中的 MS Excel 軟體。這樣的考量，是因為該軟體應該是最為普及的基礎統計軟體，許多人或宗教團體都使用該軟體來進行簡單的計算或是會計使用。但除了這些功能之外，Excel 還能夠進行許多敘述與推論統計。或許它無法做到多變量或更難的統計分析但對於宗教統計的入門學習者而言，應該可以算是一個取得容易且便於使用的一個統計軟體。在本書各單元中也多以宗教現象來做為例子，希望各位同道與宗教學系的學生可以透過這本書，不再對宗教統計感到畏懼，甚至能駕馭它，進而喜歡它。

　　本書的完成，係由真理大學宗教學系系主任張家麟教授，與輔仁大學統計資訊學系謝邦昌教授所合著，並由中央警察大學犯罪防治研究所博士生李國隆編輯完成。書中每一章所搭配的宗教建築照片，係由李國隆與中華資料採礦協會執行秘書李勝輝先生所拍攝提供，在此向本書編寫當中所有提供協助的朋友與同道，一併致上感謝之意。

李國隆

張家麟

謝邦昌

2007.09.12.於真理大學

目錄

第一章 學好統計的第一步...1

1.1 統計是什麼？...1

1.2 統計學的用途...3

1.3 統計學是不是真的很難？(學習統計的步驟--課程、軟體).....................6

第二章 統計的兩大架構和觀念介紹......................................11

2.1 敘述統計和推論統計..11

2.2 名目、順序、區間、比例衡量尺度--四種尺度的衡量？.....................17

2.3 量和質的資料？...20

2.4 表達數據的方法...21

2.5 資料之取得...23

2.6 取得資料之可能錯誤..25

第三章 基礎數值資料的運用..27

3.1 位置量數--平均數(mean 或 average value)...............................27

3.2 位置量數--中位數(median)..29

3.3 位置量數--眾數(mode)..30

3.4 位置量數--第 P 百分位數(population percentile).........................30

3.5 位置量數--四分位數..31

3.6 離散度的量數--全距(range)...33

3.7 離散度的量數--四分位距(interquartile range；IQR)......................33

3.8 離散度的量數--變異數(variance).......................................33

3.9 離散度的量數--標準差(standard deviation).............................35

3.10 離散度的量數--異係數(coefficient of variation).......................36

3.11 形狀的量數--偏態係數？...36

3.12 形狀的量數--峰態係數？...37

3.13 Z-分數..40

3.14 柴比雪夫定理(Chebyshev's)..41

3.15 經驗法則(empirical rule)...41

3.16 偵測異常值...42

3.17 五量數彙總(five-number summary).....................................43

3.18 在 EXCEL 上的實際運用應用..43

第四章 統計圖表的利用......53

4.1 圖表在定性資料的表示方法--次數分配、相對次數分配、長條圖(bar chart)、圓形圖時......53

4.2 圖表在定量資料的表示方法--次數分配、相對次數分配時、點圖、直方圖......61

4.3 累積次數分配(cumulative frequency distribution)和累積相對次數分配(cumulative relative frequency distribution)的介紹......66

4.4 怎樣的表才清楚？......68

4.5 補充--EXCEL上的實際應用......68

第五章 機率導論......77

5.1 什麼是隨機 vs.什麼是機率......77

5.2 思考一下機率的意義......77

5.3 藉由『實驗』(experiment)得到『樣本點』(sample point)、『樣本空間』(sample space)......78

5.4 計數法則......79

5.5 重要的機率的規則......80

5.6 實驗結果之機率分配--古典法、相對次數法、主觀法......80

5.7 重要的『事件與事件機率規則』......84

5.8.1 基本的機率關係--事件的餘集(complement)、加法律......86

5.8.2 互斥事件(mutually exclusive events) --在加法律下......87

5.9.1 條件機率......88

5.9.2 獨立事件--在條件機率下......88

5.9.3 乘法律(multiplication law)，補充獨立事件--在條件機率下......89

5.10 貝氏定理(Bayes' theorem)：觀念最重要......91

5.11 機率與杯筊......93

第六章 隨機變數—離散機率配......97

6.1 隨機變(randomvariable)......97

6.2 離散機率分配(discrete probability distribution)......98

6.3 利用 EXCEL 產生各項分配的亂數......98

6.4 隨機變數的期望值(expected value)、隨機變數的變異數、隨機變數之和的期望值......102

6.5 二項分配的介紹(binomial probability distribution)、二項分配在 EXCEL 的運用.......108

6.6 卜瓦松分配(Poisson probability function)、卜瓦松分配在 EXCEL 的應用.......119

6.7 超幾何分配(hypergeometric probability distribution)、超幾何分配在 EXCEL 的運用.......126

6.8 利用 EXCEL 以各個分佈做練習-二項分布、負二項分布、超幾何分布、波氏分布.......130

第七章 隨機變數─連續機率分配.......135

7.1 隨機變數(random variable)--連續(continuous)隨機變數.......135

7.2 連續機率分配的基本介紹.......136

7.3 隨機變數的期望值、隨機變數的變異數、隨機變數之和的期望值.......137

7.4 均勻分配的介紹(uniform probability distribution)、均勻分配在 EXCEL 的運用.......138

7.5 常態分配的介紹(normal probability distribution)、常態分配在 EXCEL 的運用.......143

7.6 指數分配的介紹(exponential probability distribution)、指數分配在 EXCEL 的運用.......156

7.7 利用 EXCEL 以各個分佈做練習--常態分布、標準常態分布、指數分布 160

7.8 利用 EXCEL 介紹其他分布-伽瑪分布、卡方分布、貝他分布、F 分布、T 分布、韋伯分布.......164

第八章 抽樣.......173

8.1 抽樣的基本觀念.......173

8.2 從樣本瞭解母體.......175

8.3 抽樣的目的.......176

8.4 機率抽樣與非機率抽樣.......176

8.5 信賴敘述.......187

8.6 偏差及欠精確.......187

8.7 抽樣誤差與非抽樣誤差.......187

8.8 抽樣之前應該留意的問題(包括道德上的問題).......188

第九章 抽樣分配與點估計.......191

9.1 母體與參數及樣本與統計量...191

9.2 簡單隨機抽樣(simple random sampling) --有限母體的抽樣、無限母體的抽樣...192

9.3 點估計(point estimate) 196

9.4 $\overline{X}$ 的抽樣分配性質-- $\overline{X}$ 的期望值、$\overline{X}$ 的標準差、抽樣分配的圖形或形式：中央極限定理、$\overline{X}$ 之抽樣分配的實用價值、樣本大小與 $\overline{X}$ 的抽樣分配之關係...197

9.5 中央極限定理(central limit theorem) 199

9.6 抽樣誤差 sampling error($\overline{X}$ 之抽樣分配的實用價值) 200

9.7 $\overline{P}$ 的抽樣分配-- $\overline{P}$ 的期望值、$\overline{P}$ 的標準差、$\overline{P}$ 的抽樣分配形式、$\overline{P}$ 之抽樣分配的實用價值...201

9.8 點估計量的性質--不偏性(unbiased)、有效性(relative efficiency)、一致性(consistency)、充分性(sufficiency)..202

9.9 T 分配、F 分配、卡方分配在 Excel 的計算(未詳細介紹理論).............212

第十章 抽樣分配與區間估計.......................................219

10.1 區間估計的介紹...220

10.2 母體平均數之區間估計(interval estimate)-大樣本的情況、有關抽樣誤差之機率陳述、計算區間估計值..223

10.3 母體平均數之區間估計-小樣本的情況..................................230

10.4 樣本大小的決定(1)...233

10.5 母體比率之區間估計、樣本大小的決定(2).............................234

第十一章 假設檢定..239

11.1 建立虛無與對立假設..240

11.2 型 I 誤與型 II 誤...243

11.3 假設檢定與決策制定..246

11.4 母體平均數的單尾假設檢定：大樣本的情況...........................247

11.5 母體平均數的雙尾假設檢定：大樣本的情況...........................249

11.6 母體平均數的假設檢定：小樣本的情況..................................252

11.7 母體比率的假設檢定..260

11.8 計算型 II 誤的機率...262

11.9 決定母體平均數的假設檢定之樣本大小.................................263

第 十二章 二母體平均數與二母體比率之統計推論 267

12.1 二母體平均數差之估計：獨立樣本 267

12.2 二母體平均數差之假設檢定：獨立樣本 272

12.3 二母體平均數差之推論：成對樣本 282

12.4 二母體比率差之推論 289

第十三章 母體變異數之推論 295

13.1 單一母體變異數的推論 295

13.2 兩個母體變異數的推論 304

第十四章 卡方檢定：適合度與獨立性檢定 313

14.1 適合度檢定：多項母體 313

14.2 適合度檢定：卜瓦松與常態分配 317

14.3 獨立性檢定：列聯表 317

第十五章 簡單線性迴歸與相關 325

15.1 最小平方法 326

15.2 判定係數 328

15.3 迴歸模型與其前提假定 331

15.4 顯著性檢定 333

15.5 估計與預測 337

15.6 殘差分析：檢定模型假設 340

15.7 殘差分析：異常值與具影響力的觀察值 343

15.8 相關分析 354

第十六章 多元迴歸 371

16.1 多元迴歸模型與其前提假定 371

16.2 建立估計迴歸方程式 373

16.3 決定適合度 374

16.4 顯著關係的檢定 375

16.5 估計與預測 378

16.6 定性變數的使用 379

16.7 殘差分析 379

第十七章 變異數分析與實驗設計 391

17.1 變異數分析簡介 391

17.2 變異數分析：檢定 k 個母體平均數的相等性..........................393

17.3 多重比較程式..400

17.4 實驗設計簡介..405

17.5 完全隨機化設計..407

17.6 隨機化區集設計..416

17.7 析因實驗..422

習題解答..431

附錄附表..459

第一章　學好統計的第一步

1.1 統計是什麼？

　　內政部 94 年底宗教寺廟、教會(堂)概況（95 年 6 月 29 日）截至 94 年底止，國內登記有案之寺廟計 11,503 座；按宗教別分，以道教寺廟占 78.5%最多，佛教寺廟占 19.5%次多；各縣市以臺南縣、高雄縣、屏東縣均超過 1 千家較多，合計約達三成。

　　同期教會(堂)數計有 3,124 座；按宗教別分，以基督教占 77.2%最多，天主教占 21.7%次多；各縣市以臺北市、花蓮縣、臺東縣較多，合計約占三成。94 年底平均每縣市之寺廟及教會(堂)數達 585 座，亦即平均每鄉鎮市區有 40 座寺廟或教會(堂)。

　　94 年底我國登記有案之宗教類別計有 26 種，其中道教、佛教類設寺廟，天主教、基督教類設教會(堂)。茲將我國寺廟及教會(堂)概況分析如下：

一、寺廟：依寺廟登記規則之規定，寺廟應每十年重新辦理總登記，最近一次總登記係於 92 至 93 年間辦理完成，94 年底臺閩地區已登記之寺廟總數計有 11,503 座；信徒總人數約 96 萬 5 千人。

1.按登記別分：依寺廟登記規則正式登記之寺廟計有 6,157 座占 53.53％，僅補辦登記者 5,346 座占 46.47％。

2.按建別分：以募建者 11,060 座占 96.15％最多，私建者 436 座占 3.79％次之，公建寺廟僅 7 座占 0.06％。

3.按組織型態分：已辦理財團法人登記者 390 座，未辦理財團法人登記者 11,113 座(其中管理人制計 5,772 座，委員會制有 5,341 座)。

4.按宗教別分：以道教寺廟 9,027 座占 78.48％最多，佛教寺廟 2,248 座占 19.54％次多，一貫道 191 座占 1.66％次多，以上三類宗教寺廟數比率已達 99.68％，其餘宗教寺廟數僅 37 座占 0.32％。

5.按縣市別分：以臺南縣 1,178 座最多，高雄縣 1,111 座次多，屏東縣 1,064 座再次之，該三縣合計占寺廟總座數約達三成。

二、教會(堂)：94 年底我國教會(堂)數計有 3,124 座，以各教教徒資格認定之教徒人數約 55 萬 7 千人。

1.神職人員數：係為各教會(堂)負責神職工作人員，94 年底計有 6,549 人，其中本國籍者 5,448 人占 83.19％，外國籍者 1,101 人占 16.81％。

2.按組織型態分：已辦理財團法人登記者 1,447 座，未辦理者 1,677 座。

3.按宗教分：以基督教教會(堂)2,411 座占 77.18％最多，天主

教 679 座占 21.73％次多，二者合占 98.91％，餘者僅 34 座占 1.09％。

4.按縣市別分：以臺北市 425 座最多，花蓮縣 292 座次多，臺東縣 266 座再次之。

5.94 年底止，我國寺廟及教會(堂)計有 14,627 座，平均每縣市有 585 座，平均每鄉鎮市區有 40 座。

簡單來說，日常用語中的數字皆是統計的範疇，**統計即指數值事實。**

廣義而言，**統計是資料的蒐集、整理、分析與解釋。**目的在於提供管理者制定有效決策所需的資訊，方得以下較為正確且合理的決策並**大幅降低結果之不確定性。統計就是將大量的資料轉化成有用的資訊。**

統計決策是運用統計知識來認識和處理決策問題中的某些不確定性，進而作出決策。在大多數情況下，都假設這些不確定可以被看作是一些未知的數量，以 θ（唸做：Theta）表示。

在對 θ 作推論時，傳統統計學是直接利用樣本訊息，這些傳統推論大都不考慮所做的推論將被應用的領域。而統計決策則試圖將樣本訊息與問題的其他相關性質結合起來考慮，進而可以做出一個最好的決策。

1.2 統計學的用途

統計涉及的行業很多，**幾乎各行各業都與統計有關**，想利用統計這項工具和技能混口飯吃實在是太容易了，比方說在商業與經濟上的應用。

・會計

會計師事務所利用統計抽樣程序查核其顧客的帳目。一般而言，應收帳款的帳戶很多，逐一清點不但費時且花費頗大，查帳人員通常會選取一樣本予以核對，查核判定此顧客的資產負債表是否為可接受。

・財務

財務規劃者及顧問使用統計資訊來作投資決策。例如，在1989年4月10日，巴潤日報報導道瓊工業指數中的30種股票之平均本益比是10.7。當天，菲利浦・莫里斯公司股票的本益比為12。由資訊顯示，菲利浦・莫里斯的本益比高於平均值。綜合其他資訊，該經理可建議買進或賣出該股票。

・行銷

在推出新產品之前，廠商需先研究可能的市場反應與消費者對該產品的接受度。認定試驗市場與(或)消費者樣本後，試銷的統計資訊及消費者意見的彙總將有助於判斷是否將該產品全面推廣。

・生產

品質管制與批次允收抽樣是統計在生產上常見的應用。例如，在一批10,000個元件的貨品中，公司可能只測試其中100個，以決定是否要接受整批貨。如果這100個樣本大部分均通過測試，則整批貨將被接受。否則，將遭退貨的命運。

·經濟

　　經濟學家常被要求預測未來的經濟或相關資訊。例如，預測通貨膨脹率時，經濟學家會引用一些指標統計量，如生產者物價指數、失業率、工廠設備利用率建立預測模型。

　　而在宗教學的領域方面，我們也可以看到統計學的多元應用。例如在官方統計方面：內政部為蒐集臺閩地區各宗教寺廟、教會（堂）等團體有關信仰之設施、宗教活動狀況、社會教化及公益慈善事業辦理情形、未來發展方向，以及希望政府加強提供服務措施等資料，以提供政府規劃宗教輔導政策參考、學術研究及國際資料比較，每年辦理「臺閩地區寺廟、教會(堂)概況調查」。

　　另一方面，各宗教的在教務的管理上，也應用到許多基礎統計的技術，像是教友、信眾人數統計、捐款、奉獻統計等敘述統計。

　　而宗教學家為了探討宗教現象，或是社會大眾的宗教行為，甚至探索新興宗教的內涵。除了敘述統計之外，也需要運用一些如：相關分析、變異數分析、迴歸分析…等推論統計，甚至是多變量分析的統計技術。

　　不管是那一個領域，**統計都是一個相當有用的工具**，當我們將統計與專長結合後，將會發揮意想不到的效果！

1.3 統計學是不是真的很難？(學習統計的步驟--課程、軟體)

大多數的人對統計都有刻板印象，覺得統計都是數字和一大堆背不完的公式。從前的我也是，但反過來說，生活中何處不具數字的存在呢？坐公車需要投現，買東西必須付賬，學習所花的時間……等等。每天執著於無數無數的數字迷宮，卻計較接觸統計上的一點點數字，說穿了，**統計不過是生活上數字的整理和運用，它是簡化大量數值資訊的工具，簡單化所面對的問題，為什麼不學？**

通常統計的學習會面臨三個階段：**第一是學習打好基礎的概念**：像是基礎統計學的概念：敘述統計、抽樣、相關、迴歸、變異數分析…等，目的是要訓練你的思考模式和邏輯運用；**第二是工具上的準備**：工欲善其事必先利其器嘛，統計相關應用軟體的使用是不可或缺的；**第三是選擇想應用的領域**：多方學習，結合統計並實際操作運用。按部就班的努力，統計何難之有。

註：與統計有關軟體的使用 SAS、SPSS、STATISTICA、MINITAB、IMSL、GSA…等。

統計學的發展，隨著電腦的普及與運算速度的不斷提升，也越來越方便使用。在我們開始學習統計的時候，可以先從Microsoft 的 Excel 開始，它被命名為「試算表」。嚴格來說，它不算是一套標準的統計專用軟體，但是由於它的普及性很高，也包括了敘述與推論統計的基本功能，因此本書採用Microsoft Excel 做為示範的軟體。

首先，在安裝完 Excel 並啟動之後，我們還需要做一些進

一步的設定：

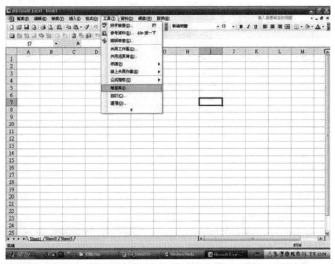

點選工作列上的"工具"選項，在下拉的選單中選取"增益集"選項。

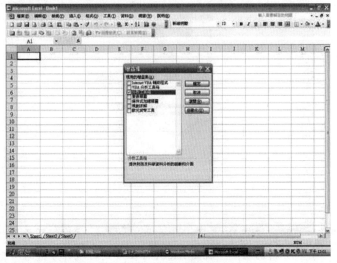

勾選"分析工具箱"並按"確定"。

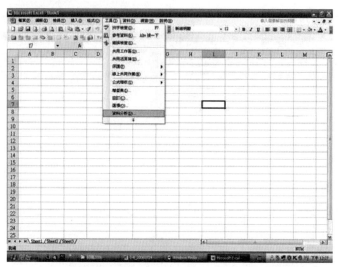

再點選 "工具"，就可以在下拉的選單中看到"資料分析"這個選項。

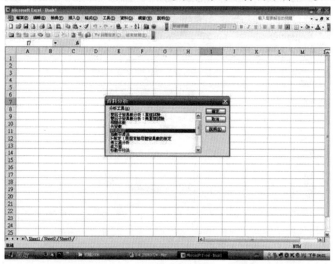

資料分析的功能，就是 Excel 中主要進行統計分析的功能。

宗教統計小常識

1.　您知道在台閩地區，有多少座寺廟嗎？

A：依內政部統計，至民國 94 年底共有 11503 座

習題

1.1　統計一詞指的是什麼？

1.2　統計的目的為何？

1.3　在宗教學中，統計學可以如何應用？

1.4　請嘗試從既有的統計資料中（網路、官方統計、期刊論文…），找出與宗教學有關的統計資料，並予以說明。

第二章 統計的兩大架構和觀念介紹

 ## 2.1 敘述統計和推論統計

◎敘述統計(descriptive statistics)：

我們對研究問題收集資料後，將資料整理、表現成彙總的形式，以利讀者瞭解。在報紙、雜誌、報告及其他出版品的統計資訊大多是敘述統計。這類資料的彙總可能是**表列的**、**圖示的**或是**數值的**。

◎推論統計(statistical inference)：

在許多情況下，欲收集的資料包括大群的元素，例如所有的信徒、全台灣的每戶家庭、寺廟道場或教堂、各年齡層的信眾等，這一大群元素的集合就稱之為母體。**在考慮時間、成本及其他因素，我們僅收集母體其中的一小部分資料**。所收集的

一小部份資料稱之爲樣本。從樣本中我們可以得知不少訊息和特性，再利用這些**樣本的的訊息和特性對原先的母體做分析、估計、檢定和預測**，目的在求得全體之一般化結果，這就是推論統計。

統計學之主要貢獻之一就是我們可**使用樣本資料獲取資訊**，並利用樣本得到的數據〈**通稱爲估計值(estimate)**〉對母體做檢定，得到有關**母體的特性，推得母體狀態**。這個過程稱爲統計推論。

由小知大的觀念

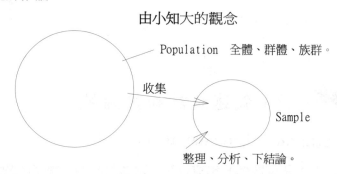

補充定義：

元素(elements)：資料的個體，通常以一筆資料作稱謂。

母體(population)：我們所要研究的對象全體稱爲母體（population），它是一群具有某種共同特性的人或事物之個體所構成的群體，而每一群體通常含有多種特性，可依某種特性歸納爲一母體，亦可依另一種特性歸納爲另一母體。

母體參數(Parameter)：用來代表族群特徵的量值稱爲母體參數。

樣本(sample)：樣本是抽自母體中之某些個體測量所構成，比如從 n 筆資料抽 50 筆資料，其中 50 筆就是樣本數。

樣本統計量（Statistic）：用來代表樣本特徵的量值稱爲樣本統計量。

變數(variables)：欲探究的元素特性，一筆資料中通常包含不只一種的變數。

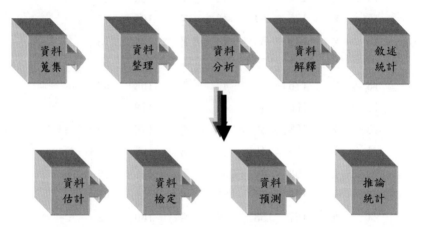

△敘述統計的例子：

資料是取自道學研究班上 56 人的身高、體重資料調查。

座號	性別	身高	體重	座號	性別	身高	體重
1	男	185	70	29	男	168	54
2	男	174	81	30	男	171	65
3	男	169	70	31	女	160	47
4	男	169	60	32	男	181	64
5	男	170	60	33	女	169	51
6	男	178	78	34	男	166	55
7	男	171	65	35	男	176	64
8	男	177	73	36	男	172	60
9	男	174	60	37	男	175	70

10	男	168	52	38	女	164	65
11	男	180	65	39	男	168	52
12	男	172	68	40	女	160	49
13	男	172	82	41	女	168	54
14	男	173	66	42	女	158	44
15	男	175	64	43	男	169	77
16	男	172	53	44	男	174	73
17	男	171	70	45	女	162	57
18	男	176	60	46	男	168	52
19	女	160	46	47	男	173	55
20	女	158	59	48	男	176	65
21	女	165	49	49	男	165	61
22	女	158	46	50	男	181	76
23	女	163	51	51	男	166	65
24	女	157	58	52	男	180	72
25	男	172	64	53	女	155	45
26	男	178	70	54	男	180	70
27	男	176	55	55	女	160	43
28	女	165	50	56	男	170	62

以下就是利用原始資料作出的簡單敘述統計。

身高		體重	
平均數	169.875	平均數	60.92857
標準誤	0.941835	標準誤	1.322104
中間值	170.5	中間值	60.5
眾數	168	眾數	70
標準差	7.048049	標準差	9.893721

變異數	49.675	變異數	97.88571
峰度	-0.56107	峰度	-0.71879
偏態	-0.19077	偏態	0.110229
範圍	30	範圍	39
最小值	155	最小值	43
最大值	185	最大值	82
總和	9513	總和	3412
個數	56	個數	56
信賴度(95.0%)	1.887479	信賴度(95.0%)	2.649555

在 EXCCEL 上的運用

Step1 輸入資料檔如下圖

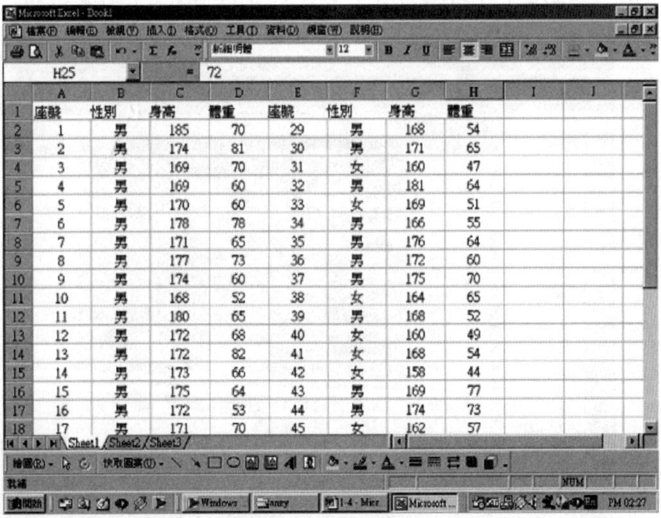

	A	B	C	D	E	F	G	H
1	座號	性別	身高	體重	座號	性別	身高	體重
2	1	男	185	70	29	男	168	54
3	2	男	174	81	30	男	171	65
4	3	男	169	70	31	女	160	47
5	4	男	169	60	32	男	181	64
6	5	男	170	60	33	女	169	51
7	6	男	178	78	34	男	166	55
8	7	男	171	65	35	男	176	64
9	8	男	177	73	36	男	172	60
10	9	男	174	60	37	男	175	70
11	10	男	168	52	38	女	164	65
12	11	男	180	65	39	男	168	52
13	12	男	172	68	40	女	160	49
14	13	男	172	82	41	女	168	54
15	14	男	173	66	42	女	158	44
16	15	男	175	64	43	男	169	77
17	16	男	172	53	44	男	174	73
18	17	男	171	70	45	女	162	57

Step2 在資料分析中選入敘述統計如下圖。

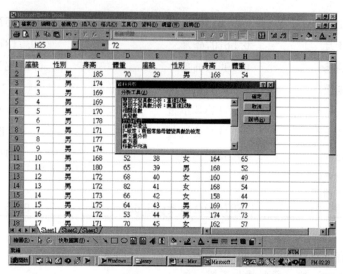

Step3 按確定即可到上面表中的分析資料，以表中的資料以做統計決策
之運用。

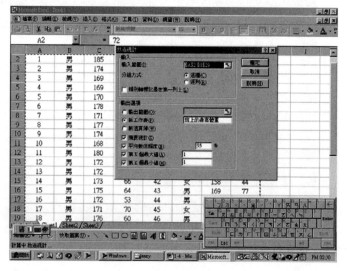

△推論統計的例子：

在「大學生對宗教與科學態度調查」的全國樣本中，表示沒有宗教信仰的有 38.4%；民間信仰 27.4%；佛教 15.3%；道教 11.7%；基督宗教 4.1%；其他宗教 3.2%，可推論台灣地區有 3.8 成以上的大學生沒有宗教信仰，此即為推論統計學。

△母體與樣本的例子：

輔仁大學全校在校學生近二萬五千人，在上述研究中，研究者隨機從各學院中抽取學生接受訪問調查，結果如下表：

學 院	輔仁大學 次 數
文學院	56
醫學院	8
藝術學院	7
理工學院	89
外語學院	7
民生學院	4
法學院	8
管理學院	48
其他	58
總計	285

此時輔仁大學全校在校學生近二萬五千人即為母體，所抽取的 285 為學生構成一組樣本。

2.2 名目、順序、區間、比例衡量尺度--四種尺度的衡量？

欲對所研究主題事物能有充分的描述，以便進一步的處理與分析。因此，在資料蒐集時，根據主題事物的性質及可能的衡量水準，將資料按衡量尺度的不同分為四類：名目尺度、順

序尺度、區間尺度及比例尺度。

◎名目尺度＝類別尺度(nominal scale)：

根據特徵的性質做分類，每類答案的代表數字只作為分類用，目的在求分類。例如，根據受訪者偏好可分為兩類："喜歡"與"不喜歡"，"是"與"否"；宗教類別的資料可用代碼表示：0 為"沒有宗教信仰"；1 為"民間信仰"；2 為"佛教"；3 為"道教"；4 為"基督宗教"；5 為"其他宗教"。以利於記錄及電腦處理。切記數值 1、2 與 3 僅只是辨認宗教類別的符號而已。名目資料的算術運算如**加、減、乘與除是無意義的**。

其他為名目尺度之變數如下：

- 性別(男，女)
- 婚姻狀況(未婚，已婚，分居，離婚)
- 宗教信仰(基督教、佛教、天主教……)
- 零件辨識碼(A13622，12B63)
- 就職狀況(就業，失業)
- 門牌號碼(5654，2712，624)

◎順序尺度(ordinal scale)：

當資料有名目資料的性質，且**資料的順序或階層等級有其意義**時，此變數的衡量尺度即為順序尺度。例如教會為了了解教友對其聚會時間的安排、教友服務、聚會形式等意見，在問卷中設計比較級的問項——非常滿意、滿意、沒意見、不滿意、非常不滿意做調查。在順序尺度中只能看出高低次序，代無法

確定各類別之間的差距，例如可知 A 的專業成績是 80 分，B 的專業成績是 40 分，C 的專業成績是 120 分，不能說 A 是 B 的 2 倍專業，A 和 C＝A 和 B 的差異，這樣說是沒有意義的。順序尺度資料可爲非數值或數值。**順序資料的算術運算如加、減、乘與除是無意義的。**

◎區間尺度(interval scale)：

兩個元素的資料值的比較，不僅可以表示順序的關係，尚能測量各順序位置的距離。以一元素的區間資料值減去另一元素的區間資料值即得此二元素的差，衡量此變數的尺度即爲區間尺度。例如溫度，台北 15 度，台南 25 度，所以知道台南比台北熱，台南和台北相差 10 度，但台南再熱，也沒有人可以說出台南最熱的溫度是幾度，是 30 度？40 度？還是 50 度？**因爲區間尺度沒有自然原點 0**，也就是說，現在室外溫度是 0 度，並不代表沒有溫度，還可以有-1 度、-10 度…等。你也不可能說台南是台北的 1.67 倍熱，這樣說是沒有意義的。所以**區間尺度資料的算術運算，如：加、減均爲有意義的，但無法使用乘、除的運算。**因此，這類資料在統計分析上較名目或順序尺度更有彈性。

◎比例尺度(ratio scale)：

簡單來說，**可以加減乘除的變數即爲比例尺度。**如：距離、高度、重量、年齡與時間等變數即爲比例尺度。這種尺度**必包含絕對零值**，且零值表示在零點時，此變數不包含任何事物。當我們收集有關金額的資料時，我們會使用比例尺度。例如—

變數是信徒捐獻的金額，則零捐獻表示該信徒並未捐獻任何金錢(無捐獻)。如果比較某月收到信徒捐獻總額為 10,000 元與上個月信徒捐獻總額為 5,000 元，則依比例的性質可獲知該月收到的捐獻是上個月的 10,000÷5,000=2 倍。比例資料具有區間資料的所有特性，在加、減、乘、除上均為有意義的。因此，比例尺度資料在統計分析上最有選擇性。

資料所含的資訊量因衡量尺度而異。**資訊量由小排到大的順序是：名目〉順序〉區間〉比例資料。區間與比例資料的算術運算為有意義，名目與順序資料的算術運算沒有意義。**

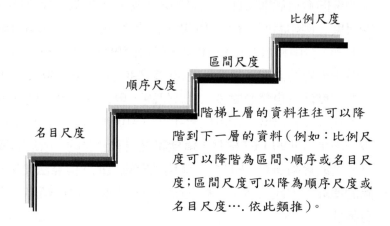

比例尺度

區間尺度

順序尺度

名目尺度

階梯上層的資料往往可以降階到下一層的資料（例如：比例尺度可以降階為區間、順序或名目尺度；區間尺度可以降為順序尺度或名目尺度….依此類推）。

2.3 量和質的資料？

統計資料依據其變量的特性可分為量的資料與質的資料，量的資料亦稱為定量資料，係依據數字尺度衡量的出來的資料，而質的資料亦稱為定性資料，係依據資料的屬性或類別尺

度來區分的資料，又稱爲類別資料。

◎量==定量的資料(quantitative data)：

定量資料是由區間或比例衡量尺度得來，爲數值性的連續資料。

◎質==定性的資料(qualitative data)：

定性資料是由名目或順序衡量尺度獲取的，不可做數值運算，爲間斷的資料。

△定性資料的例子：
某教會 40 位教友的出生地區，以 N 代表北部，以 M 代表中部，以 S 代表南部，以 E 代表東部，得到資料如下：

```
M  M  S  N  E  E  N  S  M  M
E  S  N  M  S  M  N  E  M  M
S  S  M  N  N  S  E  E  M  N
E  S  S  E  N  M  M  S  N  E
```

☛ 2.4 表達數據的方法

　　一般而言,數據的表達方法有比（Ratio）、比率（Rate）與比例（propotion），其中最常見的是比例，以下將針對比例做進一步的說明：

　　比例即指一數值佔總數的比重，若將之乘 100 即百分數。目的是使兩個或更多個數目間的大小關係更能明確的表示出來。百分位數的小數點是可以省略的，雖然小數點多的資料比較精確，但容易使閱讀資料的人感到麻煩，不如省略它，增加列表的明瞭化。

△百分數的例子——

　　在「大學生對宗教與科學態度調查」中，依各學院分別自全國所有大學與輔仁大學抽出樣本，各學院樣本在全國所有大學與輔仁大學兩組樣本的抽取情況如下：

全國與輔大樣本數比較表

學院	全國大學生樣本 次數	輔仁大學樣本 次數
文學院	225	56
醫學院	44	8
藝術學院	43	7
理工學院	372	89
外語學院	43	7
民生學院	23	4
法學院	39	8
管理學院	205	48
其他	120	58

　　基於上表，要比較其相互間的關係甚為困難，所以，我們將之轉換為百分位數做觀察，見下圖。

全國與輔大樣本數比較表（含百分比）

學院	全國大學生樣本 次數	百分比	輔仁大學樣本 次數	百分比
文學院	225	20.20%	56	19.60%
醫學院	44	3.90%	8	2.80%
藝術學院	43	3.90%	7	2.50%
理工學院	372	33.40%	89	31.20%
外語學院	43	3.90%	7	2.50%

民生學院	23	2.10%	4	1.40%
法學院	39	3.50%	8	2.80%
管理學院	205	18.40%	48	16.80%
其他	120	10.80%	58	20.40%

　　我們可以明顯看出兩組樣本在各學院分配的比例趨勢是差不多的。由上可得知，百分位數是比較簡單清楚有較的表達方式。

2.5 資料之取得

◎已存在資料之來源—第二手資料。

　　在某些情況下，資料已在組織或機構內。例如，所有的宗教組織都存有會友的資料，及該組織的運作情形資料。由內部的人事檔案，很容易取得專職工作人員的薪資、年齡及年資等資料。而由其他的檔案，可得到捐款收入、固定成本、人事成本、出版品庫存量及生產量等資料。除此之外，有一些外部的來源也會定期收集並出版許多非營利組織與經濟社會趨勢的資料。所以宗教組織可與專精與維護某特定資訊系統的機構簽合約，以使用其資料庫。政府機構是現存資料的另一重要來源。例如，主計處有各種調查的資料檔。這類的資料大多可用合理的價格取得。

◎調查而得的資料—第一手資料。

　　有時候，所需的資料並不是現存的資料，則必須進行統計研究以收集資料。此種的統計研究可分為兩類：實驗性的或觀察性的。

·實驗性的研究(experimental study)

　　欲探究的變數已被認定。在該研究中，控制一個或以上的因子，以獲得那些因子對變數的影響之資料。例如，一藥廠想進行一項實驗以獲悉某新藥對血壓的影響。血壓即為本研究欲探究的變數，新藥是影響血壓的因子。為取得資料，將選取受試者的樣本。新藥的劑量將被控制，然後以不同的劑量施於不同的組別，並收集各組的血壓資料。針對此研究資料的統計分析將有助於判定新藥對血壓的影響。

·觀察性的研究(observational study)

　　欲探究的變數並無控制。最常見的觀察性的研究就是調查。在調查中，先認定研究的問題，然後設計問卷，交由被抽取的受調查者作答。以這種方式進行，可獲得與研究變數相關的資料，且未特意控制影響該變數的因子。

　　欲藉資料與統計分析協助制定決策的管理者，應考慮到獲得資料所需的時間及成本。當需在短期間內取得資料時，最好是用現存的資料。如果資料無法由現有的來源提供時，收集資料所需的額外時間及成本都應列入考慮。

資料來源

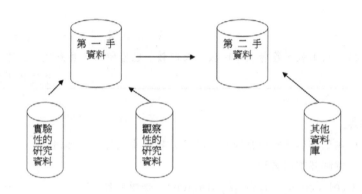

2.6 取得資料之可能錯誤

　　管理者需明瞭在統計研究中所使用的資料可能會有錯誤。**使用錯誤的資料產生的統計分析比完全不使用該資料及統計資訊更糟。**取得的資料之所以會產生錯誤，係由於所得的資料值與用正確程序所得的真實值不等所致。這類錯誤發生的情形有許多種。例如，訪問者可能會記錄錯誤，將年齡 24 歲誤寫為 42。或是，受訪者誤解問題而做不正確的回應。

　　有經驗的資料分析人員在收集及記錄資料時，均極審慎，以防錯誤的發生。有些特定的程序可以檢查資料一致性和邏輯性。資料分析人員也會對特別大或特別小的數值，即所謂的異常值(Outlier)，加以檢查。**盲目地使用唾手可得的資料或不夠謹慎的情況下所取得的資料，會產生不良且誤導的資訊。**若所得的資料為正確資料，則有助於提供可靠且有價值的決策資訊。

宗教統計小常識

您知道在台閩地區，有多少座教會（堂）嗎？

A：至民國 94 年統計共有 3124 座
包括：天主教、基督教、回教、天理教、巴哈伊教、真光教、山達基教
會與其他教會

習題

2.1 試述描述統計與推斷統計在統計研究中的地位和作用。

2.2 試解釋下列名詞：

元素(elements)、母體(population)、母體參數（Parameter）、樣本
(sample)、樣本統計量（Statistic）、變數(variables)

2.3 資料按衡量尺度的不同分為那四類？

2.4 所謂量的資料與質的資料是說明資料的何種性質？

2.5 一般而言，數據的表達方法有那些？

2.6 一般而言，資料的取得來源有那些？

2.7 在第一手資料中，亦意分為那幾種資料來源？

2.8 資料分析人員在收集及記錄資料時應如何防止錯誤的發生。

第三章 基礎數值資料的運用

3.1 位置量數--平均數(mean 或 average value)

◎平均數:

平均數提供了中心位置的量數,其算法是將所有資料值加總,再除以資料個數。

如果資料得自樣本,平均數以 $\overline{x}$ 表示;如果資料得自母體,則以希臘字母 μ 代表。在統計公式中,常以 x1 代表第一個資料值,x2 為第二個資料值,xi 為第 i 個資料值,以此類推。樣本平均數的公式如下:

$$樣本平均數:\overline{X} = \frac{\sum X_i}{n}$$

其中,n=樣本資料個數的總和。

計算母體平均數的公式是相同的，但需以不同的符號表示我們是針對整個母體。我們以 N 代表母體中的元素個數，而以 μ 代表母體平均數。

$$母體平均數：\mu = \frac{\sum X_i}{N}$$

平均數的計算方便而且容易瞭解，在同性質及同重要性的數值所求得的平均數更具有代表性，當數值的個數充分多時，其代表性就很好；但是它易受極端值的影響。

△平均數的例子——
某教會某月從會友中抽出 9 名，其什一奉獻分別是：
x1=\$2000，x2=\$2500，x3=\$4000，x4=\$6000，x5=\$3500，
x6=\$2500，x7=\$5000，x8=\$3200，x9=\$3800。
這 9 名樣本會友什一奉獻額之平均數為：
$\bar{x}$ =（2000+2500+4000+6000+3500+2500+5000+3200+3800）/9
=3611.11。

◎裁剪平均數：

一變數偶爾會含一個以上特別大或特別小值，這些值將嚴重地影響其平均數。為了不受這些異常值的影響，我們可從資料集中刪除某些比率之特別大與特別小的資料值。由剩餘的資料所求得的平均數即為所謂的裁剪平均數(trimmed mean)。裁剪平均數可更有效地描述資料集的中心位置。裁剪平均數係先由資料的兩端各刪去 α %的資料項，然後計算剩餘項之平均數。例如，5%裁剪平均數是指先刪去 5%的最小資料值與 5%的最大資料值，然後以中間 90%的資料計算 5%裁剪平均數。

◎**幾何平均數**：$G = \sqrt[n]{\prod_{i=1}^{n} x_i}$ ；幾何平均數是 n 個數值連乘

之 n 次方根；其意義欠明顯，不常為人所用；若遇一群事實，其值變化大約按照一定的比例時，則幾何平均數較為適用，例如求物價指數及人口增加率等。

◎**調和平均數**：$H = \dfrac{N}{\sum \dfrac{1}{x_i}}$ ；調和平均數是 n 個數值中各個

數值倒數的算數平均數的倒數；其意義不易瞭解，應用範圍小，通常僅在求平均速率及平均物價時會用到。

3.2 位置量數--中位數(median)

當我們將資料項由小到大依序排列時，位於中間位置的資料值即為中位數。

中位數是數值由小而大作一次序的排列，其居中的一數值在其上下數目皆相同，此數值皆為中位數；若個數為偶數個，則中位數為最中間的兩個數的平均；中位數為全體資料的中心，不受兩端極值大小變化的影響。

△中位數的例子——

同上例，某教會某月從會友中抽出 9 名，其什一奉獻分別是：

x1=\$2000，x2=\$2500，x3=\$4000，x4=\$6000，x5=\$3500，x6=\$2500，x7=\$5000，x8=\$3200，x9=\$3800。

將這 9 名樣本會友什一奉獻額由小排到大的順序如下：

2000，2500，2500，3200，3500，3800，4000，5000，6000

∴3500 為中位數。

3.3 位置量數--眾數(mode)

眾數是出現次數最多的資料值。

有時候，可能有兩個以上的值皆具相同的最多次數。因為眾數並非唯一的。如果資料恰含兩個眾數，我們稱此資料為雙眾數(bimodal)；如果多於兩個眾數，則稱其為複眾數(multimodal)。在複眾數的情形下，我們甚少報告眾數值，因為用這麼多數值來描述中心位置並不恰當。**眾數是定性資料的一個重要的位置量數。**

3.4 位置量數--第 P 百分位數 (population percentile)

第 P 百分位數的計算過程——

步驟 1：將資料由小到大排列。

步驟 2：計算位標 i 如下：

$i=（p/100）\times n$

其中 p 是欲探究的百分位數，而 n 是觀察值總和。

步驟 3： 如果 i 不是整數，則下一個大於 i 的整數即為第 p 個百分位數的位置。

如果 i 是整數，則第 p 個百分位數為位置 i 與 i+1 的資料值之平均。

△第 p 百分位數的例子——

某教會某月從會友中抽出 9 名，其什一奉獻分別是：

x1=$2000，x2=$2500，x3=$4000，x4=$6000，x5=$3500，x6=$2500，

x7=$5000，x8=$3200，x9=$3800。

將這 9 名樣本會友什一奉獻額由小排到大的順序如下：

2000，2500，2500，3200，3500，3800，4000，5000，6000

欲求第 40 的百分位數= (40/100)*9=3.6，所以下一個整數是

『4』，表示第 4 個數『3200』就是第 40 的百分位數。

3.5 位置量數--四分位數

我們欲將資料分為四部分，每部分各含約 1/4(或 25%)的

資料項。

四分位數，定義如下 :

Q1=第一個四分位數，即第 **25** 個百分位數。

Q2=第二個四分位數，即第 **50** 個百分位數(亦即中位數)。

Q3=第三個四分位數，即第 **75** 個百分位數。

我們將四分位數定義為第 25 個、第 50 個與第 75 個百分位

數，因此我們以計算百分位數的方法計算四分位數。然而，計

算四分位數的方法有很多種，利用不同的計算方法，所得的四

分位數可能不盡相同。不過所有計算四分位數的方法，其目的

皆為將資料分為約略相等的四等分。

在 EXCEL 上的運用

Step1 輸入資料檔，並選擇「函數」、「統計」、「quartile」如下圖。

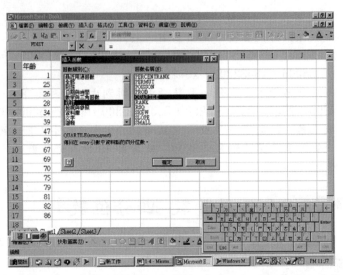

Step2 再第一個位子圈入要分析的資料，在 Quart 的位子填入 1 是指要計算第一四分位數，依此類推渴求出第二、第三、第四、四分位數。

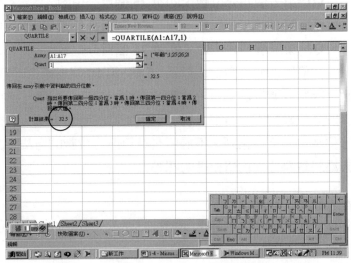

Step3 由上圖可知第一四分位數為 32.5。

☞ 3.6 離散度的量數--全距(range)

全距是指資料中最大值與最小值之差距。

一群觀測值中,最大和最小觀測值的差,稱為全距;一般來說,全距越大表示這一群觀測值的差異性較大,但這只是一般狀況,並不是絕對,畢竟全距只是掌握在兩個極端值上,對於其它的所有觀測值並一無所知,所以用它來表示觀測值的差異性略嫌粗慥。

全距是最簡單的離散度量數,但卻很少使用,原因在於最大值與最小值的相減容易受極端值的影響。

☞ 3.7 離散度的量數--四分位距 (interquartile range;IQR)

第三個四分位數 **Q3** 與第一個四分位數 **Q1** 之差。

四分位距:**IQR**=$Q_3 - Q_1$

四分位距的計算簡便,其結果視中間部份百分之五十的數值而定,且不受兩端數值的影響;但同一四分位距值仍可表示若干不同分配之離差;意即當在計算一群事實的離差而忽略全部事實的二分之一,不能謂之合理。

☞ 3.8 離散度的量數--變異數(variance)

各資料值 x_i 與平均數的差(樣本平均數為 $\bar{x}$,母體平均數為 μ 之差)稱為對平均數的離差(**deviation about the mean**)。

對樣本而言，離差寫爲 $x_i - \overline{x}$；而對母體而言，其爲 $x_i - \mu$。在計算變異數時，需將對平均數的離差平方。若資料集爲母體時，離差平方和的平均稱爲母體變異數(population variance)，記爲希臘符號 σ^2。若一母體含有 N 個資料項，且以 μ 代表其母體平均數，則母體變異數的定義如下：

$$\text{母體變異數}：\sigma^2 = \frac{\sum(X_i - \mu)^2}{N}$$

在許多統計應用上，我們所能運用的資料通常爲樣本資料。當我們計算樣本的變異程度時，**我們常以樣本統計量估計母體參數 σ^2**。因此，**對樣本平均數的離差平方和之平均即是母體變異數的一個極佳的估計值**。然而，**統計學家已發現樣本的均方差(average squared deviation)似乎有低估(underestimate)母體變異數的情形**，正因如此，我們認爲前者是一偏誤的估計值(biased estimate)。

幸運的是，我們只要將離差值的平方和除以 n-1，而非 n 時，即可得樣本統計量對母體變異數的不偏估計值(unbiased estimate)。

樣本變異數(sample variance)：$s^2 = \frac{\sum(X_i - \overline{X})^2}{n-1}$

計算變異數的另一公式：$S^2 = \frac{\sum X_i^2 - n\overline{X}}{n-1}$

變異數的最大目的是看資料的離散程度。當比較兩個樣本時，變異數較大的樣本，離散度也較大。

🔑 3.9 離散度的量數--標準差(standard deviation)

變異數的正平方根。

我們以 s 代表樣本標準差，σ 代表母體標準差。

樣本標準差：$s = \sqrt{s^2}$

母體標準差：$\sigma = \sqrt{\sigma^2}$

以標準差來代替變異數有什麼好處呢？關鍵就在計算變異數時，各數值的單位都取平方。換句話說，**標準差的衡量單位與原始資料無異**。標準差通常更容易與平均數及其他和原始資料有相同單位的統計量來相互比較。

△全距、四分位差、標準差的例子——

5 位宗教學系學生統計學的成績分別為 90，100，75，52，80。

(1) 全距：

R=最大值－最小值=100－52=48

(2) 四分位差：

先將資料由小至大排列，得到 52，75，80，90，100，因 (25/100)*5=1.25，故第 25 的百分位數為第二個數字，即 Q1=75；第 75 的百分位數為(75/100)*5=3.75，第四個數字即 Q3=90。因此，

$$四分位差 = \frac{Q3 - Q1}{2} = \frac{90 - 75}{2} = 7.5$$

(3) 標準差

平均數=(90+100+75+52+80/50)=79.4

S=(【(52-79.4)2+(75-79.4)2+(80-79.4)2+(90-79.4)2+(100-79.4)2】/(5-1))0.5=18.08

☛ 3.10 離散度的量數--異係數 (coefficient of variation)

變異係數：（標準差/平均數）×100

當兩個資料集的標準差與平均數皆不等時，變異係數是比較兩個資料集其離散度的有效統計量。

☛ 3.11 形狀的量數--偏態係數？

一群事實的次數分配不對稱謂其具有偏態（skewness）。

在對稱分配中，眾數、算術平均數、與中位數合一；次數分配如有所偏斜，則眾數及算術平均數與中位數分別向相反的方向離開；次數分配向右偏斜時算術平均數向右偏離、眾數向左偏離，故算術平均數大於眾數，這是因為右偏分配包含了一些比大多數觀測值大很多之數值；而眾數完全不受極端值之影響，但算術平均數受所有數值資料的影響，故頃向極端值的方向；因此在右偏分配中，算術平均數是三種量值中最大的，而較不受極端值影響的中位數，則位於算術平均數及眾數之間；向左偏斜的情形為算術平均數向左偏離、眾數向右偏離。由此可知，**算術平均數與眾數之距離與次數分配之偏斜度具有密切的關係。**

【1】離差偏態：

絕對偏態--- $m_3 = \sum (x_i - \mu)^3$

相對偏態--- $b_1 = \text{S.K.} = \dfrac{m_3}{\sigma^2}$

【2】次數偏態：b_1＝S.K.＝$\dfrac{n_b - n_a}{N}$

n_b＝大於 μ 的個數、n_a＝小於 μ 的個數

（b_1＝0 對稱，b_1＞0 右偏，b_1＜0 左偏）

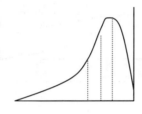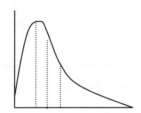

平均數 中位數 眾數　　　眾數 中位數 平均數

　　左偏　　　　　　　　右偏

🔑 3.12 形狀的量數--峰態係數？

峰度（kurtosis）是指次數分配曲線的高峰之高聳程度。

判斷一群事實次數分配峰度的高低，是以標準常態分配的峰度為標準。

$$b_2＝\text{K.}＝\dfrac{m_4}{m_2^2}$$

（b_2＝3 標準常態峰，b_2＞3 高狹峰，b_2＜3 低闊峰）

ps：r 階主動差--- $m_r = \dfrac{\sum (x_i - \mu)^r}{N}$

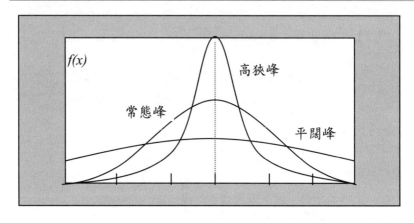

◎總表

位置的量數		離散度的量數	
算術平均數	樣本平均數： $\overline{X} = \dfrac{\sum X_i}{n}$ 其中，n=樣本資料個數的總和。	全距	全距是指資料中最大值與最小值之差距。
裁剪平均數	裁剪平均數係先由資料的兩端各刪去 α%的資料項，然後計算剩餘項之平均數。	變異數	母體變異數： $\sigma^2 = \dfrac{\sum(X_i - \mu)^2}{N}$ 樣本變異數(sample variance)： $s^2 = \dfrac{\sum(X_i - \overline{X})^2}{n-1}$

幾何平均數	$G=\sqrt[n]{\prod\limits_{i=1}^{n}x_i}$	標準差	母體標準差： $\sigma=\sqrt{\sigma^2}$ 樣本標準差： $s=\sqrt{s^2}$
調和平均數	$H=\dfrac{N}{\sum\dfrac{1}{x_i}}$	變異係數	（標準差／平均數） $\times 100$
中位數	當我們將資料項由小到大依序排列時，位於中間位置的資料值即為中位數。	四分位距	$IQR=Q_3-Q_1$
眾數	眾數是出現次數最多的資料值。	偏態係數	形狀的量數 【1】離差偏態： 絕對偏態 $m_3=\sum(x_i-\mu)^3$ 相對偏態 $---b_1=S.K.=\dfrac{m_3}{\sigma^2}$ 【2】次數偏態： $b_1=S.K.=\dfrac{n_b-n_a}{N}$ n_b＝大於 μ 的個數、n_a＝小於 μ 的個數（$b_1=0$ 對稱，$b_1>0$ 右偏，$b_1<0$ 左偏）
第P百分位數	計算位標 i 如下： 　i＝（p/100）×n 其中 p 是欲探究的百分位數，而 n 是觀察值總和。		

四分位數	我們欲將資料分為四部分,每部分各含約 1/4(或 25%)的資料項。其計算方法同「第 P 百分位數」之計算過程。	峰態係數	$b_2 =K.= \dfrac{m_4}{m_2^2}$ (b_2 =3 標準常態峰, b_2 >3 高狹峰, b_2 <3 低闊峰)

3.13 Z-分數

Z-分數通稱為該項的標準化數值(standardized value)。

利用平均數與標準差,我們可以決定任一資料值的相對位置。假設一樣本含 n 項資料值 $x_1, x_2, ..., x_n$,並假設樣本平均數 $\overline{x}$ 與樣本標準差 s 為已知。對應於各資料值 x_i,有所謂的 Z 分數 (Z-score)。下式即為資料值 x_i 的 Z-分數之計算方法。

$$\text{Z-分數:} \quad z_i = \frac{X_i - \overline{X}}{S}$$

其中 Zi=第 i 項的 Z-分數, $\overline{X}$ =樣本平均數,S=樣本標準差

標準化數值,亦即 Z-分數,可說明 x_i 與平均數 $\overline{x}$ 之間距離的標準差數。例如, z_i =1.2 表示 x_1 比樣本平均數大 1.2 個標準差。同理, z_2 =-0.5 表示 x_2 比樣本平均數小 0.5 個標準差。由公式可看出,當資料值大於樣本平均數時,其 Z-分數必大於零,而當資料值小於樣本平均數時,其 Z-分數必小於零。**Z-分數為零時,該資料值恰等於平均數。**

Z-分數可解釋為資料集裡的任一元素之相對位置。即使是來自不同資料集的資料項,若它們的 Z-分數相同,表示若以標準差為距離單位時,其與平均數的距離是相同的,所以可將這

些資料項的**相對位置**視為相同。

🔑📌 3.14 柴比雪夫定理(Chebyshev's)

依據柴比雪夫定理，**我們可以決定到底有多少百分比的資料項會落於與平均數相距某特定個標準差之區間內**。定理如下所述：

在任一資料集裡，至少有$(1-1/k^2)$的資料項會落於與平均數相距 k 個標準差之區間內，其中 k 是任何大於 1 的數值。

將這個定理應用於 k=2、3 與 4 的情況，則可得知：

·至少有 0.75 或 75%的資料項落於與平均數相距 k=2 個標準差之區間內。

·至少有 0.89 或 89%的資料項落於與平均數相距 k=3 個標準差之區間內。

·至少有 0.94 或 94%的資料項落於與平均數相距 k=4 個標準差之區間內。

柴比雪夫定理的方便之處在於其可適用於任何分配之資料集，而**毋須在意資料的分配形狀**。

🔑📌 3.15 經驗法則(empirical rule)

在實際應用上，柴比雪夫定理更進階的使用是以經驗法則來決定，**資料集型態皆有鐘形(bell-shaped)分配=常態分配**。當我們確信所欲研究的資料集近似這種分配時，我們可利用經驗法則決定與平均數相距某特定標準差之資料項所佔的百分比：

對鐘形分配的資料而言，經驗法則：

· 大約 68%的資料項與平均數相距在一個標準差之內。

· 大約 95%的資料項與平均數相距在二個標準差之內。

· 幾乎所有的資料項都與平均數相距在三個標準差之內。

3.16 偵測異常值

資料集裡偶爾會有異常大或異常小的資料值，這些數值稱為異常值(outlier)。有經驗的統計學家會先辨認異常值的所在，並小心查證。如果這個異常值是導自錯誤的記錄，則在進一步分析之前，可予以更正。如果此異常值根本不應包含於此資料集內，則可將它刪除。最後，如果記錄是正確的，而且確實屬於這個資料集，則我們應將這個異常值保留下來。

標準化數值(Z-分數)有助於辨識異常值。回想前面所提及的經驗法則：對鐘形分配的資料集而言，幾乎所有的資料項都在距平均數三個標準差的區間內。因此，我們建議將 Z-分數小於-3 或大於 3 的資料項視為異常值，然後檢視這些資料項的準確性，並判斷其是否屬於此資料集。

P.S.1：在分析資料前，統計學家經常作不同的檢視，以確保資料的可靠性。在大型研究中，資料記錄錯誤或電腦輸入錯誤並不罕見。辨認異常值即是檢視資料可信度的一種方法。

P.S.2：柴比雪夫定理適用於任一資料集，並陳述至少有多少資料項會落於與平均值相距於某特定個標準差之區間內。如果已知資料集近似於鐘形分配，利用經驗法則可知，大約 95%的資料項與平均數相距在二個標準差之內；而柴比雪夫定理僅說至少有 75%的資料項將落於此區間內。

3.17 五量數彙總(five-number summary)

在五量數彙總中，我們利用下列五個量數彙總資料：

1.最小值。

2.第一個四分位數(Q_1)。

3.中位數。

4.第三個四分位數(Q_3)。

5.最大值。

在五量數彙總中，大約有四分之一(25%)的資料值落於相鄰的二彙總量數之間。

3.18 在 EXCEL 上的實際運用應用

△ 補充 1——在 EXCEL 上的實際運用應用

當我們蒐集到資料後，第一個念頭就是這堆資料到底要傳達什麼訊息給我們，這些資料是否呈現某種特性，並希望把龐大且複雜的數據整理成為簡潔易懂的資訊。這時透過平均數、中位數、眾數、標準差、變異數、全距等統計量，即可清楚的瞭解這群資料的輪廓與特性。

假設某宗教附屬基金會想瞭解其國內六個分會在上個月的募款狀況，在蒐集到各分會的資料後，我們可藉著 EXCEL 逐步描述這些資料。

STEP1：首先將欲分析的資料輸入新的 EXCEL 工作表；A1 鍵入「募款狀況」，A2、B2 分別鍵入「分會」、「募款金額」，A3~B8 分鍵入如下資料。

分會	募款金額（單位：拾萬）
台北	6.91
台中	4.83
台南	4.72
花蓮	3.78
宜蘭	3.36
高雄	5.09

STEP2：選取「工具」中的「資料分析」。

STEP3：接著會跳出一對話框，選取「敘述統計」後按下「確定」。

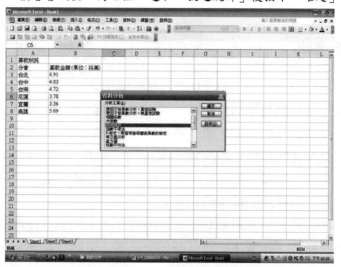

STEP4：出現敘述統計的對話框後，在「輸入範圍」中鍵入所欲分析的資料範圍，即 B2:B10。由於儲存格 B2 並非數值資料故必須選取「類別軸標計是在第一列上」，並於「分組方式」中選取「逐欄」，表示資料是依照欄位存放，在「輸出範圍」中選取「新工作表」、「摘要統計」、「平

均信賴度」、「第 K 個最大值」、「第 K 個最小值」。

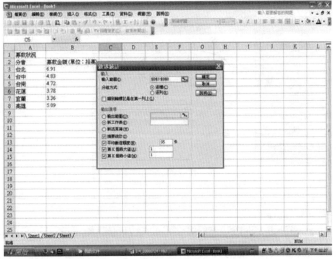

STEP5：設定完各值後按下「確定」即可得到下圖的結果。

由上述各步驟即可輕易知道資料的平均數、變異數、偏態、峰態係數等。
其中「眾數」由於缺值的緣故，故出現較特殊的符號。至於 A18 的「信
賴度(95%)」則是用於區間估計。例如此例的母體平均數區間估計則為
4.781667±1.298543。在此處「信賴度(95%)」的算法是以 T 分布求得，
然而若樣本數夠大，亦可用常態分配近似。

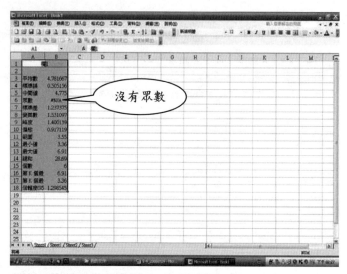

註1：EXCEL 計算偏態係數的公式如下

$$\frac{n}{(n-1)(n-2)}\sum\left(\frac{x_i-\bar{x}}{s}\right)^3$$

（當其值等於 0 時為對稱，大於 0 時為右偏，小於 0 時為左偏）

註2：EXCEL 計算峰態係數的公式如下

$$\left\{\frac{n(n+1)}{(n-1)(n-2)(n-3)}\sum\left(\frac{x_i-\bar{x}}{s}\right)^4\right\}$$
$$-\frac{3(n-1)^2}{(n-2)(n-3)}$$

（當其值等於 0 時分配為標準常態峰，大於 0 時為高狹峰，小於 0 時為低闊峰）

解析：

在 6 個分會的「募款狀況」中，最小的是宜蘭分會 33.6 萬，最大的是台北分會 69.1 萬；若將這 6 個分會的募款狀況合而觀之，在位置的量數方面：其平均數約為 47.8167 萬，中位數（中間值）為 47.75 萬，離散度的量數方面：其全距（範圍）為 35.5 萬，變異數約為 15.311 萬，

標準約差為 12.374 萬，形狀的量數方面：因為偏態為 0.9171＞0，又峰度為 1.4＞0，所以資料的分配可能較近似右偏的高狹峰。

△補充 2──在 EXCEL 上的實際運用應用：

假設你是神學院的老師，班上 15 位神學生的期中考成績如下：

編號	分數
1	80
2	74
3	50
4	63
5	93
6	71
7	71
8	52
9	90
10	84
11	75
12	67
13	69
14	77
15	82

校長要你向他報告這15位學生的成績,你該怎麼辦?

1. 首先,將以敘述統計、等級與百分比、逐步描述。

2. 敘述統計:

	分數
平均數	73.2
標準誤	3.155041
中間值	74
眾數	71
標準差	12.21942
變異數	149.3143
峰度	-0.02483
偏態	-0.388
範圍	43
最小值	50
最大值	93
總和	1098
個數	15
第 K 個最大值(1)	93
第 K 個最小值(1)	50
信賴度(95.0%)	6.766897

在 15 位同學當中,成績最高的是 93 分,成績最低的是 50 分,所得的全距是 43 分,標準差是 12.22(變異數=149.3143),平均來說這15個人的成績為 74 分左右(平均=73.2、中位數=74),又因為峰度(-0.02483)與偏態(-0.388)均小於0,所以資料的

分配較傾向於左偏的低闊峰。

3. 等級與百分比

　　要如何知道學生的成績排名、也就是關心每位學生的等級（rank）到底是多少；而且如果想知道由小到大排列所累積的百分比會是多少；如果是最大值的話，等級是 1，（累積）百分比為 100%。

STEP1：將游標移至「資料一」的工作表內，選取「工具」、「資料分析」、「等級與百分比」後按下「確定」。

STEP2：輸入範圍：B1：B16、分組方式：逐欄、選取類別軸標記是在第一列上、輸出新工作表：等級結果。

STEP3：在一份新的工作表上將出現如下圖的結果。

	A	B	C	D	E	F	G	H	I	J
1	原學序點	編號	等級	百分比	原學序點	分數	等級	百分比		
2	15	15	1	100.00%	5	93	1	100.00%		
3	14	14	2	92.80%	9	90	2	92.80%		
4	13	13	3	85.70%	10	84	3	85.70%		
5	12	12	4	78.50%	15	82	4	78.50%		
6	11	11	5	71.40%	1	80	5	71.40%		
7	10	10	6	64.20%	14	77	6	64.20%		
8	9	9	7	57.10%	11	75	7	57.10%		
9	8	8	8	50.00%	2	74	8	50.00%		
10	7	7	9	42.80%	6	71	9	35.70%		
11	6	6	10	35.70%	7	71	9	35.70%		
12	5	5	11	28.50%	13	69	11	28.50%		
13	4	4	12	21.40%	12	67	12	21.40%		
14	3	3	13	14.20%	4	63	13	14.20%		
15	2	2	14	7.10%	8	52	14	7.10%		
16	1	1	15	.00%	3	50	15	.00%		
17										
18										

STEP4：在圖 1.2 中的「等級」這一欄內，原來編號第 9 的學生，分數為 93、等 級是 2、百分比是 92.80%。

註：若參考 EXCEL 的說明可得知「這個分析工具可產生一份表格，裡面包含資料組中每一個數值的序數和百分比等級。您可以使用這項工具來分析資料組中數值的相對位置。」

△補充 3——在 EXCEL 上的實際運用應用：

　　輸入 15 位學生的學號、兩次段考、期末考、和三次隨堂考的成績。段考佔總平均 20%，期末考佔 40%，三次隨堂考佔 20%。老師需將這些分數計算總平均、排定名次、並分派五等第：優、甲、乙、丙、丁。

學號	20% 段考1	20% 段考2	40% 期末考	隨堂共20% 隨堂考1	隨堂考2	隨堂考3	總平均	名次	等第	等第	人次
A01	95	88	90	92	82	88	90.06667	3	優	優等	3
A02	92	79	82	88	92	91	85.06667	6	甲	甲等	7
A03	79	77	73	70	82	73	75.4	9	甲	乙等	0
A04	85	83	89	92	88	95	87.53333	4	甲	丙等	4
A05	92	90	96	94	93	90	93.26667	1	優	丁等	1
A06	84	81	88	89	79	76	84.46667	7	甲		
A07	73	70	75	83	70	63	73	10	甲		
A08	66	72	71	72	63	61	69.06667	12	丙		
A09	82	66	62	68	75	88	69.8	11	丙		
A10	79	85	82	77	80	73	80.93333	8	甲		
A11	66	62	55	75	72	62	61.53333	14	丙		
A12	90	95	91	95	97	98	92.73333	2	優		
A13	93	88	85	82	89	83	87.13333	5	甲		
A14	60	61	65	63	72	71	63.93333	13	丙		
A15	56	48	62	44	40	68	55.73333	15	丁		
平均數	79.46667	76.33333	77.73333	78.93333	78.26667	78.66667	77.97778				
標準差	12.22493	12.55742	12.19545	13.60621	13.79114	12.09224	11.58744				
幾何平 均數	70.38319	67.74197	68.91171	70.08355	69.47101	69.71799	68.98833				
調和平 均數	77.3851	73.9461	75.67643	75.931	74.86919	76.78643	76.11836				
平均絕 對離差	10.30222	10.53333	10.81778	11.13778	10.34667	10.97778	10.31704				
Q1	69.5	68	68	71	72	69.5	69.43333				
Q3	91	86.5	88.5	90.5	88.5	89	87.33333				
四分 位距	21.5	18.5	20.5	19.5	16.5	19.5	17.9				

宗教統計小常識

您知道在台閩地區的寺廟裡，也有公建的嗎？

A：至民國 94 年統計共有 7 座，

道教 6 座，佛教 1 座。

習題

3.1 何謂位置的量數與離散度的量數？

3.2 解釋下列名詞：平均數、中位數、眾數、第 P 百分位數。

3.3 解釋下列名詞：全距、四分位距、變異數、標準差。

3.4 請說明 Z 分數的意義及其公式。

3.5 請說明 "峰度" 與 "偏態" 對於描述數據的樣貌有何功用？

3.6 何謂 "柴比雪夫定理" ？並舉一例說明。

3.7 十五位學生的統計學期中成績為：69、58、75、86、85、91、48、69、84、60、64、53、52、61、63，試計算這十五位學生成績的平均數、中位數、眾數、全距、四分位距、變異數、標準差。

3.8 承上題，請問得分 60 分的學生，將其分數轉換為標準分數後為何？

第四章 統計圖表的利用

■━━ 4.1 圖表在定性資料的表示方法--次數分配、相對次數分配、長條圖(bar chart)、圓形圖時

◎次數分配(frequency distribution)的定義：

一組資料之表列彙總，顯示在各不重疊的組別中所含物項的次數(或數目)。任一次數分配之次數總和恆等於資料集的元素總數。建立次數分配的目的是可洞悉資料的內涵，這不是觀察原始資料可得的。

◎相對次數分配(relative frequency)的定義：

每組所含的資料次數(或數目)在全部資料次數中所佔的比率。相對次數分配中的相對次數總和必等於 **1.00**。在 n 個觀測

值的資料集中，各組的相對次數定義如下：

相對次數＝該組的次數/n

△定性資料圖形運用的例子——

　　宗教系 40 位同學的居住地區，以 N 代表北部，以 M 代表中部，以 S 代表南部，以 E 代表東部，得到資料如下：

M M S N E E N S M M
E S N M S M N E M M
S S M N N S E E M N
E S S E N M M S N E

次數分配表

學生居住地區次數分配表

居住地區	次數
北部	9
中部	12
南部	10
東部	9
合計	40

相對次數分配

居住地區	次數	相對次數	百分比%
北部	9	0.225	22.5
中部	12	0.3	30
南部	10	0.25	25
東部	9	0.225	22.5
合計	40	1	100

◎長條圖介紹：

經次數分配或相對次數分配彙總後的定性資料，可藉由長條圖以圖示法描述。

STEP1 按 EXCEL 的圖表精靈選定所適合的長條圖的型式

STEP2 我們將各組的標識放在圖形的橫軸上〈名目或順序尺度，例如男和女、滿意和不滿意〉，縱軸則為次數尺度或相對次數尺度，把所要的資料點選進去。

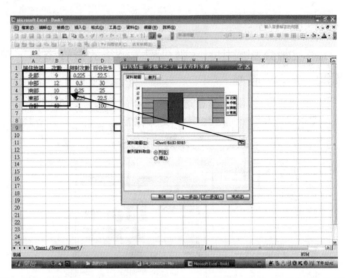

STEP3 在各組標識上〈橫軸〉，畫一高度為該組的次數或相對次數之定寬長條。這些長條是分開的，以凸顯各組是不同的類別。

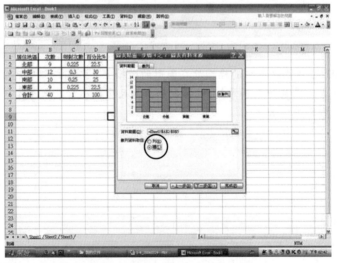

STEP4 可以在圖表中修改其圖形的型式。

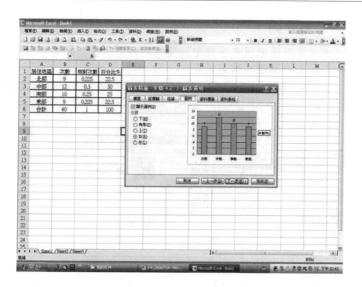

長條圖

學生居住地區長條圖

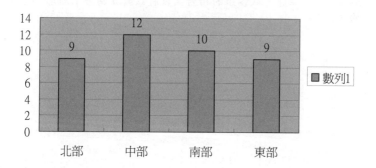

在這 40 位同學當中，籍貫在中部的人數最多，其次分別為南部、北部、東部。

◎圓形圖介紹：

我們常用圓形圖來呈現定性資料的相對次數分配。

STEP1 同上步驟進入圖表精靈

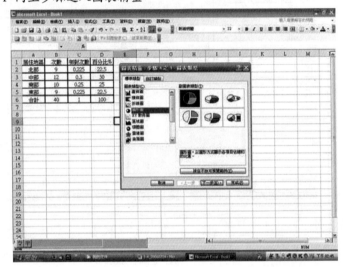

STEP2 畫一個圓，以各組的相對次數將該圓分為若干扇形部分〈百分比的觀念〉。

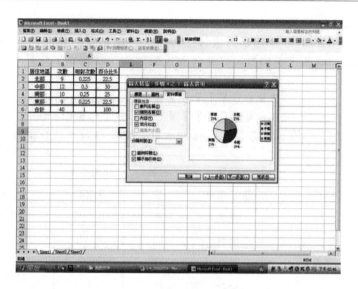

圓形圖

學生籍貫地區圓形圖

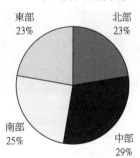

△定性資料圖形運用的例子——

　　某班 40 位同學的宗教信仰，以 C 代表基督宗教，以 T 代表道教，以 B 代表佛教，以 M 代表民間信仰，得到以下結果。

M M B C T T W B M M Q F C M B M C T M M
B B M C C B T T M C T B B T C M M B C T

40 位同學的宗教信仰次數分配及相對次數分配表

類別	次數	相對次數
基督宗教	9	0.225
道教	9	0.225
佛教	10	0.25
民間信仰	12	0.3
合計	40	1

長條圖

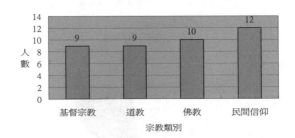

圓形圖

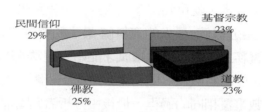

　　從上圖來看，最受這 40 位學生的宗教信仰以民間信仰最多（29
％），相對之下，最少的是基督宗教與道教（23％）。

🗝 4.2 圖表在定量資料的表示方法--次數分配、相對次數分配時、點圖、直方圖

◎次數分配的定義：同定性資料。

　　但在處理定量資料時，對互不重疊的組別之定義需格外謹
慎。以下為定量資料在次數分配組別時，**必需遵循的三步驟：〈因
為是區間或比率的資料〉**

1.定組數

　　以 5 至 20 組為宜，含有較多元素的資料集通常亦須較多之
組數。元素個數較少的資料集通常僅須彙總為 5 或 6 組即可。
我們的**目標在於使用足夠的組數以顯示資料的變異性**，但不希
望組數過多致使每組僅有極少的元素。

2.定組距

　　一般而言，各組組距宜相等，因此組數的選定與組距的選
擇並非獨立的決策，組數多意味著組距小，反之亦然。欲決定

組距的近似值，我們先找出資料集中的最大與最小值。然後，組數經選定後，就可利用下列公式決定組距的近似值。

組距近似值=最大的資料值-最小的資料值/組數

在實務上，需不斷地嚐試才能建立適當的組數與組距。一旦選定可能的組數後，即利用公式找出組距的近似值。再以不同的組數重覆相同的過程，最後由分析者判斷那一種組數與組距的組合最能適切地彙總該資料集。

3.定組限(class limits)

下組限(lower class limit)是該組中可能的最小值，而上組限(upper class limit)則為該組可能的最大值。分析者需利用自己的判斷力，因為可接受的組限可能有很多種。下組限與上組限的形式由資料的表示形式而定。

一旦組數、組距及組限都決定後，我們就可計算屬於各組的元素個數，以得到次數分配。

◎相對次數分配的定義：同定性資料。

△定量資料圖形運用的例子——

某寺廟中元法會信徒捐獻金額（單位：千元）如下：

32.65	26.12	42.90	34.26	42.00
24.10	29.86	39.40	38.75	72.00
28.40	34.50	69.80	64.45	61.81
36.62	46.12	53.00	53.06	49.42

因全距 = 72.00-24.10 = 47.90，分 7 組，所以取組距 = 7

組別	組限	組界	組中點	劃記	次數	相對次數
1	24.00-30.99	23.995-30.995	27.495	\\\\	4	0.2
2	31.00-37.99	30.995-37.995	34.495	\\\\	4	0.2
3	38.00-44.99	37.995-44.995	41.495	\\\\	4	0.2

4	45.00-51.99	44.995-51.995	48.495	\\	2	0.1
5	52.00-58.99	51.995-58.995	55.495	\\	2	0.1
6	59.00-65.99	58.995-65.995	62.495	\\	2	0.1
7	66.00-72.99	65.995-72.995	69.495	\\	2	0.1
合計					20	1

次數分配圖

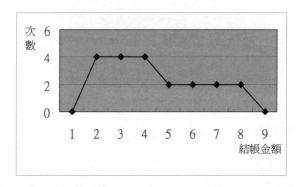

註：1 表示 20.495　2 表示 27.495　3 表示 34.495　4 表示 41.495　5
　　表示 48.495　6 表示 55.495　7 表示 62.495　8 表示 69.795　　9
　　表示 76.495　（單位：千元）

◎點圖(dot plot)的介紹：

　　最簡單的圖示彙總方式是點圖。以一水平軸代表資料值的
範圍。然後以點代表各資料值。點圖清楚地描述資料集，在比
較兩組以上的資料時非常有用。

散佈圖

　　某一寺廟近十年祈願與還願人次分別為(單位：萬人)，其
如下：

年別	一	二	三	四	五	六	七	八	九	十
祈願	101	120	115	130	150	175	202	240	220	250
還願	96	110	105	125	140	150	195	225	205	240

近十年祈願與還願人次散佈圖

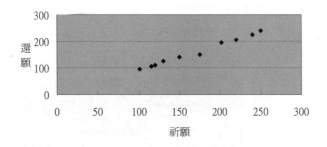

◎直方圖(histogram)的介紹：

　　常見的定量資料圖示法是直方圖。直方圖可用於表示次數分配或相對次數分配。直方圖的橫軸是欲探究的變數，而縱軸是次數或相對次數。各組的次數或相對次數係以矩形表示之，其底為橫軸上之組距 (class interval)，而高即為對應之次數或相對次數。

直方圖

　　以第三章「補充 2──在 EXCEL 上的實際運用應用」的15 位學生資料例子為例，可以得到的直方圖如下圖所示：

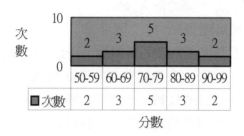

在這 15 位學生當中，成績介於 70~79 分的人居多，共為 5 人，而介於 80~89 分與 60~69 分兩範圍中的學生人數各為 3 人，人數最少的是成績分別介於 50~59 與 90~99 兩範圍中的學生。

◎枝葉圖(stem-and-leaf display)的介紹：

用於定量資料的排序及瞭解其分配的形狀。展現資料的一種簡單方式是將資料以遞增或遞減的順序排列。這種排序方法提供了某些組織能力，但無法透露資料值的分配形狀。而**枝葉圖**卻可同時提供排序及形狀。

枝葉圖將各樣本資料的十位數做為橫軸，以個位數做為縱軸，將每一筆資料都顯示出來，可看出每十位數區間的樣本數量有多少。

		7			
個		5			
位		9	4	4	
數	2	7	1	2	3
	0	3	1	0	0
十位數	5	6	7	8	9

枝葉圖優於直方圖的兩大優點：

1.枝葉圖較易建立。

2.由於枝葉圖顯示實際的資料值，所以枝葉圖提供的資訊較直方圖多。 正如同次數分配與直方圖無所謂的正確組別數一樣，枝葉圖亦無正確的枝數。若我們認為原來的枝葉圖將資料濃縮得太厲害，可將各起始點分為二枝以上。

4.3 累積次數分配(cumulative frequency distribution)和累積相對次數分配(cumulative relative frequency distribution)的介紹

◎累積次數分配：

次數分配的另一種形式稱為累積次數分配。累積次數分配運用的組數、組距與組限和次數分配一樣。

◎累積相對次數分配：

所謂的累積相對次數分配是小於或等於該組上組限的物項所佔的比率。計算累積相對次數分配有兩種方法，一為加總相對次數分配之相對次數，一為以累積次數除以總物項數。

◎肩形圖(ogive)：

累積次數分配圖或累積相對次數分配圖即為所謂的肩形圖。橫軸為資料值，而縱軸則為累積次數或累積相對次數。肩

形圖是將對應於各組的累積次數之各點相連而成。

1.在某些應用中〈區間資料〉，我們欲知道次數分配的組中點。各組中點即為該組的下組限與上組限之中點。

2.開放組(open-end)係指皆用下組限或上組限表達的組別。

3.累積次數分配的最後一項恆等於資料集之元素總數。而累積相對次數分配的最後一項恆為 1.00。

以第三章「補充 2——在 EXCEL 上的實際運用應用」的 15 位學生資料例子為例：

累積次數與累積相對次數表

分數	次數	累積次數	累積相對次數
50-59	2	2	13.33%
60-69	3	5	33.33%
70-79	5	10	66.67%
80-89	3	13	86.67%
90-99	2	15	100.00%

肩型圖

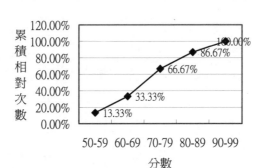

4.4 怎樣的表才清楚？

　　我們將資料整理成一些表，或者爲了增加效果而用圖形表示。但如果爲了『加強』數據所呈現的圖形效果，而在刻度上動手腳〈**刻度的大小會影響讀圖的判斷**〉，那就是失真的訊息了。所以我們必須小心，不要製造了錯誤的印象。就和表一樣，圖上面也應該清楚的標示出所話的變數是什麼、單位是什麼，以及資料來源。還有一個重要的原則：讓資料醒目。要確實注意到，抓住看圖著注意力的是資料本身，而不是標示、不是刻度，也不是背景格子。

4.5 補充--EXCEL 上的實際應用

　　統計圖可將複雜的統計表或數字作清析完整的呈現,加深使用者的印象。但一般的統計分析軟體的繪圖功能有限，而繪圖軟體又無法進行完整的統計分析工作；這時就需要 EXCEL 爲工具來達成統計分析的任務和製作出表達清晰的統計圖。

△補充 1——在 EXCEL 上的實際運用應用：

STEP1：首先將下列資料資料輸入，按「插入」、「圖表」，即會出現「圖表精靈」的對話框。

近年台灣地區各宗教教堂數量情況（摘錄）

	2002 年	2003 年	2004 年	2005 年
道教 Daoism	8,954	8,973	8,932	9,027
佛教 Buddhism	2,279	2,283	2,227	2,248
一貫道 Yi Guan Dao	167	182	193	191
天主教 Catholicism	742	733	708	679
基督教 Protestantism	2,452	2,516	2,412	2,411

資料來源：內政部「內政統計資訊服務網」（http://www.moi.gov.tw/stat/）

STEP2：接著出現 14 種標準類型的圖形可供選擇，至於各圖表類型的意義與使用時機則分述如下：

(1) 直條圖：可比較不同屬性的分布情形，但並不十分強調趨勢。

(2) 橫條圖：亦可比較不同屬性的分布情形，比直條圖更不強調趨勢。

(3) 折線圖：用以表示資料趨勢，通常橫軸表時間，強調變動的比率，而非變動的量。

(4) 圓形圖：強調部分與總和間的關係比率。

(5) XY 散佈圖：強調 X 變項與 Y 變項間的關係，如身高與體重的關係。

(6) 區域圖：用於當資料必須呈現隨著 X 軸而變的趨勢，以及 Y 軸各類別要做比較時。

(7) 環圈圖：和圓形圖一樣可強調部分與總和間的關係和比率，且

可同時呈現多個數列。

(8) 雷達圖：可強調各種屬性的分布形狀，且各屬性宜用同一尺度。

(9) 區面圖：可同時從兩組資料(X 和 Y)找出它們聯合對另一組資料(Z)所產生的影響。

(10)泡泡圖：是 XY 散佈圖的延伸；類似有三組資料以散佈圖表示，而其第三組資料代表的是資料點的大小。

(11) 股票圖：可表示股票最高、最低與收盤價格。

(12)圓柱圖、圓椎圖、金字塔圖：這三種圖皆只是立體直條圖與立體橫條圖的變形而已。

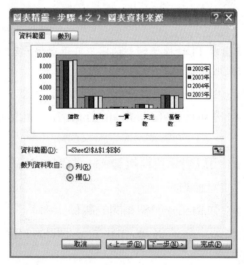

STEP3：在圖表精靈的步驟 2 中選定資料範圍（A1:E7）、數列資料取自「欄」之後按「下一步」即進入下圖，可設定圖表選項，如標題、座標軸、格線、圖例、資料標籤、資料表等。

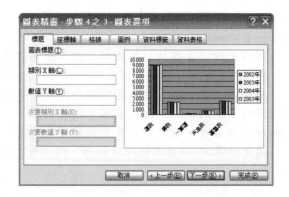

STEP4：接著在圖表精靈的步驟 4 中指定圖表位置後，按下「完成」結束圖表精靈，即可得到下圖的結果。如此不但可清楚的看出近年台灣各區域電力供需情況，用 EXCEL 所繪製的圖形更較一般的統計分析軟體繪製的更為美觀，且對於統計圖的樣式、修改有更多的選擇。

近年台灣地區各宗教教堂數量情況

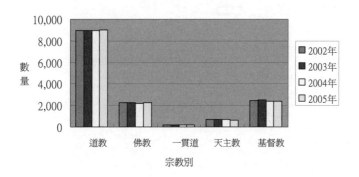

△補充 2──在 EXCEL 上的實際運用應用：

△直方圖的畫圖例子──

　　用統計圖來描述資料的分佈情形。直方圖為最常用的一種統計圖。其原理就是將資料分為幾個不同的類別，分別計算其個數，再以長條圖的方式畫出來。只不過它與長條圖最大的不同在於長條圖較適用於間斷的類別，如縣市別。但直方圖，則適用於連續的數值如身高或體重。通常在畫直方圖時要先決定分為幾組及如何分組。試著將這 15 個學生的成績分為 5 組，並以直方圖表現其分佈的情形。

STEP1：「資料二」的工作表內(如下圖)，按「資料」、選取「排序」，在主要鍵內將資料根據「分數」分數由小至大排序、選擇「遞增」，所選定的原始資料：有標題列。按下「確定」。

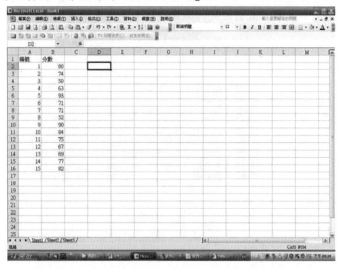

STEP2：決定組數，因為我們的資料有 15 人，其成績介於 50 至 93 之間，因此決定分為五組，其分法為第一組是 59 以下、第二組為 60~69、第三組 70~79、第四組 80~89、第五組 90~99。當在進行圖表分析時，需將 59、69、79、89、99 分別鍵入於 C2~C6 之位址。

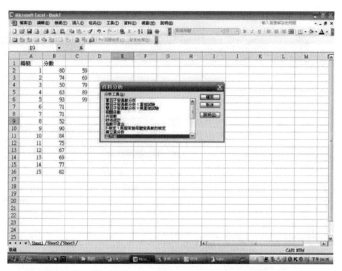

STEP3：按「工具」、「資料分析」、「直方圖」，輸入範圍：B1：B16、組界範圍：C2：C16、選取「標記」、輸出新工作表：直方圖、累積百分率、圖表輸出。

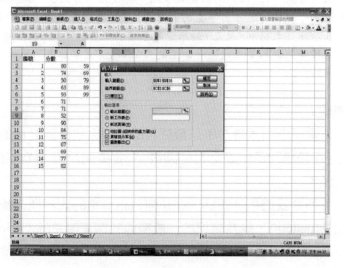

得到如下圖的結果。

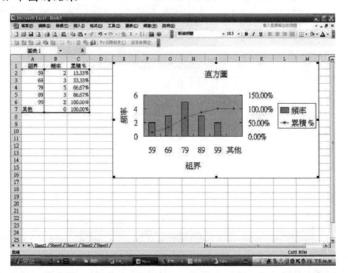

STEP4：從直方圖中可以發現分數的分佈大約是左右對稱的情形，而且中間的分數（70~79）的人是最多的，然後往兩旁減少。這樣的分佈情形表示考題能夠區分出學生的能力高低，若是分數集中在高分的話，那就表示題目太簡單，反之，如果分數集中在低分的話，就表示題目太難。這兩種情況都無法有效區分學生能力的高低。直方圖中的曲線代表各組累積百分比。

總結：

　　畫統計圖本身並不是最終目的，畫完統計圖之目的是要幫助我們瞭解資料。在你畫完圖後，一定要問：『我看到了什麼？』

附註：

　　通常我們都是觀察，在任何一組資料的圖形裡，找尋一般型態(pattern)，以及有異於一般型態的顯著偏差(deviation)。

宗教統計小常識

您知道在台閩地區，那一個縣市的寺廟最多嗎？

A：至民國 94 年統計為台南縣，共有 1178 座

包括：道教、佛教、理教、軒轅教、天帝教、一貫道、天德教、儒教、太易教、亥子道、彌勒大道、中華聖教、宇宙彌勒皇教、先天救教、黃中、其他。

習題

4.1 繪製統計圖的目的為何？

4.2 統計圖表在定性資料的表示方法有那些？

4.3 統計圖表在定量資料的表示方法有那些？

4.4 十五位學生的統計學期中成績為：69、58、75、86、85、91、48、69、84、60、64、53、52、61、63，試將這十五位學生的成績分為五組，然後做成統計圖。

4.5 某班 40 位同學的宗教信仰次數分配表如下，請製作統計圖。

類別	次數
基督宗教	5
道教	7
佛教	10
民間信仰	18
合計	40

第五章　機率導論

5.1 什麼是隨機 vs.什麼是機率

隨機：確實的結果事先無法預知。但有可預測的長期型態，可以用很多次試驗結果的分布來描述。

機率：在隨機現象下，重複很多次的實驗所得到的結果比率。

5.2 思考一下機率的意義

　　只有經由觀測，我們才能對結果的機率近似值有合理的把握。但不是所有的現象都是獨立的，多多少少都會有干擾，除非我們能確定，**在重複的實驗中，每個隨現象不會改變另一個結果的機率，我們才能說這兩個隨機現象是獨立的**。也就是說，一次試驗的結果不能提供關於其他次試驗結果的任何資訊，人家說『銅板沒有記憶』就是這個道理。

☛ 5.3 藉由『實驗』(experiment)得到『樣本點』(sample point)、『樣本空間』(sample space)

按照一定作業程序執行的工作稱為隨機實驗，一般簡稱實驗。**實驗是產生明確一種結果(outcome)的過程**。換句話說，在實驗的任一次重覆中，**恰有一種可能的結果會發生**；實驗是刻意將某些個體作處理(treatment)，以觀察他們的反應。實驗的目的是要研究是否該處理會使回應有改變。小心謹慎地定義實驗結果是分析一特定實驗的首要工作。而**任一實驗結果則稱為樣本點**。當我們將實驗的樣本點全部集合起來即形成樣本空間。因此，所謂**樣本空間即指全部可能的實驗結果(樣本點)所形成**之集合。

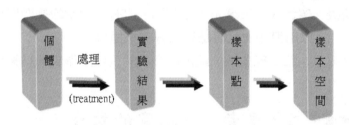

統計實驗與物理科學的實驗不盡相同。在物理科學的領域中，通常在實驗室或控制的環境下進行實驗，以觀察科學事件的發生。**當物理科學實驗在相同的環境下重覆進行時，將會產生相同的結果**。但在統計實驗中，結果由機會決定。即使在完全相同的情況下重覆實驗，也可能產生全然不同的結果。因為結果的差異，**統計實驗有時稱為隨機實驗**。

5.4 計數法則

1 多重步驟實驗計數法則——

假如某一實驗是分成 k 個連續的步驟來進行的,而第一步驟可能產生 n_1 個結果,第二步驟可能產生 n_2 個結果等等,依此類推,則該實驗結果的總數將為

$$(n_1)(n_2)(n_3)\cdots(n_k)$$

亦即該實驗的結果個數將為各步驟結果數的乘積。

2 組合計數法則——

計算由 N 個物品中選取 n 個物品之實驗出象數目。假如由 N 個物品中同時選取 n 個物品之組合數為

$$\binom{N}{n} = \frac{N!}{n!(N-n)!}$$

其中

$$N! = N(N-1)(N-2)\cdots(2)(1)$$
$$n! = n(n-1)(n-2)\cdots(2)(1)$$

且

$$0! = 1$$

△簡單機率計算的例子——

假設有 40 個學生,21 個男生,19 個女生,隨機抽取 2 人,第一個是女生第二個是男生的機率是多少?

方法一:女生被抽中機率 $= \dfrac{19}{40}$;男生被抽中之機率 $= \dfrac{21}{40}$

$$\blacktriangleright \frac{19}{40} \times \frac{21}{40} = \frac{399}{1600}$$

5.5 重要的機率的規則

　　樣本空間就是全部可能的樣本點(實驗結果)所成的集合。如何決定全部實驗結果(樣本空間)的機率分配呢？描述該實驗結果發生的可能性的數值衡量。雖然實驗結果之機率分配有多種可用的方法，但不論方法為何，它們必須滿足下列二種基本條件：

1.分派至每一實驗結果(樣本點)的機率值必須介於 0 與 1 之間。亦即，倘若我們以 E_i 代表實驗結果 i，而 $P(E_i)$ 為其機率，則

$$0 \le P(E_i) \le 1 \quad 對全部的 i 而言$$

2.全部實驗結果之機率總和必須等於 1。例如，假如某一樣本包含 k 個實驗結果，則

$$P(E_1) + P(E_2) + P(E_3) + \cdots + P(E_k) = \sum P(E_i) = 1$$

5.6 實驗結果之機率分配--古典法、相對次數法、主觀法

　　在滿足上述兩個條件後，實務上，衡量結果發生的可能性之機率分配方法下列三種：

1.古典法(classical method)：

　　假定每一實驗結果出現的機會完全相等的機率分派法。我們以投擲一銅板的實驗為例，說明機率分派的古典法。任何一次的投擲，我們將看到的實驗結果，不是"正面"就是"反面"。因此，假定此二可能結果發生的可能性各半。我們可將"正面"出現的機率定為 0.5；同樣地，"反面"出現的機率亦是 0.5。當

我們以各結果發生的機會相等作分派機率的基礎時,此種方法即為所謂的古典法。假如某一實驗具有 n 種可能的結果,若以古典法來分派機率的話,則每一實驗結果的機率將為 $1/n$。

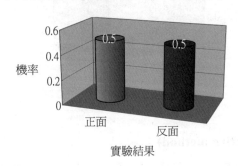

2.相對次數法(relative frequency method):

以**實驗或歷史資料為依據的機率分派法**。我們以一家欲推出新產品的公司為例,說明相對次數法的應用情形。**該公司為估計顧客購買的機率**,他們以人員訪問的方式進行試銷評估。每次訪問有二種可能的結果:買或不買。**我們沒有理由認為此二實驗結果的出現機會完全相同,因此古典法在此處是不適用的。**

假定某教會舉辦佈道大會,一共有 400 位非信徒參加。其中,100 位在佈道會後願意決志相信,而 300 位沒有。這次佈道大會的效果,相當於重覆 400 次接觸非信徒的實驗,而決志相信的有 100 次。所以,我們或許可用非信徒決志相信的相對次數做為因參與佈道大會而決志相信的機率估計值。因此,我們可將機率 100/400=0.25 指派至決志相信的結果上。而將機率 300/400=0.75 指派至不決志相信的結果上。此種機率分派法即

稱相對次數法。

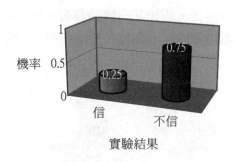

3 主觀法(subjective method)：

　　古典法與相對次數法並非都適用於任何需要機率評估的情況。例如，在許多情況下，實驗結果出現的機會不盡相同而且亦缺少相對次數的資料。試考慮匹茲堡鋼人隊的下一場比賽，它獲勝的機會為多少？此時，輸、贏或和的實驗結果，其出現的機會不一定相同。同時該隊今年只比賽幾場，因此也沒有足夠的相對次數資料以供參考。結果，我們若想估計該隊獲勝的機率，只能訴諸於主觀上的認定了。**在以主觀法分派機率至實驗結果時，我們將利用任何可參考的資料，如經驗、直覺等等**。無論如何，在考慮任何可用的資訊後，我們應將對該實驗結果將發生的相信程度以機率表達出來，此種方法即稱為主觀法。既然主觀法所認定的機率是一種個人的"相信程度"，因此是因人而異的，**不同的人對相同事件的機率分派或有不同**。

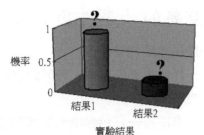

實驗結果

　　通常——最佳之機率估計值常常是綜合古典法或相對次數法與主觀機率估計值所產生的。

△簡單機率計算的例子——三個機率理論的比較

何時最宜嬰兒誕生季節？

（1）古典機率理論：

一年中每天嬰兒出生機率均相同，各季嬰兒出生之機率如下表

季節	天數	機率
春	92	0.252
夏	92	0.252
秋	91	0.249
冬	90	0.247
總計	365	1.000

（2）相對機率論：

依據相對次數所算出的機率如下

季節	人數	機率
春	9360	0.26
夏	9720	0.27
秋	8640	0.24
冬	8280	0.23
總計	36000	1

（3）主觀機率理論

認為何時生小孩沒什麼差別，因此各季節的機率均相同，都是 1/4

☛ 5.7 重要的『事件與事件機率規則』

◎事件——事件是樣本點的集合。

◎事件的機率——任一事件的機率，等於該事件所有樣本點機率之和，所以其機率爲 **1**。

◎樣本空間 S 爲一事件——它包含所有的實驗結果，所以其機率爲 1；亦即 $P(S)=1$。

◎集合——集合是由所觀察的個體（objects）組成的，任一個體稱爲此集合的元素、點、或份子。集合 A 若爲集合 B 的一個子集，則每一屬於集合 A 的個體都會屬於集合 B；兩集合若是相等，則兩集合互爲子集，意即它們含有相同的元素；一集合若沒有包含到任何的元素即稱空集合，以 $E_1, E_2, E_3, ..., E_k$ 示之；空集合爲任何集合之子集，若兩集合沒有共同的元素，則稱兩集合互斥。對每個事件集合來說，都有個數存在，而這個數就是它的機率，也就是它所代表的複合結果（指在隨機試驗中出現的同性質結果）在長期狀況下的理想相對次數。

　　利用古典法指派機率時，其假設爲各實驗結果發生的機會均等；亦即 $P(S)=1/n$ 即得。只要我們將該事件中所有實驗結果之機率加總，就可以算出任何特定事件的機率。任何時候，只要我們可以找出某實驗中的所有樣本點並分派其所對應的機率，即可求得事件之機率。許多實驗的樣本點爲數眾多，致使找出全部的樣本點及其對應的機率縱有可能但卻煩瑣不堪。

△簡單機率計算的例子──

（1）事件機率

　　某年度大專畢業生共約 18 萬人，想瞭解其有無宗教信仰是否有性別上的差異。其樣本空間可以表示如下：

性別	有宗教信仰（A1）	無宗教信仰（A2）
男性（B1）	（A1∩B1）	（A2∩B1）
女性（B2）	（A1∩B2）	（A2∩B2）

設該年度大學畢業生的就業資料如下

單位：（萬人）

性別	有宗教信仰（A1）	無宗教信仰（A2）	總數
男性（B1）	8.64	3.6	12.24
女性（B2）	2.16	3.6	5.76
總數	10.8	7.2	18

根據機率的運算法則

P（有宗教信仰，男性）＝ P(A1∩B1) ＝ 8.64/18＝0.48

P（無宗教信仰，男性）＝ P（A2∩B1）＝ 3.6/18＝0.2

P（有宗教信仰，女性）＝ P（A1∩B2）＝ 2.16/18＝0.12

P（無宗教信仰，女性）＝ P（A2∩B2）＝ 3.6/18＝0.2

其聯合機率分配表如下

	有宗教信仰（A1）	無宗教信仰（A2）	邊際機率
男性（B1）	0.48	0.2	0.68
女性（B2）	0.12	0.2	0.32
邊際機率	0.6	0.4	1

☛ 5.8.1 基本的機率關係--事件的餘集 (complement)、加法律

事件的餘集──

　　對某一既定事件 A 而言，其餘集指所有不屬於事件 A 之全部樣本點所成的集合。事件 A 的餘集以符號 A^c 表示。在任何機率應用上，事件 A 或其餘集 A^c 必有一者發生。因此，

$$P(A) = 1 - P(A^c)$$

　　由上式解得 $P(A)$，我們得到如下的結果：

$$P(A) + P(A^c) = 1$$

　　假如餘集事件 A^c 之機率 $P(A^c)$ 已知的話，事件 A 的機率即可輕易地求出。

加法律(事件的聯集 union 與交集 intersection)──

　　我們對事件 **A** 或事件 **B** 或二者均發生的機率頗感興趣時，加法律將是一有用的機率關係。

　　在我們提出加法律之前，我們必須討論有關事件組合的二個觀念：

1 事件的聯集；

2 事件的交集；

　　在二事件 A 與 B 已知的情況下，A 與 B 的聯集定義如下：包含屬於 A 或 B 或同時屬於 A 和 B 的所有樣本點所形成的事件，以 $A \cup B$ 表示。

在二事件 A 與 B 已知的情況下，A 與 B 的交集定義如下：

　　在事件 A 與 B 為已知的情況下，A 與 B 的交集即指包含同時屬於 A 與 B 的樣本點所形成的事件，以 $A \cap B$ 表示。

現在讓我們繼續加法律的討論。加法律提供了我們計算事件 A 與 B 或二者皆發生之機率的方法。換言之，**加法律是用來計算二事件聯集機率 $P(A \cup B)$ 的定律。**

$$P(A \cup B) = P(A) + P(B) - P(A \cap B)$$

直覺上，若要了解加法律，請注意加法律中的前二項，$P(A) + P(B)$，它代表的是 $A \cup B$ 中所有樣本點的機率。然而，既然交集 $A \cap B$ 中樣本點均為 A 與 B 所包含，故在計算 $P(A) + P(B)$ 時，我們事實上是將 $A \cap B$ 中每一樣本點計算了二次。因此，我們減去 $A \cap B$ 以修正之。

△加法律的例子──

　　在某一所教會中，男生偏好參加下列聚會的比例為：

禱告會(P)，20%　團契聚會(F)，50%　禱告會與團契聚會，15% 。

　　如果隨機抽訪一位男生，則下列事件發生之機率為何？

(a) 參加禱告會或團契聚會；

(b) 兩者都不參加。

Sol：

(a) Pr(P 或 F)＝Pr(P)＋Pr(F)－Pr(P 或 F)＝0.2＋0.5－0.15＝0.55

(b) 1－P(P 或 F)＝1－0.55＝0.45

☛ 5.8.2 互斥事件(mutually exclusive events) --在加法律下

假如二事件沒有共同的樣本點則稱為互斥事件。亦即，假如 A 事件發生時則 B 事件就不能發生的情況，則稱 A 與 B 互斥事件。因此，A 與 B 為互斥事件的條件在於它們的交集裏並不

包含任何的樣本點。在互斥事件下，加法律的表示：

$$P(A \cup B) = P(A) + P(B)$$

5.9.1 條件機率

另一事件已發生時，某事件的機率。 假設一事件 A 的機率為 $P(A)$，$P(A)$ 事件的發生是因爲相關事件 B 已經發生，我們想利用此新資訊，重新計算事件 A 的新機率。這一種新的機率記爲 $P(A|B)$，代表在已知事件 B 已發生的條件下，事件 A 發生的機率。

條件機率能從聯合機率與邊際機率之比值算出，此一事實正可提供計算二事件 A 與 B 之條件機率的一般公式。

$$P(A|B) = \frac{P(A \cap B)}{P(B)}$$

或

$$P(B|A) = \frac{P(A \cap B)}{P(A)}$$

5.9.2 獨立事件--在條件機率下

指並不相互影響的事件。事件 A 發生的機率與事件 B 發生的機率沒有關係。

若 $\quad P(A|B) = P(A)$

或 $P(B|A) = P(B)$

則稱事件 A 與 B 爲獨立。否則，此二事件爲相依。

🗝 5.9.3 乘法律(multiplication law)，補充獨立事件--在條件機率下

計算交集機率 $P(A \cap B)$ 的定律。乘法律乃基於條件機率的定義而產生的。

因為 $P(A|B) = \dfrac{P(A \cap B)}{P(B)}$ ，　　所以 $P(A \cap B) = P(B)P(A|B)$

或

因為 $P(B|A) = \dfrac{P(A \cap B)}{P(A)}$ ，　　所以 $P(A \cap B) = P(A)P(B|A)$

註：獨立事件的特殊例子，則乘法律變成 $P(A \cap B) = P(A)P(B)$

故若要計算二獨立事件交集的機率，我們只需將二事件各別的機率相乘即可。請注意乘法律用於二獨立事件上，可提供另一種決定事件 A 與 B 是否獨立的方法。亦即，假如 $P(A \cap B) = P(A)P(B)$，則 A 與 B 為獨立；假如 $P(A \cap B) \neq P(A)P(B)$，則 A 與 B 為相依。

請勿將互斥事件與獨立事件的概念混為一談。具有非零機率的二事件不可能同時為互斥且獨立。因為如果已知某一互斥事件將會發生，則另一事件發生之機率將會為零，所以它們是相依。

△機率分配的例子──
三間媽祖廟（甲.乙.丙）在三次媽祖遶境活動（A.B.C）時參與的人數分配表如下：

媽祖廟/遶境活動	A	B	C	合計
甲	210	150	220	580
乙	100	60	60	220
丙	240	40	120	400
合計	550	250	400	1200

（1）A.B.C 的邊際機率

遶境活動	A	B	C	
合計	550	250	400	1200
邊際機率	0.458	0.208	0.333	

（2）甲乙丙的邊際機率

媽祖廟	甲	乙	丙	
合計	580	220	400	1200
邊際機率	0.483	0.183	0.333	

△機率分配的例子──

清水教會會友的年齡與婚姻狀況如下：

年齡/婚姻狀況	單身	已婚
35歲以下	30	10
35歲或以上	15	25

（1）其聯合機率表：

年齡/婚姻狀況	單身	已婚	合計
35歲以下	0.375	0.125	0.5
35歲或以上	0.1875	0.3125	0.5
合計	0.5625	0.4375	1

（2）某會友為單身且年齡為 35 歲或以上的機率：

P（『單身』∩『35歲或以上』）＝0.1875

（3）某會友的年齡為 35 歲或以上，其為單身的機率：

P（『單身』｜『35歲或以上』）＝ 0.1875/0.5＝0.375

5.10 貝氏定理(Bayes' theorem)：觀念最重要

計算事後機率(posterior probabilities)的一種方法。我們先賦予所求事件一個起始的或事前的(prior)機率估計值而開始我們的分析。然後，經由樣本、特別的報告、產品試驗等等來源，修正當初假設的事前機率值，而得出所謂的事後機率。貝氏定理就是一種計算這些機率的方法。

事後機率 $P(A_1|B)$ 與 $P(A_2|B)$。由條件機率的定義，可以得到：

$$P(A_1|B) = \frac{P(A_1 \cap B)}{P(B)}$$

$$P(A \cap B) = P(A_1)P(B|A_1)$$

為求出 $P(B)$，我們注意到事件 B 發生僅有兩種方法：$(A_1 \cap B)$ 與 $(A_2 \cap B)$。因此，我們得到

$$P(B) = P(A_1 \cap B) + P(A_2 \cap B)$$
$$= P(A_1)P(B|A_1) + P(A_2)P(B|A_2)$$

貝氏定理(二事件的情形)

$$P(A_1|B) = \frac{P(A_1)P(B|A_1)}{P(A_1)P(B|A_1) + P(A_2)P(B|A_2)}$$

$$P(A_2|B) = \frac{P(A_2)P(B|A_2)}{P(A_1)P(B|A_1) + P(A_2)P(B|A_2)}$$

當我們欲算事後機率之事件為互斥且它們的聯集就是整個樣本空間（若某些事件的聯集是整個樣本空間時，這些事件通常稱為"完全列舉的(collectively exhaustive)"）時，均可適用貝氏

定理。貝氏定理可擴充至 n 個互斥事件 $A_1, A_2, A_3, \cdots, A_n$ 且其聯集
爲整個樣本空間之情形。在此情況下計算任一事後機率 $P(A_i|B)$
的貝氏定理如下：

貝氏定理

$$P(A_i|B) = \frac{P(A_i)P(B|A_i)}{P(A_1)P(B|A_1) + P(A_2)P(B|A_2) + \cdots + P(A_n)P(B|A_n)}$$

我們說明如何利用機率分析以提供有用的決策資訊。我們
也說明機率是如何能被視爲某事件即將發生的可能性的一種數
值衡量值。除此，我們亦看到某事件之機率，能以加總該事件
中所含的實驗出象(樣本點)之機率而算出，或者是利用機率的
加法律、條件機率與乘法律等關係來求得。對於那些可以取得
額外資訊的例子而言，我們說明了如何利用貝氏定理來求出修
正後的或事後的機率。**計算機率的主要目的是爲了描述風險，**
但千萬不要被機率的數字給左右，對某些機率很低的風險反應
過度。例如：一位老師在一個典型石綿含量的學校工作三十年
〈我們都知道，暴露於石綿下是危險的〉，她會因爲石綿而得癌
症的機率差不多是百萬分之十五。開車的人一輩子當中，會死
於車禍的機率大約是百萬分之一萬五千，也就是說經常開車的
死亡風險是在有石綿的學校裡教書的風險的一千倍，但人們往
往易於討論石綿危害人的機率值有多大，而忽視『更重要的數
據』——汽車造成死亡的機率。被某些機率很低的風險數字給
蒙蔽了。切忌勿犯。

5.11 機率與杯筊

　　擲筊乃是人與神佛溝通請示的方式。杯筊的材料是木頭或竹頭，經過工匠削製成新月的形狀共有兩片，並有表裡兩面外突內平的成對器具，杯筊的突出面稱為「陽」，內平面稱為「陰」。（資料來源：http://m2.ssps.tpc.edu.tw/~s890636/n-3.htm）

　　擲筊基本上是符合機率原則的。如果我們所擲的筊出現陽面與陰面的機率是一樣的，那麼通常我們會擲出下列三種狀況：

1.聖杯：　為一平一凸[一陰一陽]，表示請示之事表示可以、行、同意。

2.笑杯：　為二平面者[二陽面]，表示說明不清、神佛主意未 定，再請示。

3.陰杯：　為二凸面者[二陰面]，表示不可、不行、神佛不准，或 神明生氣了，或凶多吉少，再次請示。

　　擲出「聖杯」與「陰杯」的情況各只有一種，也就是兩個杯筊都擲出陽面或都擲出陰面。但「笑杯」出現的狀況卻有兩種，如果我們把兩個杯筊編號為甲、乙，那麼笑杯的情況就會有「甲（陽）、乙（陰）」與「甲（陰）、乙（陽）」兩種狀況。如果我們只計算陽面出現的次數，那麼可以把這三種狀況的機率整理如下表。

表 5-1　投擲杯茭的隨機實驗

樣本點	正面的個數（X）	相對次數（機率）
（反，反）	0	1/4=0.25
（正，反）（反，正）	1	2/4=0.50
（正，正）	2	1/4=0.25
N=4		1

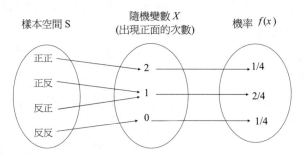

圖 5-1　擲茭的隨機變數

　　所以出現「聖杯」與不出現「聖杯」的機率各是 1/2。如此看來，當擲茭符合機率理論時，它的本質還是科學的，至於三種杯所被付予的意義，就是宗教的成份了。

宗教統計小常識

您知道在台閩地區，那一個縣市的教會（堂）最多嗎？

A：至民國 94 年統計為台北市，共有 425 座

習題

5.1 何謂"隨機"與"機率"？

5.2 解釋下列名詞：實驗、樣本、樣本空間。

5.3 請說明何謂古典法的機率分配？

5.4 請說明何謂相對次數法的機率分配？

5.5 請說明何謂主觀法的機率分配？

5.6 解釋下列名詞：事件、事件的機率、集合。

5.7 某年度大專畢業生共約 22 萬人，想瞭解其有無宗教信仰是否有性別上的差異。其就業資料如下：

單位：（萬人）

性別	有宗教信仰（A1）	無宗教信仰（A2）	總數
男性（B1）	3.36	4.8	8.16
女性（B2）	9.54	4.3	13.84
總數	12.9	9.1	22

請根據機率的運算法則計算下列條件下的機率：

P（有宗教信仰，男性）＝

P（無宗教信仰，男性）＝

P（有宗教信仰，女性）＝

P（無宗教信仰，女性）＝

5.6 在某一所教會中，男生偏好參加下列聚會的比例為：

禱告會(P)，10%　團契聚會(F)，45%　禱告會與團契聚會，9% 。

如果隨機抽訪一位男生，則下列事件發生之機率為何？

(a) 參加禱告會或團契聚會；

(b) 兩者都不參加。

5.7 解釋下列名詞：互斥事件、條件機率、獨立事件。

5.8 請說明何謂"貝氏定理"？

第六章隨機變數─離散機率分配

6.1 隨機變數(random variable)

　　隨機變數是實驗結果的數值表示法。隨機變數提供了將一數值對應至各可能的實驗結果之方法。隨機變數的特定數值依實驗結果而定。亦即，在未觀察實驗結果之前，隨機變數值是未知的。

△隨機變數的例子

同一樣本空間內，不同的統計主題，有不同的隨機變數。				
	變數 Y			
	1	2	3	4
1	0.3*0.4=0.12	0.3*0.1=0.03	0.3*0.2=0.06	0.3*0.3=0.09	0.3
變數X 2	0.5*0.4=0.20	0.5*0.1=0.05	0.5*0.2=0.10	0.5*0.3=0.15	0.5
3	0.2*0.4=0.08	0.2*0.1=0.02	0.2*0.2=0.04	0.2*0.2=0.04	0.2
	0.4	0.1	0.2	0.3	1

◎離散隨機變數——

　　如果一變數具有有限多個數值或一無限序列(如 1,,2,,3,…)的值，在座標圖上用點一個點表示的數值資料，則稱其為離散隨機變數。例如，銷售單位數、觀察到的不良品個數、及銀行一天營業中顧客數均為離散隨機變數的例子。

6.2 離散機率分配 (discrete probability distribution)

　　隨機變數的機率分配是描述各隨機變數值的機率分配的情形。對離散隨機變數 X 而言，其機率分配係由機率函數(記為 f(x))定義。**機率函數提供各隨機變數值的機率。**

　　在建立一離散隨機變數的機率函數時，必須滿足下列二條件：

離散機率函數必要的條件：$\begin{cases} f(x) \geq 0 \\ \sum f(x) = 1 \end{cases}$

6.3 利用 EXCEL 產生各項分配的亂數

　　EXCEL 提供我們產生七種亂數，依序為均等分配、常態分配、白努力分配、二項分配、波氏分配、複製數列、離散分配。通常在進行問卷調查時，想要隨機抽樣的話，必須查亂數表，非常麻煩。若是可以利用 EXCEL 中的亂數產生器，可替

代查亂數表，有些亂數產生在實際上很少用到，主要是利用這些亂數來進行電腦的模擬實驗，來幫助瞭解各種分配的狀態。

STEP1：假設已有 1、2、3、4，這四個值，其個別機率分別設為 0.1、0.2、0.3、0.4，將此資料輸入新工作表，並命名為「離散分配資料」。

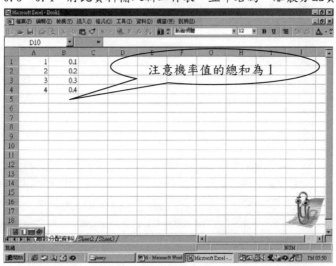

STEP2：選取「工具」、「資料分析」、「亂數產生器」，後按下「確定」。

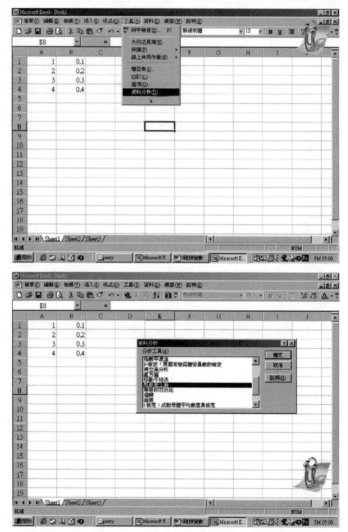

STEP3：接著出現亂數產生器的對話框，我們設變數個數為 4、亂數個
數為 15、分配選取「離散分配」、參數的值和機率範圍為（A1：B4）、

輸出選項選取新工作表並命名為「離散分配」，表示從母群體中隨機抽樣四個樣本，每個樣本有各有 15 個值。

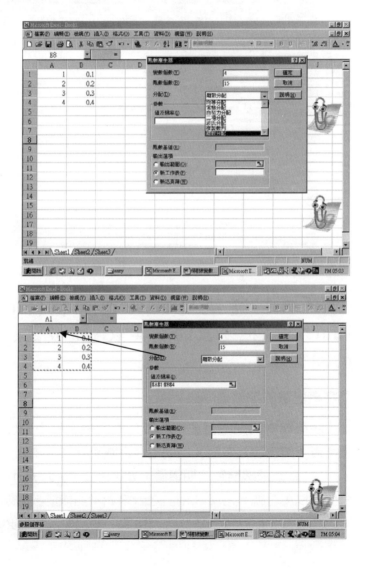

STEP4：按下確定後即產生如下圖，在圖中的 60 個值裡，4 出現的次數
　　　最多，因為母體內 4 的機率最高（p=0.4）。

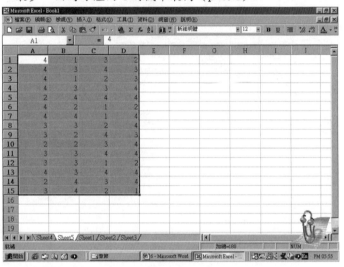

🔑 6.4 隨機變數的期望值(expected value)、隨機變數的變異數、隨機變數之和的期望值

◎隨機變數的期望值──

　　隨機變數的期望值或平均數是該隨機變數中心位置的一種衡量。離散隨機變數 X 的期望值之數學式表示如下：

　　離散隨機變數的期望值：$E(X) = \mu = \sum x \cdot f(x)$

我們可以用符號 E(X)或 M 兩者之一來表示隨機變數的期望值。由上式可知，欲計算一離散隨機變數之期望值，我們必須將各

隨機變數值乘以其對應之機率 f(x)，然後求出這些乘積的總和。

◎隨機變數的變異數——

衡量隨機變數的離散度或變異性。正如變異數彙總一資料集的離散程度一樣，在這裡我們用變異數彙總隨機變數值的變異性。離散隨機變數的變異數之數學式表示如下：

離散隨機變數的變異數：$Var(X) = \sigma^2 = \sum (x - \mu)^2 f(x)$

如上式所示，變異數公式中一不可或缺的部份是離差值：x-M，此衡量值乃指某一特定隨機變數的值距期望值或平均數 M 有多遠。在計算隨機變數的變異數時，是**把離差值平方後再用機率函數的值加權而得出的**。將隨機變數的每一值之離差值平方後再加權而得出之總和就是 變異數。我們用符號 Var(X)或 σ^2 兩者之一來代表隨機變數的變異數。

△隨機變數的例子——離散(間斷)機率分配

	實數值 x	機率值 p(x)
表格	1	0.4
	2	0.2
	3	0.3
	4	0.1

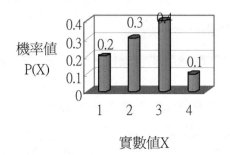

△隨機變數的例子──離散(間斷)機率分配
輔仁大學學生家庭信仰天主教的人數,其機率分配如下:

輔仁大學學生家庭信仰天主教的人數機率分配表		
x(隨機變量)	f(x)(機率函數)	F(x)(累加機率)
0	0.0793	0.0793
1	0.1707	0.2500
2	0.3931	0.6431
3	0.2259	0.8690
4	0.0845	0.9535
5	0.0310	0.9845
6	0.0103	0.9948
7或以上	0.0052	1.0000

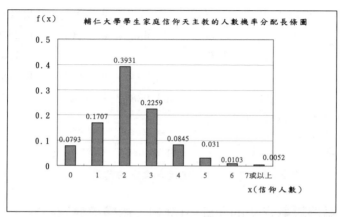

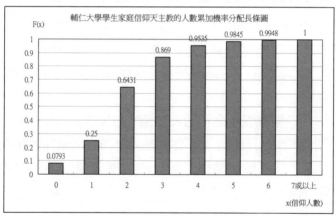

輔仁大學學生家庭信仰天主教的人數的期望值&變異數&標準差						
X	f(x)	x*f(x)	x-E(X)	(x-E(X))^2	f(x)	(x-E(X))^2*f(x)
2	0.0793	0.1586	(2.2258)	4.9542	0.0793	0.3929
3	0.1707	0.5121	(1.2258)	1.5026	0.1707	0.2565
4	0.3931	1.5724	(0.2258)	0.0510	0.3931	0.0200
5	0.2259	1.1295	0.7742	0.5994	0.2259	0.1354

6	0.0845	0.5070	1.7742	3.1478	0.0845	0.2660
7	0.0310	0.2170	2.7742	7.6962	0.0310	0.2386
8	0.0103	0.0824	3.7742	14.2446	0.0103	0.1467
9	0.0052	0.0468	4.7742	22.7930	0.0052	0.1185
總計				54.9887	1.0000	1.5746

期望值 E(X)=4.2258
變異數 V(X)=1.5746
標準差 S= 1.2548

註:在 EXCEL 中「＾」符號代表次方的意思。

◎隨機變數之和的期望值(例如二個隨機變數時)──

　　有時候，分析者欲計算隨機變數之和的期望值。欲計算此期望值，我們需計算隨機變數 X 與 Y 之和的期望值亦即 E(X+Y)。下式顯示二隨機變數之和的期望值就是其個別期望值的和。

　　　　二隨機變數之和的期望值：E(X+Y)=E(X)+E(Y)

　　推廣至計算任何數個隨機變數之和的期望值皆相同。這結果即表示任何數個隨機變數之和的期望值就等於它們個別期望值的和。

◎獨立的隨機變數之和的變異數(例如二個隨機變數時)──

　　假如某一事件的發生並不會影響另一事件發生之機率，它們就是獨立事件。相同的，假如某一隨機變數之值的發生並不會影響另一隨機變數之可能值發生的機率，我們就稱它們為二個獨立的隨機變數。下式即為二獨立隨機變數之和的變異數公式。

二獨立變數之和的變異數 Var(X+Y)= Var(X)+Var(Y)

　　推廣至計算任何個數的獨立隨機變數之和的變異數皆相同。這結果即表示**獨立隨機變數之和的變異數就等於各獨立隨機變數之變異數的總和**。

△二隨機變數計算題

設 X，Y 為二隨機變數，其聯合機率分配如下：

Y	X 0	1	2	f(y)
0	0.10	0.00	0.20	0.30
1	0.00	0.05	0.10	0.15
2	0.05	0.20	0.00	0.25
3	0.10	0.00	0.20	0.30
f(x)	0.25	0.25	0.50	1
E(X)=1.25　　E(Y)=1.55			
V(X)=0.6875　V(Y)=1.4475			

（1）X 的邊際機率分配

X	0	1	2
P(X=x)	0.25	1.25	2.50

（2）Y 的邊際機率分配

Y	0	1	2	3
P(Y=y)	0.30	0.15	0.25	0.3

（3）XY 之機率分配

Xy	0	1	2	3	4	6
P(XY=xy)	0.45	0.05	0.3	0.00	0.00	0.20

E(XY)=1.85

E(X+Y)=E(X)+E(Y)=2.8

Cov(X，Y)=E(XY)−E(X)*E(Y)=−0.0875

V(X+Y)=V(X)+V(Y)+2Cov(X Y)=1.96

ρ=Cov(X Y)/Sx*Sy=−0.08771

由上表可知 X、Y 為負相關

（4）P(X=0 Y=0) ＝ 0.1≠P(X=0)*P(Y=0) ＝0.25*0.3=0.075

　　→ X，Y 不獨立

☞ 6.5 二項分配的介紹(binomial probability distribution)、二項分配在 EXCEL 的運用

二項分配是應用極廣的一種離散機率分配，又稱爲二項實驗(binomial experiment)，與之多步驟實驗有關。

◎二項實驗之性質——

某機率實驗若欲歸類於二項實驗，就必須具有以下四個性質：

1.該實驗試驗(trial)n 次，每次試驗過程相同。

2.各試驗僅有兩種可能的結果，不是成功，就是失敗。

3.各試驗成功的機率 p 均相等，因此各試驗失敗的機率 1-p 也

都相等。

4.各試驗是相互獨立的。

令 x 為成功的機率 p 成功的次數，可寫成：

$$x \sim b(n, p)$$

若實驗的特性滿足上列的 2、3、與 4 三個條件，我們稱之為伯努利過程(Bernoulli process)。若在加上特性 1，則我們稱之為二項實驗。

在二項實驗中，我們欲探究的是在 n 次試驗中出現的成功次數。若我們令 X 為 n 次試驗中出現的成功次數，則 X 的值可為 0,1,2,3,...,n。由於其值為有限個，故 X 是離散隨機變數。對應於此隨機變數的機率分配稱為二項機率分配。

舉例而言，考慮投擲一公正的銅板五次，且每次均觀察其出現正面或反面的實驗。假設我們所感興趣的是在 5 次投擲中出現正面的次數。此實驗是否具有二項實驗之性質呢？隨機變數是什麼？請注意：

1.此實驗含 5 次相同的試驗，每次試驗均為投擲一銅板。

2.各試驗有 2 種可能的結果，不是正面，就是反面。我們可以將正面指定為成功，而反面為失敗。

3.各試驗之**成功機率相同、失敗機率**亦相同，其中 p=0.5 且 1-p=0.5。

4.由於任一試驗之結果並不會影響其他試驗之結果，因此各試驗是獨立的。

因此，該實驗滿足二項實驗的性質，而**隨機變數，X=在 5 次試驗中出現正面的次數。在這種情況下，X 值可能為 0,1,2,3,4 或 5。**

◎有關二項分配的簡單例子——

　　茲再舉一例，考慮某傳教士拜訪 10 戶隨機選定的家庭。各次訪問的結果可歸爲二類：如果該家庭願意相信該宗教，則視爲成功；如果該家庭不相信該宗教，則視爲失敗。從過去的經驗中，該傳教士知道一隨機選定的家庭願意相信該宗教的機率是 0.10。檢視二項實驗的性質，我們發現：

1.此實驗包含 10 次相同的試驗，每次試驗是拜訪一家庭。

2.各試驗有 2 種可能的結果：該家庭相信該宗教(成功)或該家庭不相信該宗教(失敗)。

3.各次訪問之相信與不相信機率假設爲相等，其中 p=0.10 而 1-p=0.90。

4.由於這些家庭是隨機選定的，因此這些試驗相互獨立。

　　由於四項假設均滿足，所以這是二項實驗。**隨機變數，X=爲拜訪此 10 家之後的成功數。在這種情況下，X 值可能爲 0,,1,,2,,3,,4,,5,,6,,7,,8,,9 或 10。在 n 次試驗中恰有 x 次成功之實驗結果個數**可由下列公式計算出來：

$$\binom{n}{x} = \frac{n!}{x!(n-x)!}$$

其中

$$n! = n(n-1)(n-2)\cdots(2)(1)$$

且

$$0! = 1$$

　　在任意二項實驗中，在 n 次試驗中產生 x 次成功之各試驗結果序列皆具相同的發生機率。n 次試驗中產生 x 次成功之各

試驗序列的機率如下所述：

　　n 次試驗中有 x 次成功之一特定試驗結果序列的機率：

$$p^x(1-p)^{(n-x)}$$

　　　合併上述兩公式而得到下述之二項機率函數(binomial probability function)，this is 二項分配之機率——

$$f(x) = \binom{n}{x} p^x(1-p)^{n-x}, x = 0,1,...,n$$

其中 **f(x)=** 在 **n** 次試驗中有 **x** 次成功之機率， **n =** 試驗次數

$$\binom{n}{x} = \frac{n!}{x!(n-x)!}$$

　　p = 任一試驗之成功機率，**(1-p)=**任一試驗之失敗機率

　　二項機率函數可應用於任意二項實驗上。如果我們確定其為二項實驗，且知道 **n, p** 與**(1-p)**的值，則可以計算出在 **n** 次試驗中有 **x** 次成功之機率。

◎二項分配之期望值與變異數——

當隨機變數為具有已知試驗次數 n 與已知成功機率 p 之二項分配時，其隨機變數的期望值與變異數的一般公式可簡化如下：

$$E(X)=n\ p$$
$$Var\ (X)= \sigma^2 =n\ p(1-p)$$

二項分配在 EXCEL 的應用——

STEP1：依照上述的操作，開啟亂數產生器的對話框，設變數個數為 5、亂數個數為 15、分配選取「二項分配」、參數中的 P 值為 0.6667、實驗

次數為 100、輸出選項選取新工作表並命名為「二項分配」

STEP2：按下「確定」後，即出現下圖，圖中呈現二項分配所產生的 75 個亂數值，可以發現這 75 個值中，越接近 66.67 的值會出現愈多次，反之則愈少。

注意這 75 個值
介於 54-75 較多

STEP3：接著繪製二項分配機率圖，選擇新的工作表，命名為「二項分配資料」，在 A1~A51 中填入 0~50；在 B1 中鍵入「=BINOMDIST(A1，100，1/6，false)」，表示嘗試次數為 100，成功機率為 1/6，然後往下複製從 B2~B51。如下圖。

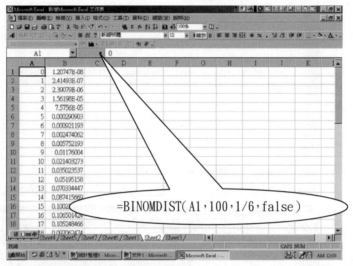

或是在插入的地方點選'函數'，尋找統計中的 BINOMDIST 按鍵，然後往下複製從 B2~B51 即可，如下圖。

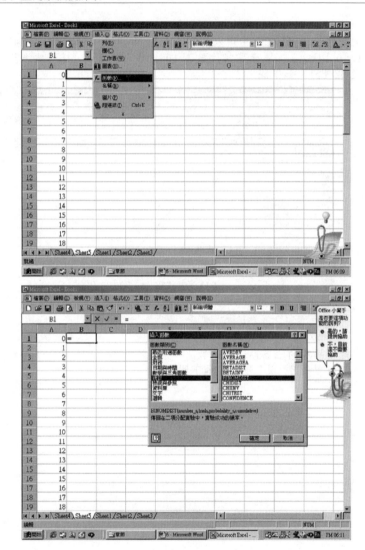

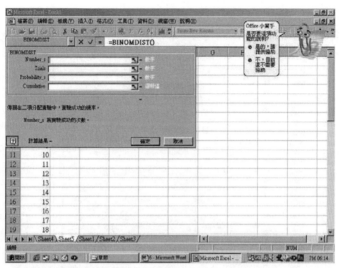

對於每一欄位，EXCEL 皆有在下面說明

STEP4：選取「圖表精靈」、再選取直條圖的第一個副圖，按「下一步」。
STEP5：接著出現資料範圍對話框，資料範圍為（B1~B51）、數列資料取

自「欄」，按「下一步」。

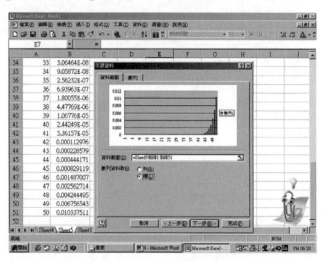

STEP6：接著出現圖表精靈的步驟三，設圖表標題（二項分配機率圖）、類別資料 X 軸鍵入「成功次數」，數值 Y 軸鍵入「機率」，按「下一步」。
STEP7：出現圖表精靈的步驟四，選取新的工作表，鍵入「二項分配機率圖」，按下「完成」。（如圖 6.1）

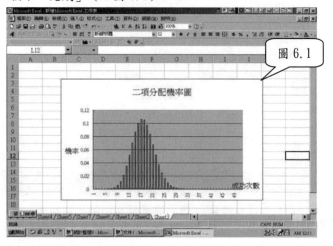

圖 6.1

STEP8：由圖 6.1 可知，當成功次數為 69 或 70 時，機率愈高，然後往兩旁遞減，基本上，如果把長條圖連接起來的話，它會很像標準常態的分配機率圖。

△二項分配的其他例子

某一地區有 40% 的居民為媽祖信徒，假設居民可被重複的抽選。今從中隨機選出 15 個居民，則恰有 10 個是媽祖信徒的機率為何？至多有 10 個媽祖信徒的機率？

進入 EXCEL。

(1) 求個別機率

　　A、選擇【插入】、【函數】、【統計】、【BINOMDIST】，按（下一步）。

　　B、在 number-s 成功個數處打入 10，

　　在 trials 獨立的實驗次數處打入 15，

　　在 probability-s 每一次實驗之成功機率處打入 0.40，

　　在 cumulative 處打入 false，

　　再按（完成），即可得 b(10，15，0.40) 之機率為 0.024486。

(2) 求累積機率

　　C、選擇【插入】、【函數】、【統計】、【BINOMDIST】，按（下一步）。

　　D、在 number-s 成功個數處打入 10，

　　在 trials 獨立的實驗次數處打入 15，

　　在 probability-s 每一次實驗之成功機率處打入 0.40，

　　在 cumulative 處打入 true，

　　再按（完成），即可得 $\sum b(x, 15, 0.40)$ 之機率為 0.9907。

△二項分配的其他例子

　　顏長老依過去經驗，他的拜訪傳教活動成功的機率為 0.3，某天他拜訪三個家庭，其這三次拜訪的成功機率如下：

以『S』表成功，『F』表失敗，此實驗有八種可能如下表：

樣本點	x
S, S, S	3
S, S, F	2
S, F, S	2
S, F, F	1
F, S, S	2
F, S, F	1
F, F, S	1
F, F, F	0

二項機率分配表

(1.) 個別機率

x	f(x)
0	0.343
1	0.441
2	0.189
3	0.027
合計	1.000

(2.) 累積機率

x	F(x)
0	0.343
1	0.784
2	0.973
3	1.000

由資料可得

$E(X)=np=0.9$

$V(X)=npq=0.63$

$S(X)=0.793725$

$P（x\geq2）=1-F(1)=0.216$（表至少有 2 個家庭相信的機率）

△二項分配的其他例子（負二項分配，第 i 次出現成功的機率）

某一地區有 40% 的居民為媽祖信徒，假設居民可被重複的抽選。第二個媽祖信徒的居民在第五次被抽出的機率為 f(5；2，0.40)=0.138

1. 進入 EXCEL。

2. 選擇【插入】、【函數】、【統計】、【NEGBINOMDIST】，按(下一步)。

3. 在 number-f 失敗的次數處打入 3，

　在 number-s 開始成功的次數處打入 2，

　在 probability-s 成功的機率處打入 0.40，

　再按(完成)，即可 f(5；2，0.40)的機率為 0.13824。

△二項分配的其他例子（負二項分配，第 i 次出現成功的機率）

投一骰子，前面二次均不是 6 點而第三次是 6 點的機率為何？

1. 進入 EXCEL。

2. 選擇【插入】、【函數】、【統計】、【NEGBINOMDIST】，按(下一步)。

3. 在 number-f 失敗的次數處打入 2，

　在 number-s 開始成功的次數處一定打入 1，

在 probability-s 成功的機率處打入 0.16667，

再按(完成)，即可 g(3, 0.16667)的機率為 0.115742。

6.6 卜瓦松分配(Poisson probability function)、卜瓦松分配在 EXCEL 的應用

　　它常用來處理在一特定時間，空間或區間裡的發生次數。例如，欲探究之隨機變數可能為在 1 小時內到達道場的車輛數，或在 10 公里的朝山步道之待修補處數。若能滿足下述二個假設，則發生次數這個隨機變數可用卜瓦松機率函數來描述。

1.在任何兩個等長的區間內，事件發生的機率相等。

2.任何區間內事件的發生與否，與其他任何區間內事件是否發生無關，相互獨立。

◎卜瓦松機率函數：

$$f(x) = \frac{\mu^x e^{-\mu}}{x!}$$

其中

　　　　　$f(x)$=在一區間發生 x 次的機率

　　M=在一區間發生次數的期望值或平均數，e=2.71828

在考慮卜瓦松分配的應用例題之前，**請注意發生次數 x 是沒有上限的，它的可能值為一無限序列的值(x=0,1,2,…)。卜瓦松隨機變數並無上限。**

◎有關時間區間的卜瓦松例子──

假設我們對於在祖師廟的廟會活動中,某一 15 分鐘的時段內駛入活動會場的車輛數感到興趣。若一輛車到達的機率在任何兩個相等的時段內是相同的,且任何時段內一輛車的到達與否,與其他任何時段內車子的到達與否完全無關,由此可知,這種情形適用於卜瓦松機率函數。假定上述假設成立,且依過去的資料分析顯示,在 15 分鐘的時段內平均到達車數為 10 輛,則其機率函數為:

$$f(x) = \frac{10^x e^{-10}}{x!}$$

此處之隨機變數,x=在任意 15 分鐘的時段內到達的車輛數。

如果主辦單位想要知道在 15 分鐘的時段內,恰有 5 輛車子到達的機率,我們即可設定 x=5,且得出:

$$15 \text{ 分鐘內恰有 5 輛車到達的機率} = f(5) = \frac{10^5 e^{-10}}{5!} = 0.0378$$

雖然上面的機率是由 M=10,x=5 的機率函數計算而得,但我們可參考卜瓦松機率分配表使其更輕易地求出。

雖然我們的計算涉及在 15 分鐘的時段內有 5 輛車到達的機率,但我們也可使用其他的時段。假設我們欲求在 3 分鐘的時段內恰有 1 輛車到達的機率。由於在 15 分鐘的時段內到達車輛數的期望值為 10,所以在 1 分鐘內到達車輛數的期望值為 10/15=2/3,故在 3 分鐘的時段內到達車輛數的期望值為(2/3)(3 分鐘)=2。因此,當 M=2 時,在 3 分鐘的時段內 x 輛車到達的機率為下述之卜瓦松機率函數:

$$f(x) = \frac{2^x e^{-2}}{x!}$$

欲求出在 3 分鐘的時段內，有 1 輛車到達的機率，我們可直接計算其機率。

3 分鐘內恰有 1 輛車到達的機率 $= f(1) = \frac{2^1 e^{-2}}{1!} = 0.2707$

◎有關長度或距離區間的卜瓦松例子——

讓我們再舉一個與時間區間無關的例子以說明卜瓦松機率分配的用途。假設我們注意在重新整修過一個月後的某段朝山步道上，路面出現嚴重損壞的情況。我們假設每一損壞在任何兩個等距區間內出現的機率是相同的，且在任何一個區間是否出現損壞，與其他任何區間是否出現損壞無關，在這種情況下，即可應用卜瓦松機率分配。

假設我們發現在重新整修過一個月後，平均每公里有 2 處嚴重損壞。由此我們即可算出在某一段 3 公里長的朝山步道上沒有出現嚴重損壞的機率。因為我們所關心的是一段 3 公里長的區間，所以在朝山步道這段 3 公里長的路面，出現嚴重損壞的期望值應是 u=(2 處損壞/公里)(3 公里)=6 處。故利用上式，我們可求出沒有出現嚴重損壞的機率是 0.0025。由此可知，在 3 公里長的這段路面上，沒有出現嚴重損壞是非常不可能的。事實上，至少有一處嚴重損壞出現在這段路面上的機率為 1-0.0025=0.9975。

◎二項分配與卜瓦松分配之近似關係——

當二項機率分配的成功機率 **p** 很小且試驗數 **n** 很大時,我們可用卜瓦松機率分配近似之,僅需設定 u=np,並利用卜瓦松機率表即可。一般而言,當 $p \leq 0.05$ 且 $n \geq 20$ 時,我們即可得到良好的近似值。通常在二項機率表中並無 n 值很大的項,所以近似法是很有用的。

卜瓦松分配在 EXCEL 的應用——

假設依照過去的經驗發現,平均每分鐘會有 10 個人進入宗教博物館,如果在博物館的門口待了一分鐘,將會有多少人進入博物館?在實際的情況下可能沒有人進入,也可能多的數不清 ,理論上最有可能的情形是 10 人左右。

圖 6.2

STEP1:依上述程序,出現亂數產生器的對話框,設變數個數為 5,亂數個數為 15,分配選擇「波氏分配」(在 Excel 中,『卜瓦松分配』稱

為『波氏分配』)，參數值設為 10，輸出選項選擇新工作表並命名為「波氏分配」，這表示我們從波氏分配中隨機抽取 5 個樣本、每個樣本有 15 個值，λ 值為 10，'按下「確定」。

STEP2：接著會出現圖 6.2，途中所呈現的亂數值有 75 個，愈接近 10 者，出現的次數愈多，反之則愈少，且這 75 個值介於 3~15 之間。

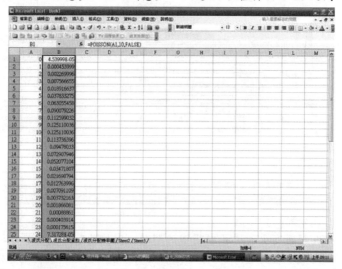

STEP3：欲繪製卜瓦松分配機率圖，選擇一個新的工作表，並命名為「波氏分配資料」，在 A1~A51 中填入 0~51，在 B1 鍵入「=POISSON(A1，10，FALSE)」，然後往下複製從 B2~B51。

STEP4：選取「圖表精靈」、在圖表類型中選擇直條圖的第一個副圖，後按「下一步」。

STEP5：在圖表精靈的步驟二中，「資料範圍」選取「＝波氏分配資料！B1：B51」、數列資料取自「欄」，後按「下一步」。

STEP6：進入步驟三後，命圖表標題為「波氏分配機率圖」、類別 X 軸為「次數」、數值 Y 軸為「機率」，後按「下一步」。

STEP7：進入步驟四，選取新的工作表，並命名為「波氏分配機率圖」，按下「完成」。

STEP8：產生了如圖(6.3)的新工作表，，由圖中可知當次數為 10 時，

機率值最大，然後往兩旁遞減，和二項分配的機率圖一樣，若將長條圖連接起來的曲線，會很像常態分配的機率曲線。

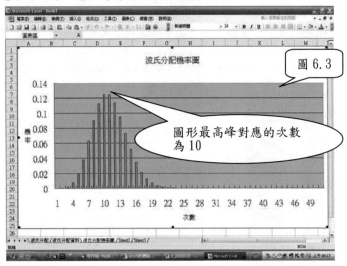

圖 6.3

△波氏分配的其他例子

　　有關廠商生產道袍中損壞的問題。假如某廠商在銷售一批道袍之前，先從中隨機選出 50 件道袍來檢驗。若這些樣本中發現少於六件是有瑕疵的，就把這批道袍貼上商標送往商店寄售。若發現有六件或更多是有瑕疵的，則這批道袍就不貼上商標而減價出售。假設依照實驗的結果，隨機變數 X：" 50 件樣品中有瑕疵的件數 " 為波氏分配且 M=λ=3.9，則此批道袍可送往寄售的機率為？

1、進入 EXCEL。

2、選擇【插入】、【函數】、【統計】、【POISSON】，按（下一步）。

3、在 x 事件出現的次數處打 5，

　　在 mean 期望出現數值處打入 3.9，

　　在 cumulative 處打 true，

再按（完成），即可得 $\sum P(x;3.9)$ 之機率為 0.800558。

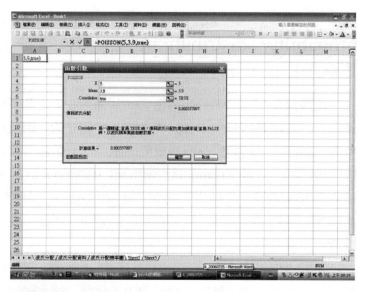

△波氏分配的其他例子

假設上教堂告解人數最多的時段是在早上6：30-8：30，晚上8：00-10：00，已知平均每小時2人，問在早上告解人數為4人以上的機率為何？晚上沒有人來告解的機率又為何？

早上　　　p(4, 4)=　　0.195367

下午　　　p(0, 4)=　　0.018316

☞ 6.7 超幾何分配 (hypergeometric probability distribution)、超幾何分配在 EXCEL 的運用

　　超幾何分配與二項分配有密切的關係。二者之間最基本的不同是，在**超幾何分配中各試驗之間並非獨立的，因此成功機率因試驗而異**。超幾何分配最重要的應用之一是由有限母體中以不放回的方式抽樣**(sampling without replacement)**。其目的是由含 N 個物件的母體中，抽取一樣本大小為 n 之隨機樣本，某物件一旦被抽出之後，就不再放回母體中。**因此，在下一次選取中，抽到同類物件的機率將減少。**

　　在超幾何機率分配的應用中，一般以 r 代表在母體中被標為``成功"的物件數，而 N-r 為母體中被標為``失敗"的物件數。利用超幾何機率函數可計算出在不放回抽樣所得的 n 個物件中，我們得到 x 個標為``成功"而 n-x 個標為``失敗"的物件之機率。注意在此過程中，我們需由**母體的 r 個``成功"物件中獲得 x 個，而由 N-r 個``失敗"物件中獲得 n-x 個**。下列的超幾何機率函數提供了在大小為 n 的樣本中得到 x 個``成功"的機率 f(x)。

◎超幾何機率函數：

$$f(x) = \frac{\binom{r}{x}\binom{N-r}{n-x}}{\binom{N}{n}}$$

當 $\max(0, n-r) \leq x \leq \min(n, r)$

其中　　　　　　　　$f(x)$=在 n 次試驗中有 x 次成功的機率

n=試驗次數

N=母體的元素個數

r=母體中標爲成功之元素個數

請注意 $\binom{N}{n}$ 代表從母體元素個數 N 中抽取樣本元素個數 n 的方法數；$\binom{r}{x}$ 代表從母體的 r 個"成功"中抽取 x 個"成功"的方法數；而 $\binom{N-r}{n-x}$ 則代表從母體的 N-r 個"失敗"中抽取 n-x 個"失敗"的方法數。

超幾何分配可用於計算不放回抽樣中獲得某樣本結果之機率。而在放回抽樣**(sampling with replacement)**中，被抽出的物件在抽下一物件之前又被放回母體中，所以可用二項機率分配計算有 x 次成功的機率。

◎超幾何分配的例子——

假設某宮廟 5 人委員會由 3 位女士及 2 位男士組成，其中 2 位將代表該委員會參加全世界宗教會議。委員會決定隨機選擇 2 人參加是項會議，則選中的 2 人均爲女性的機率爲何？由於 5 人中有 3 人爲女性，因此第一個隨機選定的人爲女性之機率爲 3/5=0.60。然而，如果第一位爲女性，則由剩餘的 4 人中隨機選定另一女性的機率降爲 2/4=0.50。所以，將選中 2 位女士參加該會議的機率爲 (0.60)(0.50)=0.30。

◎超幾何分配在 EXCEL 的應用——

STEP1：先選擇一新的工作表，命名為「超幾何分配資料」，在 A1~A11 填入 0~10，在 B1 鍵入「=HYPGEOMDIST（A1，10，10，52）」（猶如假設在 52 張撲克牌中，若抽到黑桃 1~10，算是成功的，然後我們連續試驗抽取 10 次，求各試驗成功的機率），然後往下複製自 B2~B11，結果如圖 6.4。

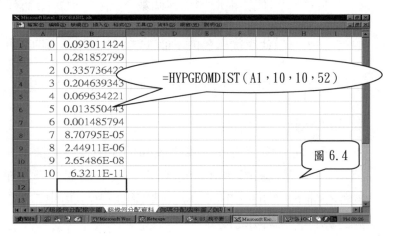

圖 6.4

STEP2：選取「圖表精靈」，選擇直條圖的第一個副圖，後按「下一步」，出現「來源資料」的對話框，資料範圍取自 B1~B11，數列資料取自「欄」，後按「下一步」。

STEP3：進入圖表精靈的步驟三，圖表標題命名為「超幾何分配機率圖」，類別 X 軸為「成功次數」，數值 Y 軸為「機率」，後按「下一步」。

STEP4：接著出現圖表精靈的步驟四，選取新的工作表並命名為「超幾何分配機率圖」，按下「完成」，即可得圖 6.5。

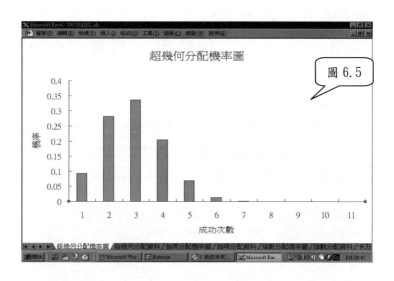

△超幾何分配的其他例子

從 52 張紙牌中抽出 10 張而包含 4 張黑桃的機率為何？

1、　進入 EXCEL。

2、　選擇【插入】、【函數】、【統計】、【HYPGEOMDIST】、按(下一步)。

3、　在 sample-s 樣本中成功之個數處打入 4，

　　　在 number-sample 樣本之大小處打入 10，

　　　在 population-s 母體中成功之個數處打入 13，

　　　在 number-population 母體之大小處打入 52，

　　　再按(完成)，即可得 h(10；200，80，15)之機率為 0.147457。

△超幾何分配的其他例子

從 52 張紙牌中抽出 10 張而包含 4 張黑桃的機率為何？

h(4, 52, 13, 10)= 0.14745713

🔑 6.8 利用 EXCEL 以各個分佈做練習-二項分布、負二項分布、超幾何分布、波氏分布

1. 二項分佈

例：丟硬幣 10 次出現 3 次正面的機率是多少？出現 9 次(含)以上的機率是多少？假設硬幣是公平的(即 P=0.5)。

選取統計函數的【BINOMDIS】，並填入適當的鍵，如圖：

(1)

```
┌─BINOMDIST ──────────────────────────────────
│    Number_s  [3                    ] [⚄] = 3
│      Trials  [10                   ] [⚄] = 10
│ Probability_s [.5                  ] [⚄] = 0.5
│  Cumulative  [FALSE|               ] [⚄] = FALSE
│
│                                      = 0.1171875
│ 傳回在二項分配實驗中，實驗成功的機率。
│
│ Cumulative  為一邏輯值；當為 TRUE 時，採用累加分配函數；為 FALSE 時，採
│             用機率結果函數。
│
│ [?]    計算結果 = 0.1171875          [ 確定 ]  [ 取消 ]
```

得到機率是 0.1171875

(2)

```
┌─BINOMDIST ──────────────────────────────────
│    Number_s  [8                    ] [⚄] = 8
│      Trials  [10                   ] [⚄] = 10
│ Probability_s [.5                  ] [⚄] = 0.5
│  Cumulative  [TRUE                 ] [⚄] = TRUE
│
│                                      = 0.989257813
│ 傳回在二項分配實驗中，實驗成功的機率。
│
│ Cumulative  為一邏輯值；當為 TRUE 時，採用累加分配函數；為 FALSE 時，採
│             用機率結果函數。
│
│ [?]    計算結果 = 0.989257813        [ 確定 ]  [ 取消 ]
```

得到的機率是 1-0.989=0.11(因為 0.9892578 是從 0 次累積到 8 次的機率。

2. 負二項分佈

例：假設在應徵者裡 20%的人符合錄取的條件，你是人事主管，那麼在錄取 10 個人之前，必須先面試 40 人不及格的機率是多少？

選取統計函數的【NEGBINOMDIST】，並填入適當的鍵，如圖：

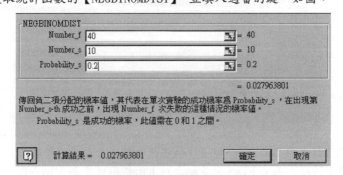

得到的答案為 0.027963801

3. 超幾何分配

例：在 52 張撲克牌中，黑桃有 13 張，如果你從這 52 張中，抽出 10張，其中會有 5 張黑桃的機率是多少？

選取統計函數的【HYPGEOMDIST】，並填入適當的鍵，如圖：

4. 波氏分配

例：如果平均每5分鐘會有1輛車經過收費站，你在收費站裡待了10
分鐘，連1輛車都沒來的機率是多少？來3輛車(含)以上的機率是
多少？

選取統計函數的【POISSON】，並填入適當的鍵，如圖：

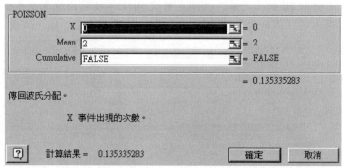

來3輛車以上的機率，就是1減去來0輛至2輛車的累積機率。這個機
率如圖所示為0.677，來3輛車以上的機率就是1-0.677=0.323。

宗教統計小常識

您知道在台閩地區，那一個縣市的寺廟類信徒人數(依各宗教皈依之規定)最多嗎？

A：至民國 94 年統計為台北市，共有 198,038 人

習題

6.1 何謂 "離散機率分配"。

6.2 請運用 EXCEL 模擬產生一組包含五個值的資料，五個值分別為 1、2、3、4、5，其個別機率分別設為 0.05、0.1、0.23、0.37、0.25，輸出的變數個數為 5，亂數個數為 20。

6.3 請說明何謂二項分配？

6.4 某一地區有 60% 的居民為媽祖信徒，假設居民可被重複的抽選。今從中隨機選出 20 個居民，則恰有 12 個是媽祖信徒的機率為何？至多有 12 個媽祖信徒的機率？

6.5 請說明何謂卜瓦松分配？

6.6 有關廠商生產貨品中損壞的問題。假如某廠商在寄售一批香品之前，先從中隨機抽出 50 份相同品質的香品來檢驗。若這些樣本中發現少於六份是有瑕疵的，就把這些香品貼上商標送往商店寄售。若發現有六塊或更多是有瑕疵的，則這些香品就不貼上商標而減價出售。假設依照實驗的結果，隨機變數 X："50 份樣品中有瑕疵的份數" 為卜瓦松分配且 $M = \lambda = 4.6$，則此批香品可送往寄售的機率為？

6.7 假設上教堂告解人數最多的時段是在早上 6：30-8：30，晚上 8：00-10：00，已知平均每小時 3 人，問在早上告解人數為 4 人以上的機率為何？晚上沒有人來告解的機率又為何？

第七章 隨機變數─連續機率分配

7.1 隨機變數(random variable)--連續(continuous)隨機變數

隨機變數是實驗結果的數值表示法。在座標圖上無法用一個點一個點方式表示的均屬於連續隨機變數。如果線段上任二點之間的所有值(一個區間)均為該隨機變數之可能值,則此隨機變數為連續的。連續隨機變數的值可為實數軸上一區間或區間集合裡的任何一值。由於在任一區間含有無限多個值,我們不可能再考慮某特定值的機率,只能考慮**連續隨機變數落於某一特定區間之機率**。

🔑 7.2 連續機率分配的基本介紹

在討論離散隨機變數時，我們介紹了機率函數 $f(x)$ 的概念，此函數提供隨機變數 X 在某特定值的機率。**在連續的情形下，機率函數的對等位置是機率密度函數(probability density function)，**也記為 $f(x)$。對連續隨機變數而言，機率密度函數提供該函數在各特定的 X 值上之高度或函數值，但**無法直接提供隨機變數在某特定值所對應之機率。**然而，在某區間之 $f(x)$ 圖形下方的面積即為隨機變數值落於該區間的機率。

△連續機率分配的例子

$$p(x) = \begin{array}{ll} 2x & \text{if } 0 \leq x \leq 2 \\ 0 & \text{others} \end{array}$$

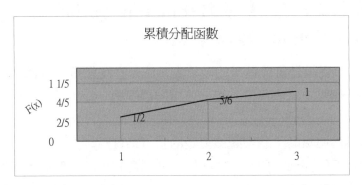

△連續隨機變數的例子

連續隨機變數為 f(x)=2x，0≦X≦1，其期望值與變異數如下：

$$E(X) = \int x \bullet f(x)dx = \frac{2}{3}$$

$$V(X) = E(x-\mu)^2 = \int x^2 \bullet f(x)dx - \mu^2(x) = \frac{1}{18}$$

7.3 隨機變數的期望值、隨機變數的變異數、隨機變數之和的期望值

◎隨機變數的期望值——

隨機變數的期望值或平均數是該隨機變數中心位置的一種衡量。

◎隨機變數的變異數——

衡量隨機變數的離散度或變異性。

◎隨機變數之和的期望值(例如二個隨機變數時)——

隨機變數之和的期望值就是其個別期望值的和。

二隨機變數之和的期望值：$E(X+Y)=E(X)+E(Y)$

推廣至計算任何數個隨機變數之和的期望值皆相同。這結果即表示任何數個隨機變數 之和的期望值就等於它們個別期望值的和。

◎獨立的隨機變數之和的變異數(例如二個隨機變數時)—

假如某一事件的發生並不會影響另一事件發生之機率，它們就是獨立事件。

二獨立變數之和的變異數 $Var(X+Y)= Var(X)+Var(Y)$

獨立隨機變數之和的變異數就等於各獨立隨機變數之變異數的總和。

7.4 均勻分配的介紹 (uniform probability distribution)、均勻分配在 EXCEL 的運用

讓我們考慮隨機變數 X，它表示一飛機從芝加哥飛至紐約的總飛行時間。假如飛行時間可以是 120 分鐘至 140 分鐘的此一區間內的任何值(如 124 分鐘，125.48 分鐘等等)。既然隨機變數 X 可能是 120 至 140 分鐘內的任何值，X 當然是連續的而不是離散隨機變數。另外，讓我們假定我們可以取得足夠且真實的飛行資料，而得到在任一分鐘內飛行時間的機率和其他任何 1 分鐘內飛行時間的機率是相同的。同時這種關係一直適用至 140 分鐘為止。

因每一分鐘的區間發生的機會完全相同，所以隨機變數 X 被認為是具有均勻機率分配的變數。定義飛行時間隨機變數的均勻分配之機率密度函數為：

$$f(x) = \begin{cases} 1/20, 當120 \leq x \leq 140 \\ 0, 其他 \end{cases}$$

通常，隨機變數 X 的均勻機率密度函數為：

$$f(x) = \begin{cases} \dfrac{1}{b-a}, 當 a \leq x \leq b \\ 0, 其他 \end{cases}$$

機率密度函數 f(x)的圖形提供了任意特定 x 值的函數高度或函數值。**注意在均勻機率密度函數中，各 x 值的函數高度或函數值是相同的。**一般而言，機率密度函數並不像離散隨機變數的機率函數一樣代表其機率，它僅提供在任意特定的 x 值之

函數高度而已。對一連續隨機變數而言，我們所考慮的機率僅為在某一特定區間內的隨機變數值發生的可能性。

　　當我們處理連續隨機變數及其機率分配時，和處理離散隨機變數之二不同處為：

1. 我們不再說隨機變數在某一特定值的機率，而以隨機變數值發生在某一區間的機率來代替之。

2. 隨機變數值發生在區間 x1 至 x2 的機率，是定義成在區間 x1 至 x2 之機率密度函數圖形之下的面積。

　　這也就是說，**一連續隨機變數發生在某一特定值的機率為 0，因為在單獨一點上位於 f(x)圖形之下的面積為零。**

　　對連續隨機變數而言，計算過程包含了積分的觀念，因此，我們把正確公式的推導留給更高深的書本去探討。

　　在本節所介紹的均勻連續機率分配，其期望值和變異數的公式如下：

$$E(X) = \frac{a+b}{2}$$

$$Var(X) = \frac{(b-a)^2}{12}$$

　　a 為隨機變數可能發生的最小值而 b 為最大值。

1. 　由於一連續隨機變數在任一特定值之機率為零，

　　　　所以 $P(a \leq X \leq b) = P(a < X < b)$。

　　顯示不管區間的端點是否包含在內，隨機變數落於該區間之機率是相同的。

2. 為更明瞭為何機率密度函數的高度並非為機率，試考慮具下述均勻機率分配的隨機變數：

$$f(x) = \begin{cases} 2, \text{當} 0 \le x \le 0.5 \\ 0, \text{其他} \end{cases}$$

當 x 位於 0 與 0.5 之間時，機率密度函數的高度為 2；而我們知道機率恒不大於 1。

均匀分配在 EXCEL 的運用—

假設母群體內共有 1000 人，我們想隨機抽樣 15 人，進行問卷調查，試問要如何抽取？（當然每人被抽中的機率必須是相等的）

STEP1：選取「工具」、「資料分析」、「亂數產生器」，亂數產生器的對話框出現後，我們設變數個數為 1（因為我們只需要一組樣本）、亂數個數為 20（因為亂數的產生係採放回法，也就是可能抽到重複的號碼，如果只設為 15 的話，萬一有號碼被重複抽到，那就得再進行一次亂數產生，所以乾脆多抽幾個。我們可依序先使用前 15 個號碼，如果發現有重複被抽到的情形，再改為第 16 人，依此類推）、分配選取「均等分配」、參數介於 1~1000（因為這 1000 人的編號為 1~1000）、亂數基值可隨便鍵入一值，或是留白（讓電腦隨機產生基值，因此每次抽樣都不一樣）、輸出選項選取工作表並命名為「均匀分配」，後按下「確定」。

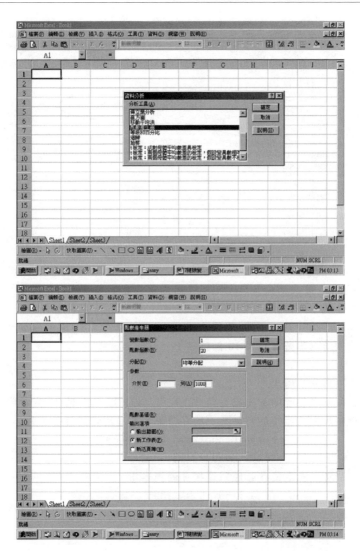

STEP2：亂數的值呈現在上圖，因為這些直都有小數點，將它們四捨五入後此 15 人的編號依序為 52、244、235、252、659、278、748、319、267、123、922、530、847、486、253。（因為這 15 人的編號都沒有重複，所以不必用到第 16 個號碼）

△均勻分配的例子

假設長老教會的會友在星期日上午 9：30－10：00 的 30 分鐘間到達教會參加主日崇拜的時間為一均等分配，其平均時間與變異數分別為

$$E(x)=(0+30)/2=15 \text{ 分}$$

$$V(x)=(30-0)^2/12=75 \text{ 分}$$

請問會友在最後 5 分鐘到達教會的機率為：

$$f(x)=1/30 \quad 0 \leqq X \leqq 30$$

$$P(25 \leqq X \leqq 30)= \int 1/30dx=5/30=1/6$$

7.5 常態分配的介紹 (normal probability distribution)、常態分配在 EXCEL 的運用

　　描述連續隨機變數的機率分配中，最重要的或許就是常態機率分配。常態分配可應用於許多實際的狀況，其隨機變數可與人們的高度和重量、智商分數、科學度量、雨量等有關。使用此一機率分配，隨機變數必須為連續的。

　　定義此常態分配之鐘形曲線的機率密度函數如下所示。

常態機率密度函數：$f(x) = \dfrac{1}{\sqrt{2\pi}\sigma}e^{-(x-\mu)^2/2\sigma^2}$

其中　μ＝平均數；　　σ＝標準差；　　π＝3.14159；　　e＝2.71828

◎常態分配的特性——

1.在整個常態分配族中，各常態分配有其特定的平均數 M 及標準差 σ。

2.常態曲線的最高點發生在平均數處，平均數亦為該分配之中位數與眾數。

3.常態分配的平均數可為任何數值：負數、零或正數。

4.常態分配為對稱的；在平均數左側的曲線形狀恰為在平均數右側的曲線形狀之鏡射。曲線的雙尾皆無限延伸，且在理論上永遠不會與橫軸相交。

5.標準差決定曲線的寬度。標準差愈大，則其曲線愈寬、愈平緩，表示資料的離散度愈高。

6.常態分配曲線下方之總面積為 **1**。對所有之連續機率分配而

言，此性質皆成立。

7.常態隨機變數的機率即爲曲線下方的面積。幾個常用的區間之機率爲：

a.常態隨機變數的值有 **68.26%**的機會落於與其平均數相距正或負 1 個標準差之區間內。

b.常態隨機變數的值有 **95.44%**的機會落於與其平均數相距正或負 2 個標準差之區間內。

c.常態隨機變數的值有 **99.72%**的機會落於與其平均數相距正或負 3 個標準差之區間內。

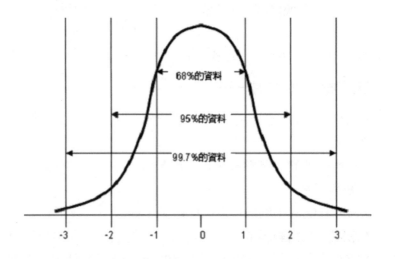

◎標準常態分配(standard normal probability distribution)

若一隨機變數具有平均數爲 **0** 且標準差爲 **1** 之常態分配，則稱其具有標準常態分配。我們以 z 來表示這個特別的常態隨

機變數。這也是常態分配，所以它與其他的常態分配有相同的外觀，只是它具有 M=0 且 σ=1 的特殊性質罷了。與其他連續隨機變數一樣，任一常態分配的機率計算也是計算機率密度函數下方的面積。因此，欲計算一常態隨機變數落於某特定區間之機率，我們必須計算在那段區間的常態曲線下方之面積。

由於任何常態分配的機率均能運用標準常態分配來求出，因此我們不厭其煩地討論標準常態分配。下列的公式即是將任何一個平均數 M 與標準差 σ 的常態隨機變數 x，轉換成標準常態分配的公式。

轉換爲標準常態分配： $z = \dfrac{X-\mu}{\sigma}$

請注意當 x 等於 M 時，其結果 z=(x-M)/σ=0，即 x 等於它的平均數 M 時，對應之 z 亦等於它的平均數 0。現若假設 x 的值在其平均數上面的一個準標差處，即 x=M+σ，代入上式，我們得到 z 值爲 $z=(\mu+\sigma-\mu)/\sigma=\sigma/\sigma=1$。因此我們知道，x 值爲其平均數上的一個標準差時，z=1。換言之，**z 值爲 x 值離其平均數的標準差個數。**

◎二項分配與常態分配之近似─

在前一章我們曾提過，在二項機率表中通常沒有對應極大的 n 值之機率。當 np≥5 且 n(1-p)≥ 5 時，我們可用常態分配求二項機率的近似值。

在使用常態分配時，我們將 M=np 與 $\sigma=\sqrt{np(1-p)}$ 代入常態曲線的定義中。

常態分配在 EXCEL 的應用——

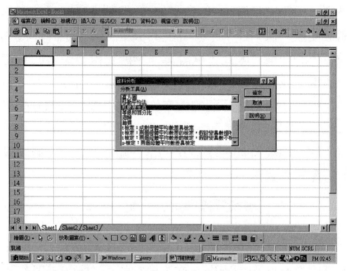

STEP1：依上述步驟如上圖，叫出亂數產生器的對話框後，設變數個數為 2（表示從常態分配母體隨機抽取兩組樣本）、亂數個數為 15（表示每一組樣本有 15 值）、分配選取「常態分配」、參數的平均數為 10、標準差為 2（表示是從平均數為 10、標準差為 2 的常態分配母體抽樣）、輸出選項選取「新工作表」並命名為「常態分配」，按下「確定」。

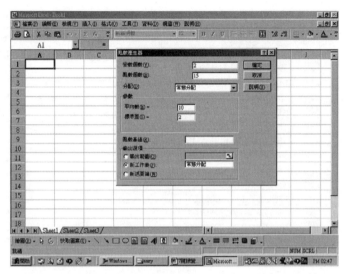

STEP2：產生如圖 7.2 的結果，圖中呈現所產生的亂數值，第一組樣本的 15 個數值置於 A 欄中、第二組樣本的 15 個數值置於 B 欄中，圖中可見大多數的值都在平均數附近走動，愈往兩旁的值就愈少，這就是典型的常態分配。

△常態分配的其他例子

(1)：假設台灣大學生的 IQ 為一常態分配，其平均數為 120，標準差
為 15，問若 IQ 水準在 120-140 間的機率為何？

P(X<140)=0.908789

P(120<X)=0.5

P(120<X<140)=0.408789

(2)設大專學生的身高呈常態分配，平均身高 μ =157 公分，標準差 σ
=7 公分，問：

「1.」抽一學生其身高超過 164 公分的機率

「2.」抽一學生其身高低於 157 公分的機率

「3.」抽一學生其身高介於 150-171 公分的機率

[1.] P(X>164)=0.1586553

[2.] P(X<157)=0.5

[3.] P(150<X<171)=0.8185947

P(150<X)=0.1586553

P(X<171)=0.9772499

＊標準常態分配

　　標準常態分配的平均數是 0，標準差為 1，絕大多數的值介於 ±3 之間，我們利用 EXCEL 來繪製標準常態分配機率圖，作法如下：

STEP1：選擇一新的工作表並命名為「標準常態分配」，在 A1 的位址內輸入 -4，選取「編輯」、「填滿」、「數列」。

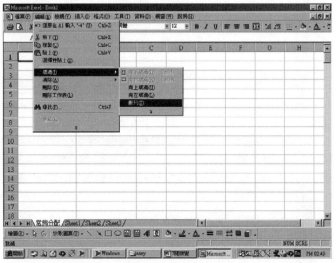

STEP2：接著出現數列的對話框，設數列資料取自「欄」、類型選擇「等差級數」、間距值為 0.05、終止值為 4，按下「確定」。

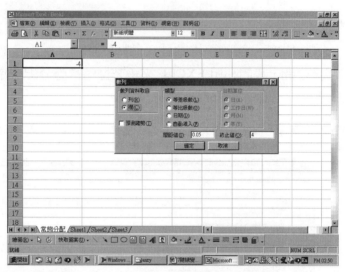

STEP3：結果出現下圖，在A欄位中存放著-4~4的值。

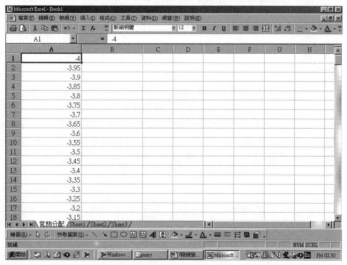

STEP4：在B1鍵入「=NORMDIST(A1，0，1，FALSE)」，然後複製從B2~B161，得到如下圖

STEP5：選取「插入」、「圖表」，進入圖表精靈後，在步驟一選取自定類
型的「平滑曲線圖」，後按「下一步」。

STEP6：進入步驟二，資料範圍為「=標準常態分配!A1：B161」、數列資料取自「欄」，後按「下一步」。

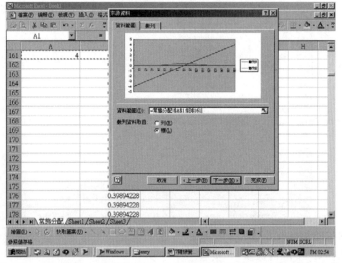

STEP7：進入步驟三，圖表標題命名為「標準常態分配機率圖」、類別 X

軸為「Z」、數值 Y 軸為「密度」,後按「下一步」。

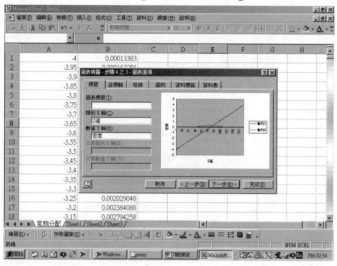

STEP8:進入步驟四,選取新的工作表並命名為「標準常態分配機率圖」,
按下「完成」。

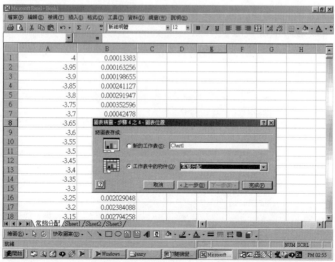

STEP9：完成如下圖的標準常態分配機率圖，為了讓圖更具可觀性，可將圖內的顏色和匡線取消。

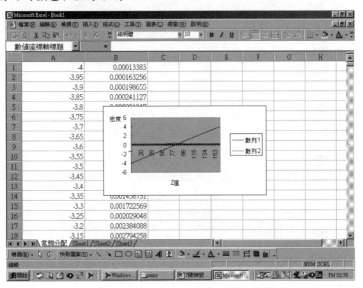

STEP10：由圖可知，標準常態分配（和其他常態分配一樣）是左右對稱、中間最高的平滑曲線。

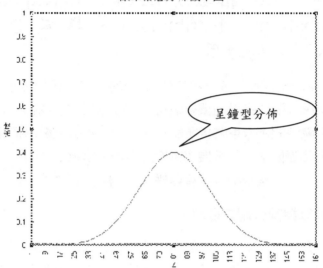

△常態分配的另外例子

令 y=n(z;0,1)求在 z=2 所對應之 y 值

進入 EXCEL。

選擇【插入】、【函數】、【統計】、【NORMDIST】，按（下一步）。

在 x 所要求算機率函數的數值處打上 2，

在 mean 分配的平均數處打上 0，

在 standard-dev 分配的標準差處打上 1，

在 cumulative 處打上 false，

再按（完成），即可得 y=n(2;0,1)的值為 0.054。

7.6 指數分配的介紹(exponential probability distribution)、指數分配在 EXCEL 的運用

常用來描述完成一項工作所需時間的連續機率分配就是指數機率分配。指數隨機變數可用來描述如前後兩輛車到達道場之**間隔時間**、卡車裝貨所需時間、朝山步道上嚴重損壞處之間的距離等情事。指數機率密度函數如下所述：

指數機率密度函數：$f(x) = \dfrac{1}{\mu} e^{-x/\mu}$

◎計算指數分配之機率──

對任一連續機率分配而言，對應於某區間之曲線下方的面積即為隨機變數值落於該區間之機率。欲計算指數機率，我們必須利用下述公式，來計算指數隨機變數小於或等於某特定值 x_0 之機率：

$$P(X \leq x_0) = 1 - e^{-x_0/\mu}$$

◎卜瓦松分配與指數分配的關係──

卜瓦松分配稱其為處理某一特定時間或空間區間內發生次數的問題之一有用的離散機率分配。回想卜瓦松機率函數為：

$$f(x) = \frac{\mu^x e^{-\mu}}{x!} \quad x = 0,1,2,\ldots$$

M=在一區間內發生次數的期望值或平均數

連續的指數分配與離散的卜瓦松分配之關係在於，若卜瓦

松分配適切地描述各區間的發生次數,則指數分配提供發生間隔長度之描述。

△指數分配與卜瓦松分配的的例子

假設在 1 小時內到達廟會活動會場的汽車數呈卜瓦松分配,且其平均為 10 輛/小時。因此表示每小時有 X 輛車到達的機率之卜瓦松機率函數為:

$$f(x) = \frac{10^x e^{-10}}{x!}$$

由於平均到達車數為 10 輛/小時,前後兩車到達之平均間隔時間為

1 小時/10 輛=0.1 小時/輛

因此,描述車子到達間隔時間之指數分配其平均數為 M=0.1 小時/輛,而其指數機率密度函數為

$$f(x) = \frac{1}{0.1} e^{-x/0.1} = 10 e^{-10x}$$

指數分配在 EXCEL 的應用——

STEP1：選擇一新的工作表，並命名為「指數分配資料」，在 A1 的位址輸入 0，然後往下增加 0.1，直到 10 為止（A1~A101）。

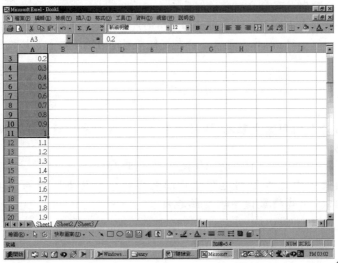

STEP2：在 B1 鍵入「=EXPONDIST（A1，1/3，FALSE）」（在此設 $\lambda = 1/3$）；在 C1 鍵入「=EXPONDIST（A1，1/2，FALSE）」（在此設 $\lambda = 1/2$）；在 D1 鍵入「=EXPONDIST（A1，1，FALSE）」（在此設 $\lambda = 1$）；然後複製從 B1~D101。

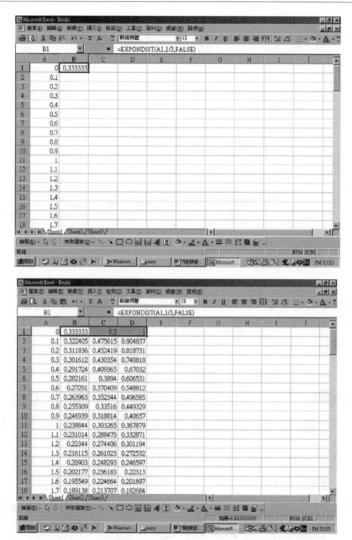

STEP3：接著進行圖表精靈個步驟後（選取平滑曲線），可得如圖下的結果（圖中的文字可利用工具列中的「繪圖」行之）。

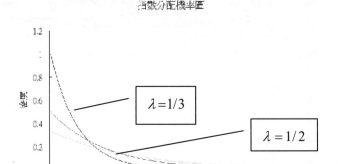

△指數分配的其他例子

某宮廟的廟公幫信眾解籤時間呈一指數分配且每分鐘平均解 0.2 個信眾，問該廟公幫一個信眾解籤的時間超過 5 分鐘的機率有多高？
P(X>5)=　0.367879

⚿ 7.7 利用 EXCEL 以各個分佈做練習 --常態分布、標準常態分布、指數分布

連續機率分配也是以 EXCEL 中的函數來表示。

1. 常態分布

例：在平均數 **60**，標準差 **10** 的常態分佈中，數值為 **55** 的機率密度是多少？累積機率是多少？

選取統計函數的【NORMDIST】，並填入適當的鍵，如圖：

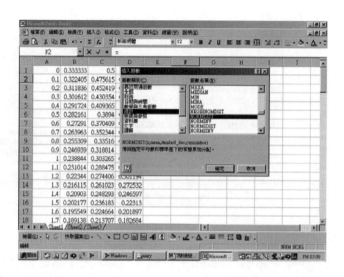

(1)

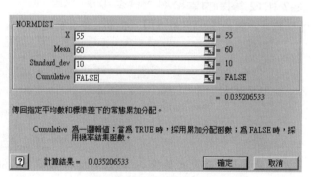

所以機率密度為 0.035206533

(2)

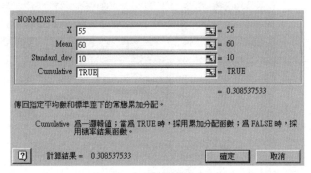

累積機率是 0.308537533

2. 標準常態分布

例：在標準常態分佈(即平均數 0，標準差 1 常態分佈)中，Z 值介於-2 和+2 隻間的累積機率是多少？

選取統計函數的【NORMSDIST】，並填入適當的鍵，如圖：

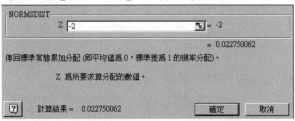

由於標準常態分佈是對稱於 0，因此 Z 值為+2 以上的機率也是 0.023。所以答案是 1-(2*0.023)=0.954

3.指數分布

例：平均而言，每小時有 20 通電話打到某宗教輔導機構的總機。若該總機想外出 5 分鐘，在這 5 分鐘內不會有電話打進來的機率是多少？

選取統計函數的【EXPONDIST】，並填入適當的鍵，如圖：

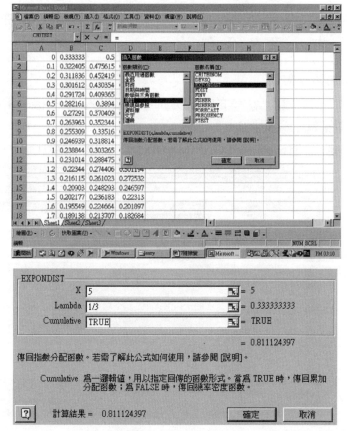

因為 60 分鐘內有 20 通電話，平均每分鐘有 1/3 通，因此參數 LAMBDA=1/3。所以這 5 分鐘內會有電話進來的機率是 0.81，沒有電話進來的機率就是 1-0.81=0.19。

7.8 利用 EXCEL 介紹其他分布-伽瑪分布、卡方分布、貝他分布、F 分布、T 分布、韋伯分布

1.伽瑪分布

例：在 α=10，β=5 的伽瑪分佈中，數值為 50 的機率密度和累積機率各為多少？

選取統計函數的【GAMMADIST】，並填入適當的鍵，如圖：

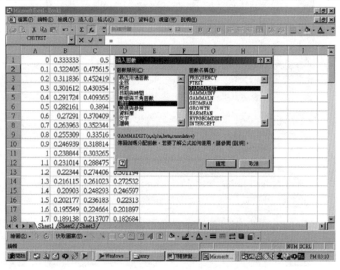

(1)

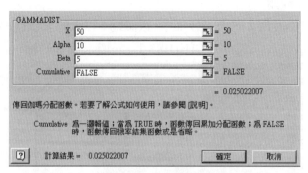

機率密度為 0.025

(2)

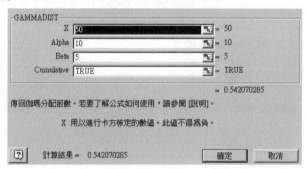

累積機率為 0.542

2.卡方分布

例：自由度為 **2** 的卡方分佈中，數值為 **5** 以上的累積機率是多少？

選取統計函數的【CHIDIST】，並填入適當的鍵，如圖：

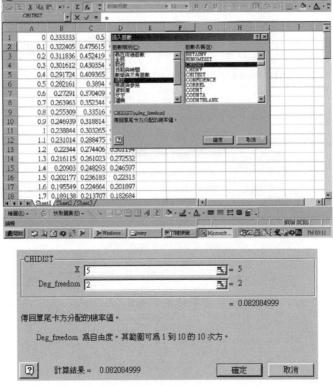

由圖可知答案為 0.082。

3.貝他分布

例：在 α =2，β =3 的貝他分佈中，數值為 0.8 的累積機率是多少？

　選取統計函數的【BETAINV】，並填入適當的鍵，如圖：

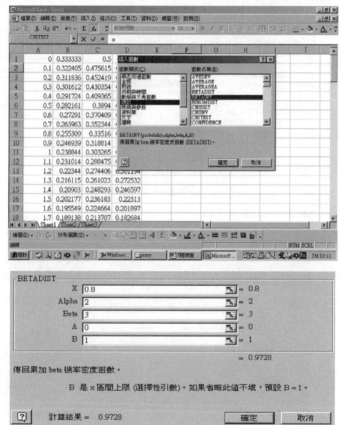

4.F 分佈

例：在分子和分母的自由度各式 **2** 和 **30** 的 **F** 分佈，數值 **4** 以上的累積機率是多少？

選取統計函數的【FDIST】，並填入適當的鍵，如圖：

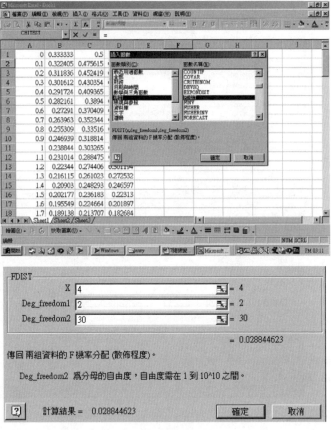

累積機率是 0.029

5. t 分佈

例：在自由度為 25 的 t 分佈中，數值為 2 的雙尾機率是多少？

選取統計函數的【TDIST】，並填入適當的鍵，如圖：

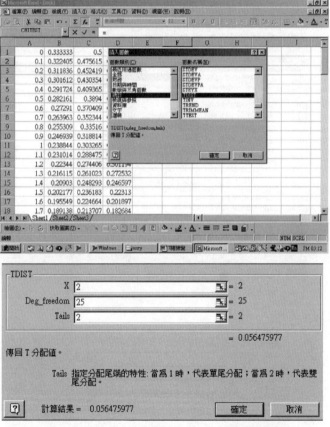

由此可知，雙尾機率是 0.056，表示左右兩邊各是 0.028。

6.韋伯分佈

例：在 $\alpha=2$ ， $\beta=3$ 的韋伯分佈中，數值為 **5** 的機率密度和累積機率各為多少？

選取統計函數的【WEIBULL】，並填入適當的鍵，如圖：

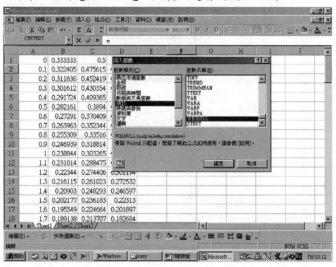

(1)

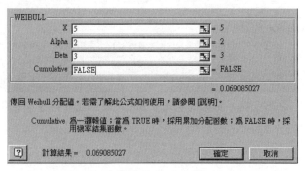

機率密度為 0.069

(2)

```
WEIBULL
        X      5                        = 5
     Alpha     2                        = 2
      Beta     3                        = 3
  Cumulative   TRUE                     = TRUE

                                        = 0.937823476
```

傳回 Weibull 分配值。若需了解此公式如何使用，請參閱 [說明]。

Cumulative 為一邏輯值；當為 TRUE 時，採用累加分配函數；為 FALSE 時，採用機率結集函數。

計算結果 = 0.937823476　　　確定　　　取消

累積機率為 0.9378。

宗教統計小常識

您知道在台閩地區，那一個縣市的教會(堂)類信徒人數(依各宗教皈依之規定)最多嗎？

A：至民國 94 年統計為台北市，共有 167,761 人

習題

7.1 何謂"連續機率分配"。

7.2 請說明處理連續隨機變數及其機率分配，和處理離散隨機變數之不同處為何。

7.3 請說明何謂均勻分配？

7.4 假設母群體內共有 2000 人，我們想隨機抽樣 20 人進行問卷調查，試問要如何運用 Excel 來進行抽取？（每人被抽中的機率必須是相等的）？

7.5 假設長老教會的會友在星期日上午 9：40－10：00 的 20 分鐘間到達教會參加主日崇拜的時間為一均等分配，其平均時間與變異數分別為？請問會友在最後 3 分鐘到達教會的機率為何？

7.6 請說明常態分配的特性？

7.7 試說明常態分配曲線下方的面積：

距離平均數正負 1 個標準差的區間之機率為？

距離平均數正負 2 個標準差的區間之機率為？

距離平均數正負 3 個標準差的區間之機率為？

7.8 試說明標準常態分配的定義。

7.9 假設台灣大學生的 IQ 為一常態分配，其平均數為 110，標準差為 16，問若 IQ 水準在 120-140 間的機率為何？

7.10 試說明指數分配的定義。

7.11 某宮廟的廟公幫信眾解簽時間呈一指數分配且每分鐘平均解 0.4 個信眾，問該廟公幫一個信眾解簽的時間超過 3 分鐘的機率有多高？

第八章　抽樣

8.1 抽樣的基本觀念

　　抽樣調查係自調查對象之母體中抽取一部份個體，加以觀察，然後再推估母體之現象。抽樣調查成為科學的調查方法，乃是由於推測統計理論的發展，加上近年來統計的重要性倍增，依據調查資料與現存事實進行之交叉分析結果頗獲各方關心，主要原因須歸功於統計在經濟發展中所發揮的功能，所以統計學中的抽樣調查不僅是一門學問，業已成為研究社會問題與經濟現象的主要工具之一。

◎抽樣之基本觀念

(1) 抽樣不過是一個方法、手段、其最終目標仍在推論。

(2) 對於各種抽樣方法，建立直覺的瞭解，以及探求其優點及限制。

(3) 注意各種抽樣方法之觀念及使用時機。

(4) 不要見樹而不見林。(注意樣本之代表性)

◎抽樣之基本原則

(1) 所抽樣本能以代表母體。(代表性)

(2) 以樣本訊息估計母體之特性，要儘可能精確，並且可測度其可信度(精確性)。

(3) 取樣成本要儘量少。(成本低)

(4) 配合不同之母體狀況及行政限制下，採取適宜方法(即考量實務問題)。亦即如何達到快速、準確、具代表性而又能配合實務。(可行性)

◎抽樣的步驟

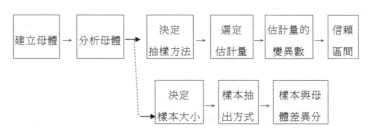

◎抽象的詞彙——

母體(population)：我們求取資料的全體對象，可能事人、動物、或事務。

個體(unit)：母體中的每一分子。若母體包含的是人，我們則稱這耶人為受試(受訪)對象(subject)。

樣本(sample)：母體的一部份，我們蒐集其資訊以便對整個母體做某些結論。

抽樣底冊(sampling frame)：個體的清單，我們從抽樣底冊中抽取樣本。

變數(variable)：個體的某種特質，被選入樣本的個體就會被度量這種特質。

抽樣的用途——

1 民意調查

2 政府經濟與社會資料調查

3 市場調查

4 社會科學研究

8.2 從樣本瞭解母體

　　除了普查的方式之外，我們可以利用抽取樣本的方式做調查。利用小部分的樣本推估母體型態和特性。**最重要的是，樣本是否真具代表性能代表母體**。並且要留意取得『爛樣本』的情況，如果統計問題的設計使得結果總是往某個方向偏，我們就稱這個設計是有偏的，例如**有偏抽樣法或者是自發性回應樣本**的影響。從母體抽樣時總是選取容易取得的，叫做方便抽樣(convenience sampling)；自發性回應樣本(voluntary response sample)是經由對某一訴求的回應而自然形成的。寫應(write-in)或叩應(call-in)意見調查都是自發性回應樣本的例子。

8.3 抽樣的目的

中國有一句古老的諺語『一葉知秋』，你觀察一小部分的情況就能得知全體。利用抽樣的方法可以：

1 節省財力和人力；

2 抽查可縮短調查與整理的時間；

3 抽查初的 樣本可以做更詳細的調查；

4 抽查可迅速獲得調查結果；

8.4 機率抽樣與非機率抽樣

	機率抽樣 (probabilistic sampling method)	非機率抽樣 (nonprobabilistic sampling method)
涵義	若使用機率抽樣方法時，我們可計算得到各可能樣本的機率。	使用非機率抽樣方法時，前述機率為未知。指用非隨機性、主觀喜好的方式來選取出樣本。
優缺點	◆ 優點： （1）樣本較具代表性。 （2）可計算估計之精確度。 （3）可隨不同之抽樣設計採取不同之抽樣方法。 隨之不同之抽樣方法，採取相互配合之估計方法。	◆ 優點：在某些調查時，有其必要性。 ◆ 缺點： （1）難以評斷樣本之代表性。 （2）無法估計精確度。 （3）樣本偏差往往較大。

抽樣方法	◎簡單隨機抽樣(Simple random sampling)每個樣本被抽中的機會相等。	◎便利抽樣(convenience sampling)： 樣本中單位的選取是基於其容易取得。
	◎分層抽樣(stratified sampling)： 將母體按照某一特性分成數個不重疊的群組，這些群組即稱為層，而再由各層中分別抽取樣本。	◎判斷抽樣(judgement sampling)的這種非機率抽樣技巧時，係由一專精於該研究主題的人選擇其認為最足以代表整個母體的抽樣單位。
	◎系統抽樣(clustered sampling)： 將母體的元素按順序編號後，有系統的每隔一定區間抽取一個樣本的方法。	◎配額抽樣(quota sampling)： 首先選擇「控制特徵」將母體細分成幾個子母體，決定子母體之樣本數，再以便利抽樣抽出應有之樣本數。
	◎集群抽樣(systematic sampling)： 將母體中相鄰近的個體排成一群集，而以群集為抽樣單位。	◎雪球抽樣 (snowball sampling)： 這是利用隨機方法或社會調查選出起始受查者，然後從起始受查者提供之資訊去取得其他受查者。一般雪球抽樣目的主要是為估計在母體中很難尋找或十分稀少之特性時使用。

	◎分段抽樣(multi-stage sampling)：分段抽樣法是將母體按照某些特性或某種分類標準，分為數個部落或層別，先由這些部落或層別中，抽出幾個部落或層別，此為第一段，然後，再由已抽出的部落或層別依特性或分類標準，在抽出部落或層別，此為第二階段，如此依序為之，最後再依隨機或系統或其他方法抽出樣本。	

◎簡單隨機抽樣法(simple random sampling)

　　簡單隨機抽樣是一種最基礎且最簡便的抽樣方法。它的優點是(i)當母體底冊完整時，直接由母體中抽出樣本，方法簡單；和(ii)每一單位被抽中的機率均相等，參數的估計較簡單。而它的限制是(i)母體底冊不易取得，或取得很費時，費力且費錢；(ii)母體內樣本單位太多時，作業不方便；(iii)樣本分配較分散，行政作業較不易；和(iv)樣本代表性恐有不足(尤其當樣本點差異大時或重要性不同時)。因此，**使用簡單隨機抽樣的最佳時機，便是當(i)母體內樣本單位不多，且有完備名冊，可茲編號時；(ii)母體內樣本單位間的差異不大時**(對研究的目的而言)；和**(iii)對母體資訊無法充份獲得時**。簡單隨機抽樣法的準確度會受下列二因素的影響，即(i)母體本身的變異，和(ii)樣本的大

小。

　　在此我們介紹一個，運用「亂數表」來進行簡單隨機抽樣的方法。一般的統計書中都附有「亂數表」，而每本書的亂數表也都不盡相同，不過亂數的產生都符合隨機的原則。要運用亂數表進行抽樣可以依下列幾個步驟：

(i)先給所有樣本編號。

(ii)選擇亂數要幾位數：看您要挑選的樣本是幾位數，如：欲抽取 250 個樣本，就以三個數字為一單位。

(iii)隨便選一個號碼（位置），您可以閉著眼用筆隨便戳在亂數表上的任何一個位置。

(iv)以您戳中的號碼開始依序選號，可以橫著選或直著選，以(ii)所設定的位數依序選取樣本。

(v)遇到選取的號碼超過樣本的編碼就跳過，如上述，欲抽取 250 個樣本，但是卻遇到數字為 "991" ，就跳過選下一個。

(vi)抽滿預期的樣本數量即可。

	1	2	3	4	5	6	7	8	9	10
1	6824	7709	3937	3289	9545	0620	3904	5203	6590	8769
2	0237	7574	8607	1502	4776	0944	4946	1519	4834	2810
3	1336	8960	2192	7132	9267	4262	6070	7664	7690	3873
4	6840	3016	3991	8582	1813	0012	3781	8635	0286	3932
5	5577	7452	9477	7942	7328	0822	7876	6379	9014	6845
6	3495	3500	9497	8688	7764	0017	1221	5816	8840	8573
7	5163	5127	5955	7826	0982	3563	7783	1575	7738	9146
8	3746	5767	5137	3846	9113	3394	5172	3745	2574	5275
9	0596	6736	4273	7665	8229	6933	6510	0093	4091	4567
10	6553	4267	4071	3532	0593	3874	5368	5295	6303	2629

◎分層抽樣法(stratified sampling)

按照某種原因或其他一定的標準,將所含抽樣單位個數分別定為 $N_1, N_2, \cdots, N_h, \cdots, N_L$,但 $\sum_{h=1}^{L} N_h = N$;這些分枝的母體簡稱為層(stratum)。再以簡單隨機抽樣法,分別從各層獨立的抽 $n_1, n_2, \cdots, n_h, \cdots, n_L$ 個單位組成一個含有 $\sum_{h=1}^{L} n_h = n$ 個單位的樣本,根據此樣本中各單位的平均 $\bar{x}_h$ 與母體各層單位的個數 N_h 去推估母體平均。亦 $\hat{\mu}_h = \sum_{h=1}^{L} \frac{N_h}{N} \bar{x}_h$,其中 N 為母體中單位總數,而 h 為層號。

　　往往調查對象的母體中，包含每一抽樣單位附隨的某種特性的變數間具有很大的變異性，即分散度很大，或具有歪度很大的分布。此時倘若置的不理，而採用簡單隨機抽樣法從整個母體中抽出樣本，則可能在分布兩端的單位便沒有被抽中的機會，或者抽出太多極端的樣本，因而失去母體的代表性，以致估計的準確度不高。反之，假如按照母體分布的狀態，將其抽樣單位分為大、小二層或更細分的，使各層內的單位間的變異程度較低，而各層間的變異程度較高；根據變異數分析原理，層間變異愈大則層內變異愈小，因此各層樣本的代表性將會增高，將其合併以估計整個母體總合或平均值必能獲得準確度很高的估計結果。

　　分層隨機抽樣在實際應用上是最常用的一種抽樣方法。通常欲調查的母體內各個抽樣單位，當其間變異甚大，即分散度很大或具有歪度(skewness)時，若採用簡單隨機抽樣，則可能造成分散在兩端的樣本將不被抽中或抽中太多，如此抽出的樣本不具高度代表性，反而使估計誤差過大，因此有使用分層隨機抽樣的必要。舉例來說，欲估計超級市場的平均營業額，即要對超級市場按超市大小分層後再作抽樣。

　　分層隨機抽樣法的優點是(i)可增加樣本代表性；(ii)可提高估計的確度；(iii)可分別獲得各層的訊息，並做各層間的比較分析；(iv)可在各層設立行政單位，以便於執行；和(v)可視各層情形，採取不同的抽樣方法。而**它的限制**是(i)分層變數的選取(要與所欲估計的特徵值具有高度相關)；(ii)層數的釐定(要適當並配合母體的分配狀況)；(iii)分層標準的決定(各層不能有重疊現象)；(iv)各層樣本的配置方法；和(v)分層後，樣本資料的整

理及估計較複雜。因此，**使用分層隨機抽樣法的最佳時機**，便是當(i)母體內樣本單位的差異較大時；和(ii)分層後能達到層間差異大，層內差異小的原則。原則上要使層內變異小，而層間變異大；各層不能有重疊現象。

◎系統抽樣法(systematic sampling)

系統抽樣是將母體的元素按順序編號後，有系統的每隔一定區間抽取一個樣本的方法。它是簡單隨機抽樣的另一種變化方式。

有時母體內的單位數過多，抽樣繁複費時，或有時母體內的單位數不能確定時；以上二種情形若採隨機抽樣法，則太繁雜又不太可能，因此可採系統抽樣法。

整體而言，系統抽樣是相當簡捷的一種抽樣方法。舉例來說，假設母體內有 50,000 個抽樣單位，而只須抽出 100 個單位組成樣本時，即可使用系統抽樣法。又如要對離境觀光客的觀感作調查，則可利用在機場訪問以成為系統抽樣的樣本。

系統抽樣法的優點是(i)在抽取樣本的過程中，很容易完成抽樣工作；(ii)通常可使樣本普遍的散佈於母體內，使樣本更具代表性；和(iii)在某些條件下，系統抽樣可取代簡單隨機抽樣。而本法的**限制**則是(i)對母體狀況宜略有所瞭解；(ii)避免系統樣本內的樣本單位趨於一致；(iii)不易計算估計量的變異數，和(iv)避免母體內樣本單位特徵值的週期性變動。使用系統抽樣時最好是當(i)母體內的樣本單位，按有興趣的特徵值而言是隨機的或按大小排列的；(ii)母體內單位數過多，而抽取的樣本又較多時；和(iii)母體內的單位數不能確定時。

　　要特別注意的是，單一系統抽樣無法計算變異數，而是以簡單隨機抽樣的變異數予以取代。但二者有時無法取代，若要估計變異數時，則可採重複系統抽樣法，亦即抽出一個以上的系統樣本。再來要介紹系統抽樣法的抽樣步驟，當母體內單位數爲 N，欲每間隔 k 個樣本抽取一個樣本。

（1）將母體分成 $n = N/k$ 區。

（2）由 1 到 k 間個數中，隨機抽取一個隨機始數，設爲 r。

（3）則樣本爲 $y_r, y_{k+r}, \cdots, y_{(n-1)k+r}$

稱爲 n 個系統樣本。

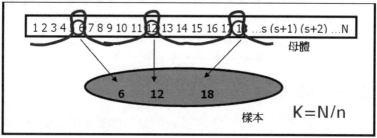

◎群集抽樣法(cluster sampling)

　　有時母體底冊的蒐集及編造極爲困難或龐大，而在調查時又希望節省成本時，則可採用群集抽樣法。舉例來說，在森林區的材積調查中，將調查區劃分多個小塊以爲群集。又如在住戶調查中，以鄰或區段作爲群集以進行訪查。所以群集抽樣法可說是一種抽樣極爲方便、調查容易的抽樣方法。

　　群集抽樣法的優點是(i)母體底冊的編造較爲簡單；(ii)調查行動半徑較小，調查成本較低；(iii)行政管理較爲容易；和(iv)通信調查時交較易宣傳及進行。而此種方法的限制是(i)群集內

樣本單位的一致性太強，則易浪費樣本；和(ii)群集大小的決定。使用此法**最好時機**是當(i)母體底冊不易獲得時；(ii)為簡省調查成本時；及(iii)群集內差異大，而群集間的變異小。

採用群集抽樣法進行樣本調查時，要注意到以下兩個原則。亦即，(i)根據經驗、試查及實際狀況以決定適當的群集；和(ii)確定群集間變異小，而群集內變異大。群集抽樣法有三個抽樣步驟，分別介紹如下。

Step1. 決定群集的大小：根據經驗、試查及實際狀況來決定。
Step2. 建立各樣本群集的母體底冊或劃定範圍：可以建立名冊，亦可以標示(或圖示)樣本的範圍。
Step3. 二段群集抽樣的考慮：群集內的同質性太高，或樣本群集內樣本單位過多時，可採此方法。

◎分段抽樣法

上述諸種抽樣方法通常僅適用於母體總個數(population size)不很大的時候，若母體總個數太大，則易發生以下各種困難：(i)準備母體資料的底冊(frame)的困難；(ii)調查均勻分散的抽樣單位，所費時間、人力及財力太多；和(iii)抽樣單位(sampling unit)廣泛分布時，執行抽樣計畫不易，遂有進行分段抽樣的必要。

分段抽樣法大致可分為二段抽樣法、三段抽樣法及多段抽樣法。當進行分段抽樣法時，首先以階層分類法(hierarchal classification)編製資料，先將母體資料依某條件分成 M 個互斥的(disjoint)類別(class)，以 $i=1,2,\cdots,M$ 為其第號，每個類別中分別含有 $N_1,N_2,\cdots,N_M$ 個單位，以簡單隨機抽樣法自 M 個類別中

抽取 m 個類別，的後再自該 m 個類別中每類別分別以簡單隨機抽樣法抽取 $n_1, n_2, \cdots, n_m$ 個單位結合組成一個樣本，此即二段抽樣法；其中樣本大小為 n，且為

$$n = n_1 + n_2 + \cdots \cdots n_m = \sum_{i=1}^{m} n_i。$$

　　其中每個類別(class)稱為第一段抽樣單位(primary sampling unit, 簡稱 psu)，而同一類別的單位稱為第二段抽樣單位(secondary sampling unit, 簡稱 ssu)。換言的，進行二段抽樣法時，並不是經由一次直接自母體抽出 n 個單位組成樣本，而是以第一段先抽出 m 個類別，第二段再由此 m 類別所含全部個體中分別抽出若干單位，來組成樣本。

　　若上述的單位仍然不是最基本的抽樣單位，而每單位中各含有 P_{N_i} 個基本抽樣單位，則可繼續自抽出來的 n_i 個單位中分別隨機抽取 $p_{1n_1}, p_{2n_2}, \cdots, p_{mn_m}$ 個基本抽樣單位以組成樣本，此即為三段抽樣法；其中樣本大小為 p，且為

$$p = \sum_{i=1}^{m} \sum_{j=1}^{n_i} p_{ij} = \sum_{j=1}^{n_1} p_{1j} + \sum_{j=1}^{n_2} p_{2j} + \cdots \cdots + \sum_{j=1}^{n_m} p_{mj},$$

　　其中該基本抽樣單位稱為第三段抽樣單位(third sampling unit, 簡稱為 tsu)。同理若上述的基本單位仍非最基本的抽樣單位，則亦可按照上述方法繼續進行多段抽樣法。

　　假設有一研究者要對全台灣地區的宗教寺廟與教堂做調查，那麼他第一階段先抽隨機抽出五個縣市，然後每個縣市再依內政部所公布的各縣市的寺廟教堂數量統計資料中寺廟與教堂的比例選取樣本數量，然後在此五縣市中，隨機抽取寺廟與教堂做為樣本，最後在這些選出的寺廟與教堂中，再抽取與該

寺廟與教堂相同比例的神職人員與信眾做調查。那麼這種抽樣計畫在應用統計學上，可稱爲三段抽樣法(three stage sub-sampling)，即以縣市爲第一段抽樣單位 psu，再以每縣市的寺廟與教堂爲第二段抽樣單位 ssu，最後以各寺廟與教堂中的神職人員與信眾做爲第三段抽樣單位 tsu。

因爲分段抽樣法在抽樣時，並非由母體的所有抽樣單位中直接隨機抽出單位以組成樣本，而僅就母體的所有抽樣單位中某些種類的抽樣單位裡隨機抽樣以組成樣本，故常會省時、省工、省錢且合乎經濟原則。但也正因如此，一般情形下，使用分段抽樣法來估計各種母體參數(population parameter)時，其準確度常會較抽樣對象爲所有母體抽樣單位的簡單隨機抽樣法爲低；但當第一段抽樣單位間變異甚小時，此項準確度的降低甚微，而如果不超過決策者所能容忍的程度，則分段抽樣法，有其確切而實際的用途。

影響抽樣調查結果準確度的因素

爲使抽樣估計值能達到估計全事物的目的，需考慮影響其準確的各種因素：

➤ 原始資料的變異程度

➤ 樣本數的大小

➤ 抽樣方法

➤ 分層抽樣法抽樣的不同

8.5 信賴敘述

信賴敘述包或兩部分，『**誤差界限**』及『**信賴水準**』(level of confidence)。誤差界限告訴我們樣本統計量離母體參數多遠。信賴水準告訴我們所有可能樣本中有多少百分比滿足這樣的誤差界限。

8.6 偏差及欠精確

偏差：樣本統計量老是朝某一方向偏離母體參數值。

欠精確：如果不斷抽取樣本，在不同樣本之下，同一個統計量計算出來的值差異很大、很分散。無法指望每次抽出的結果都差不多。

若要減低偏差：利用隨機抽樣即可。若將整個母體列在抽樣底冊，在從中抽取簡單隨機樣本，就會得到不偏估計值 (unbiased estimate)，也就是說，以 **SRS(簡單隨機抽樣)** 得到的統計量估計母體參數，寄不會高估，也不會老是低估。

8.7 抽樣誤差與非抽樣誤差

一個良好樣本的先決條件是要能代表目標群體（所欲研究的群體），抽取不良樣本的方法有很多種，歸納起來造成不良樣本的原因有兩大類，一為非抽樣誤差（Nonsampling error），一為抽樣誤差（Sampling error）。自非目標群體抽樣，反應偏差，

以及在蒐集分析，或報導資料時所犯的其他人為錯誤都是非抽樣誤差。此外，即使是設計良好並經過確實執行的抽樣方法，所獲得的樣本也有不能代表目標群體的情況，因為樣本只是母體的一部分而已；這種情況下，樣本所含的資訊，可能使我們在推論群體時導致錯誤的結論，換言之，應用樣本的資訊來推估母體的特徵時可能會有錯誤，這類的誤差代表著樣本統計量和對應母體參數之間的差異，稱為抽樣誤差；因此，除了完善的普查外，所有搜集資料的過程中都可能產生抽樣誤差。

8.8 抽樣之前應該留意的問題(包括道德上的問題)

1 刻意漏掉部分細節：選擇研究的對象有沒有偏差？是不是事了好幾種統計方法，然後只報告最好的結果？(滿意度調查等)是不是只報告部分研究對象的資料？

2 受否者知情且同意：每一個研究對象是否在知情且同意的情況下接受測試 esp.試驗新的醫療方法的實驗。

3 保密原則：受試者的身份資料是否與其他資料分開。

這些都是作為一個研究人員該好好思考的議題。

> **宗教統計小常識**
> 您知道在台閩地區,那一種宗教別的寺廟最多嗎?
>
> A:至民國 94 年統計為道教,共有 **9,027** 座

習題

8.1 試說明抽樣的基本原則。

8.2 解釋下列名詞:母體、個體、樣本、抽樣底冊、變數。

8.3 試說明機率抽樣與非機率抽樣的涵義、優缺點、並列舉抽樣方法。

8.4 試說明使用簡單隨機抽樣的最佳時機為何?

8.5 試說明分層隨機抽樣法的優點與限制。

8.6 試說明何謂系統抽樣法,並說明其優點與限制。

8.7 試比較分層抽樣法與群集抽樣法。

8.8 最適合實施分段抽樣法的時機為何?

8.9 影響抽樣調查結果準確度的因素為何?

8.10 解釋下列名詞:誤差界限、信賴水準、偏差、欠精確。

8.11 試說明抽樣之前應該留意的問題有那些?

第九章　抽樣分配與點估計

9.1 母體與參數及樣本與統計量

母體與參數

　　同類個體的全部記錄集合一起，使組合成一個全體 (aggregate)，這個全體稱為母體(population)，母體種類很多，表示其特徵的方法有「圖表法」、「常數法」等。利用常數法研究母體即由母體中計算出若干穩定常數，此等常數有介紹母體特性的作用稱為參數(parameters)包括有四類：

(1)測定母體趨中性：主要有算術平均、型量、中位數等。

(2)測定分散度：主要有變異數、均方、標準偏差。標準偏差(σ)愈大，則母體中 所有個體間的變異愈大。

(3)測定偏歪度：主要有 Fisher 氏的 γ_1 係數，E. S. Pearson 氏的 $\sqrt{b_1}$ 係數。

(4)測定頻度分布的曲線峰度：常用有 Fisher 氏的 γ_2 係數，

及 Geary 氏的 W_n 係數。

◎樣本與統計量

　　母體涵蓋範圍很大，資料經統計分析後，所得結論的適當範圍必很大；所須顧慮者，乃在於母體範圍過大時，蒐集、計數、度量及統計工作隨著浩大，所費時間、金錢往往無法許可，故只好由樣本資料來推斷母體的特性。

　　來自同樣個體的全部 N 個個體中只抽出 n 個單位進行計數，度量而得 n 個單位的記錄(N>n)集結此 n 個單位記錄在一起，便構成一個樣本(sample)，再由樣本資料求得某一統計值來估計參數，此估計值稱為統計量(statistic)。因樣本有抽樣變異，故統計量亦有抽樣變異，如把母體中可能發生的樣本全部取出，然後求得各樣本的某種統計量，再求統計量的總平均值，此總平均值稱為某統計量的期望值，若某統計量的估計方法適當，則該統計量即母體參數。抽樣方法的不同，及抽樣單位的不同會改變統計量的大小，改變對該母體的代表程度。

☞ 9.2 簡單隨機抽樣(simple random sampling) --有限母體的抽樣、無限母體的抽樣

　　由母體中選取一樣本的方法有很多種，最常用的一種就是簡單隨機抽樣。簡單隨機樣本的定義及**選取此種樣本的過程完全視母體大小是"有限的"或"無限的"**而定。我們首先考慮由有限母體中抽樣。

◎有限母體的抽樣

若在大小為 N 的有限母體中，樣本大小為 n 的可能樣本被抽取的機率都相等時，所得之樣本即為簡單隨機樣本。

很幸運地，有一種較簡單和直接的方法，可以從有限母體中抽出一組簡單隨機樣本。這種實用的方法便是允許我們一次抽一個的抽取樣本中所含的元素。在每一次抽取時，我們需確認在母體中的每一項元素有相同的被抽出機率。以這種方式抽樣 n 個元素與從有限母體中抽出一組簡單隨機樣本的定義相符合。

我們以不放回(without replacement)抽樣方式抽取一簡單隨機樣本。我們當然也可將已抽出的元素放回(replacement)母體中，然後再抽取下一元素，此種方式稱為放回抽樣。若以這種方式抽樣，則某些元素將可能在樣本中出現不祇一次。雖然放回抽樣也是得到簡單隨機樣本的一種方法，但大部分還是使用不放回抽樣的抽樣程序。

◎無限母體的抽樣

截至目前為止，我們一直專注在從有限母體中抽取一簡單隨機樣本的情況。雖然大多數商業及經濟上的抽樣情況都與有限母體有關，但是卻有因母體本身為無限的或者是因母體太大，為了實際上的目的而必須視之為無限的情況。

對於無限母體的抽樣，我們必須給簡單隨機樣本另下一新的定義。另外，因為此時這些母體中的元素無法被編號，故我們必須使用不同的方式去抽取樣本。讓我們考慮從無限母體中

抽出一簡單隨機樣本的例子。假如我們想要估計在上午 11：30 到下午 1：30 的午餐時間中，顧客到達速食餐館內，點菜至上菜之間的平均時間。如果我們將所有可能上門的顧客當成一母體，我們會發現要找出一個有關顧客光臨人數的有限範圍幾乎是不可能的。事實上，如果我們把那些可能會在午餐時段內出現的所有顧客視為一母體，則我們可將它視為無限母體。我們將從這一母體中選取一包含 n 個顧客的簡單隨機樣本。

從無限母體中抽取一簡單隨機樣本，其抽取的方式必須滿足下列條件：

1. 每一個元素皆抽自於相同的母體。

2. 每一個元素皆獨立地抽出。

在我們從速食店所有顧客中抽取一簡單隨機樣本的問題裏，我們發現當此速食店工作人員在"正常的"經營狀況下，對於每一位出現在上午 11：30 到下午 1：30 午餐時段內的顧客而言，皆能滿足於上面所定義的第一個條件。而為了要符合第二個條件，我們必須保證某一特定顧客的抽取並不會影響到其他顧客的抽取。亦即，每一個顧客的抽取是互相獨立的。某著名速食店已完成這種情況之簡單隨機抽樣。其抽樣的方法乃基於有些顧客在購買如三明治、飲料、炸薯條等食物時，他們會拿出折扣優待券要求打折的情況來進行的。亦即，當有一位顧客拿出折扣優待券時，那麼下一位就被納入樣本之中。因為顧客拿出優待券的情形是隨機且獨立的，因此該店確信這種抽樣計畫能夠滿足從無限母體中抽出一簡單隨機樣本的兩個條件。

1.有限母體通常由組織會員名冊、註冊學生名單、信用卡帳戶、庫存產品號碼等所定義。而無限母體則定義於在母體元

素相同的情況下，進行相同程序無限次數所產生的項目之組合。在這情況下，是無法得到母體中所有項目的一覽表。例如，含所有製造的零件、所有顧客、所有銀行交易等的母體即為無限母體。

　　2.由大小為 N 之有限母體中選取大小為 n 之簡單隨機樣本的方法數為：

$$\frac{N!}{n!(N-n)!}$$

3.有限母體之隨機抽樣方式通常為不放回抽樣。

△抽樣放回和不放回的例子——
一組數字 1, 3, 5，分別採**放回抽樣**與**不放回抽樣**，抽取兩個數字為一樣本

　　　　　[1] 列出所有可能樣本，並計算其 X
　　　　　[2] 求 X 的抽樣分配
　　　　　[3] 求 E(X)和 V(X)

放回樣本
1.

樣本	(1,1)	(1,3)	(1,5)	(3,1)	(3,3)	(3,5)	(5,1)	(5,3)	(5,5)
X	1	2	3	2	3	4	3	4	5

2. X 的抽樣分配

X	1	2	3	4	5
P(X=x)	1/9	2/9	3/9	2/9	1/9

3.
E(X)= 　　　　　3
V(X)= 　　1. 3333

不放回樣本

樣本	(1 , 3)	(1, 5)	(3, 1)	(3, 5)	(5, 1)	(5, 3)
x	2	3	2	4	3	4

x	2	3	4
P(X=x)	2/6	2/6	2/6

E(X)= 　3
V(X)= 　0. 667

☛ 9.3 點估計(point estimate)

　　為估計母體數值，我們計算與其對應之樣本特性，稱為樣本統計量。

　　在點估計裏，我們從樣本資料去求取一個樣本統計值，而以該值做為母體母數的估計值。套句點估計的術語，**我們以 $\overline{X}$ 做母體平均數 μ 的點估計量(point estimator)**，以 s 做母體標準差 σ 的點估計量，以 $\overline{p}$ 做母體比率 p 的點估計量。在一特定樣本裏，所得出 $\overline{X}$、s 或 p 的實際數值稱做這參數的點估計值。

　　在討論點估計量時，我們用 $\overline{X}$ 表示樣本平均數，而用 $\overline{p}$ 代表樣本比率。我們使用 $\overline{p}$ 是基於樣本比率也是樣本平均數的事實。

9.4 $\overline{X}$ 的抽樣分配性質 -- $\overline{X}$ 的期望值、$\overline{X}$ 的標準差、抽樣分配的圖形或形式：中央極限定理、$\overline{X}$ 之抽樣分配的實用價值、樣本大小與 $\overline{X}$ 的抽樣分配之關係

　　我們知道樣本平均數 $\overline{X}$ 是一個隨機變數，此隨機變數的機率分配就是 $\overline{X}$ 的抽樣分配。我們將明瞭藉著 $\overline{X}$ 的抽樣分配去闡述有關 $\overline{X}$ 被用來做爲 μ 的點估計量時，可能產生誤差的機率情形。

◎ $\overline{X}$ 的期望值($\overline{X}$ 的平均數)

　　令 $E(\overline{X})$ 表示 $\overline{X}$ 的期望值或是所有可能的 $\overline{X}$ 值的平均數，而母體平均數則以 μ 表示。我們可證明在做簡單隨機抽樣時，這兩數值是相等的。

$$E(\overline{X}) = \mu$$
其中，$E(\overline{X})$=隨機變數 $\overline{X}$ 的期望值

◎ $\overline{X}$ 的標準差

　　在簡單隨機抽樣中，$\overline{X}$ 的標準差乃根據母體是有限或無限而有不同的表示法。$\overline{X}$ 的標準差的兩種表示法如下所示：

有限母體： $\sigma_{\overline{X}} = \sqrt{\dfrac{N-n}{N-1}}\left(\dfrac{\sigma}{\sqrt{n}}\right)$

無限母體： $\sigma_{\overline{X}} = \dfrac{\sigma}{\sqrt{n}}$

$\sigma_{\overline{X}}$=所有可能 $\overline{X}$ 值的標準差，σ=母體標準差，n=樣本大小，N=

母體大小

註：母體是有限的，且樣本大小小於或等於母體的5%，也就是說$n/N \leq 0.05$。

要加$\sqrt{\dfrac{N-n}{N-1}}$（修正項）。

我們發現有限母體需要$\sqrt{(N-n)/(N-1)}$此一係數，但無限母體則不需要。此係數稱為有限母體的修正因子(finite population correction factor)。在很多實際的抽樣情況中，我們發現，母體雖然是有限但"很大"，而樣本則相對地"小"。此時，有限母體的修正因子$\sqrt{(N-n)/(N-1)}$就接近1，所以有限母體和無限母體中$\overline{X}$的標準差之間的差異是可以忽略的。在這種情況下，即使母體為有限，$\sigma_{\overline{X}} = \sigma/\sqrt{n}$仍為$\overline{X}$的標準差之良好近似值。

註：1 當母體是無限時

2 μ=母體平均數，母體雖然是有限但"很大"，而樣本則相對地"小"

樣本	母體分配	抽樣分配
大樣本 $(n \geq 30)$	母體為常態分配	$\overline{X} \sim N(\mu, \dfrac{\sigma^2}{n})$
	母體非常態分配	$\overline{X} \sim N(\mu, \dfrac{\sigma^2}{n})$
小樣本 $(n < 30)$	母體為常態分配	$\overline{X} \sim N(\mu, \dfrac{\sigma^2}{n})$
	母體非常態分配	$\overline{X}$的分配決定於母體分配

註：①若母體為有限母體，且$\dfrac{n}{N} > 0.05$，則$V(\overline{X}) = \dfrac{\sigma^2}{n} \cdot \dfrac{N-n}{N-1}$。

②若母體為有限母體，且$n/N > 0.05$，則$\overline{X}$不一定為常態分配，因$(X_1, \cdots, X_n)$不獨立。

🔑 9.5 中央極限定理(central limit theorem)

決定 $\overline{X}$ 機率分配的形式為說明 $\overline{X}$ 抽樣分配特性的最後步驟。我們將要考慮兩種情況，一是母體分配未知，另一種是母體分配已知為常態。

在母體分配未知的情形下，我們所要憑藉的是一個統計學上最重要的定理——中央極限定理。中央極限定理應用於 $\overline{X}$ 抽樣分配時其敘述如下：由一具有平均數 μ，標準差 σ 的母體中抽取樣本大小為 n 的簡單隨機樣本，**當樣本大小 n 夠大時，樣本平均數 $\overline{X}$ 的抽樣分配會近似於常態分配。**

當母體分配呈鐘形且對稱時，樣本大小只要 5 至 10 即可適用中央極限定理。然而，如果母體分配偏斜得很厲害而且明顯地不是常態分配，則需較大的樣本。在一般的統計實務上，大部分的應用中均假設當樣本大小為 **30(含)以上**時，$\overline{X}$ 的抽樣分配即近似於常態分配。

中央極限定理是當母體分配未知時，確認 $\overline{X}$ 抽樣分配形式的關鍵。然而，我們可能會碰到一些母體被假設為或是被確信為常態分配的抽樣情況。**當母體為常態分配時，不論樣本大小，$\overline{X}$ 的抽樣分配仍為常態分配。總而言之，若是大樣本時，由中央極限定理可以得知 $\overline{X}$ 的抽樣分配近似於常態 $\overline{X}$ 之抽樣分配的應用價值。**

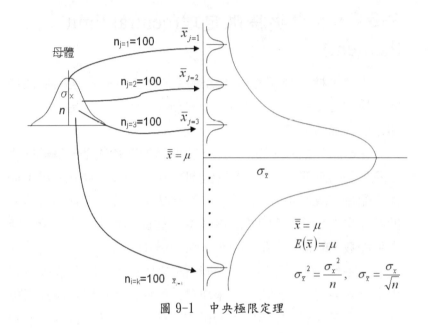

圖 9-1　中央極限定理

🔑 9.6 抽樣誤差 sampling error($\overline{X}$之抽樣分配的實用價值)

　　當選取一簡單隨機樣本並以樣本平均數$\overline{X}$的值去估計母體平均數μ的值時，我們無法期望樣本平均數恰等於母體平均數。**樣本平均數$\overline{X}$的值與母體平均數μ的值之差的絕對值，$|\overline{X}-\mu|$，稱為抽樣誤差。**在相信樣本平均數具有代表性之前，我們想知道以$\overline{X}$為μ之估計量時，其可能的抽樣誤差。我們對$\overline{X}$的抽樣分配感興趣的實際理由，在於此分配可提供有關抽樣誤差的機率資訊。

9.7 $\overline{P}$ 的抽樣分配--$\overline{P}$ 的期望值、$\overline{P}$ 的標準差、$\overline{P}$ 的抽樣分配形式、$\overline{P}$ 之抽樣分配的實用價值

為了要確定樣本比率 $\overline{p}$ 與母體比率 p 是如何地接近，我們需要了解 $\overline{p}$ 的抽樣分配的特性：$\overline{p}$ 的期望值，$\overline{p}$ 的標準差，及 $\overline{p}$ 的抽樣分配的形狀。

◎ $\overline{P}$ 的期望值

依期望值的定義，來證明 $\overline{p}$ 的期望值(即所有可能 $\overline{p}$ 值的平均數)如下：

$$E(\overline{P}) = p$$

其中，$E(\overline{P})$ =隨機變數 $\overline{p}$ 的期望值，p =母體比率

所有可能 $\overline{p}$ 值的平均數等於母體比率 p。

◎ $\overline{P}$ 的標準差

因不同的隨機樣本會產生不同的 $\overline{p}$ 值，故現在我們有興趣的是 $\overline{p}$ 的標準差，此即比率的標準誤(standard error of the proportion)。正如我們在樣本平均數 $\overline{X}$ 所得到的結果一樣，$\overline{p}$ 的標準差取決於母體是有限或無限的。$\overline{p}$ 的標準差之二種公式如下所示：

有限母體：$\sigma_{\overline{p}} = \sqrt{\dfrac{N-n}{N-1}}\sqrt{\dfrac{p(1-p)}{n}}$

無限母體：$\sigma_{\overline{p}} = \sqrt{\dfrac{p(1-p)}{n}}$

若是有限母體的大小相對於樣本大小爲足夠大時，我們可以忽略有限與無限母體公式之間的差異。我們根據以前所提到的有關樣本平均數的法則，亦即，若母體是無限的或若是母體雖是有限但 $n/N \leq 0.05$ 時(樣本小)，則必須考慮有限母體的修正因子。

◎ $\overline{P}$ 的抽樣分配形式

既然我們已知道 $\overline{p}$ 的平均數及標準差，我們再來考慮 $\overline{p}$ 的抽樣分配形式。應用中央極限定理與 $\overline{p}$ 的隨機變數之關係，可得到下列結果。

當樣本夠大時，$\overline{p}$ 的抽樣分配會近似於常態分配。

下列兩個條件成立時，才可視 $\overline{p}$ 的樣本爲夠大：

$$np \geq 5 \; ; \; n(1-p) \geq 5$$

☛ 9.8 點估計量的性質 -- 不偏性 (unbiased)、有效性(relative efficiency)、一致性(consistency)、充分性(sufficiency)

由於有很多不同的樣本統計量可做爲不同母體參數之點估計量，我們將用下述記號：

$$\theta = 欲探究之母體參數$$
$$\hat{\theta} = \theta 的樣本統計量或點估計式$$

◎不偏性

　　若樣本統計量的期望值等於欲估計之母體參數，則此樣本統計量稱為該母體參數之不偏估計量(unbiased estimator)。不偏性定義如下：

　　　　　　　　　　　不偏性

若

$$E\left(\hat{\theta}\right) = \theta$$

　　則樣本統計量$\hat{\theta}$為母體參數θ之不偏估計量，其中$E\left(\hat{\theta}\right)$=樣本統計量$\hat{\theta}$之期望值。

　　不偏性意指樣本統計量之所有可能值的期望值或平均數等於欲估計之母體參數。

◎有效性

　　假設一含n個元素之簡單隨機樣本可提供同一母體參數的兩個不偏點估計量。在這種情況下，**我們較喜歡使用變異數較小的點估計量，原因是其估計值會較接近母體參數。**具有較小變異數的點估計量之相對有效性高於另一點估計量。

　　定義$\sigma^2(\hat{\theta}_1) < \sigma^2(\hat{\theta}_2)$；此定義的意思是說，若同時有二個統計量($\hat{\theta}_1$及$\hat{\theta}_2$)，其中一個統計量的變異數較另一個統計量的變異數為小，則變異數小的那個統計量便具有「有效性」。舉例來說，假設母體平均值為μ，而估計μ的統計量有中位數(median)及算術平均數(arithmetic mean)，但因為前者的變異數大於後者的變異數，則算術平均數具「有效性」。

◎一致性

當樣本越來越大時，點估計量的值也越來越靠近母體參數，則這個估計量是一致的。換言之，大樣本較小樣本易提供較佳之點估計值。請注意，我們知道 $\overline{X}$ 的標準差為 $\sigma_{\overline{X}} = \sigma/\sqrt{n}$，因此 $\sigma_{\overline{X}}$ 與樣本大小成反比。所以大樣本會產生較小的 $\sigma_{\overline{X}}$ 值，故我們可以說，大樣本易提供較靠近母體平均數 μ 之點估計值。基於此一觀念，我們認為樣本平均數 $\overline{X}$ 為母體平均數 μ 的一致估計量。同理，我們可以說，樣本比率 $\overline{p}$ 為母體比率 p 之一致估計量。

定義 $\lim_{n \to \infty} \hat{\theta} = \theta$；此定義的意思是說，當樣本大小 n 趨近於無窮大(∞)時，統計量即等於參數，這種性質叫做符合一致性。例如，當 n 增大為 N 時，則所求得的 $\overline{Y}$ 趨近於 μ，亦即 $\lim_{n \to \infty} \overline{Y} = \mu$，故可知 $\overline{Y}$ 具有一致性。

◎充分性(sufficiency)

定義 $\phi(Y_1, \cdots, Y_n, \theta) = h(\theta, \hat{\theta}) g(Y_1, \cdots, Y_n)$；此定義的意思是說，假設母體參數為 θ，但若樣本統計量 $\hat{\theta}$ 可直接由樣本觀測值去估計，而與 θ 無關，則叫 $\hat{\theta}$ 具有充份性。

△利用 Excel 跑抽樣分配的例子———

利用 excel 中之亂數產生器，先產生出 10 變數 10 樣本，常態分配，設平均 7 變異數 2，並算出每組樣本之樣本平均數。

100 個亂數					樣本平均數
8.312469067	6.328886133	6.709898475	5.798268734	6.690867298	6.276704102
2.532925823	6.732917786	4.341601556	7.313159489	8.006046659	
9.634169505	5.761409188	5.504072209	7.292729965	6.537139956	7.591135631
6.583378667	10.15440047	7.075369826	6.708043106	10.66064342	
5.738530849	9.54227416	6.969322744	6.871165528	10.22031156	7.670012014
7.725262908	7.874117632	6.529750312	8.366654487	6.862729965	
5.527846401	4.804934537	7.40740133	5.037324076	10.87915861	6.570486352
6.745568857	3.824735717	6.329370439	8.91446361	6.234059942	
5.692271674	4.267232175	7.632230694	6.672581907	8.142507244	6.577398285
5.725252226	6.307644885	7.571876626	6.337942427	7.424442987	
2.052348822	6.86227067	7.493719199	11.23298843	3.94953658	6.517734068
3.882734195	2.390462573	9.344504537	11.7487265	6.220049176	
4.998320396	8.09598659	8.317976057	5.295866135	8.618582246	7.168839961
8.320449883	6.585097612	3.903698047	9.02555384	8.5268688	
6.299029696	5.618427526	8.725343282	7.693655693	8.112557584	7.245639967
11.17177944	7.546738192	4.786680979	7.959264526	4.542922756	
8.131179488	6.686995125	7.597742655	7.714164798	7.2626075	7.868876214
6.456122168	4.305267243	11.24164682	10.1953914	9.097644938	
4.044005795	4.76538516	8.065354809	7.147085757	6.982023837	5.81784538
7.322456799	3.236601874	6.486540219	5.12412625	5.004873305	

■➡接著再以 excel 跑出樣本平均數的抽樣分配

樣本平均數

平均數	6.930467197
標準誤	0.213700264
中間值	6.873119123
眾數	#N/A

標準差　0.67577957
變異數　0.456678027
峰度　　-1.142512793
偏態　　-0.114159383
範圍　　2.051030833
最小值　5.81784538
最大值　7.868876214
總和　　69.30467197
個數　　　　10

△用 Excel 表達母體平均數的信賴區間———
　　我們想瞭解每個家庭平均每月花多少錢在宗教活動的支出上，於是隨機抽取了 10 個家庭，然後詢問她們平均每月的宗教活動支出。如下表：

　　　　　宗教活動支出
　　　　　　7000
　　　　　　1000
　　　　　　10000
　　　　　　5000
　　　　　　500
　　　　　　4000
　　　　　　6000
　　　　　　1000
　　　　　　8000
　　　　　　3000

然後將敘述統計的摘要結果列於下：

宗教活動支出	
平均數	4550
標準誤	1023.203
中間值	4500
眾數	1000
標準差	3235.652
變異數	10469444
峰度	-1.03996
偏態	0.250058
範圍	9500
最小值	500
最大值	10000
總和	45500
個數	10
第 K 個最大值(1)	10000
第 K 個最小值(1)	500
信賴度(95.0%)	2314.648

　　這 10 筆資料平均值是 4500 元，變異數是 10469444。如果要猜一般家庭每月的宗教支出的平均數與變異數，那麼用 4500 和 10469444 是最佳的猜測，因為他們是不偏估計值。母體平均數的區間估計則是上表列著【信賴度(95%)】是 2314.648。因此，母體平均數的 95%信賴區間就是 4500±2314.65，即 (2185.35,6814.65)。

△用 Excel 表達不偏估計是和有效性的例子——

　　假設在母群體裡，共有三個值，分別是 1，2，3。這三個值得平均數為 2，稱為母體平均數。現在從這母體裡，抽出兩個值，因為是採**放回法抽樣**，所以共有 9 種抽樣方法。分別是(1，1)、(1，2)、(1，3)、(2，1)、(2，2)、(2，3)、(3，1)、(3，2)、(3，3)。這九個樣本分別列於下。

樣本	第一個值	第二個值
1	1	1
2	1	2
3	1	3
4	2	1
5	2	2
6	2	3
7	3	1
8	3	2
9	3	3

計算每一個樣本的平均數和各值的總平均：

樣本	第一個值	第二個值	平均數
1	1	1	1
2	1	2	1.5
3	1	3	2
4	2	1	1.5
5	2	2	2
6	2	3	2.5
7	3	1	2
8	3	2	2.5
9	3	3	3
總平均	2	2	2

　　從表中可以看到這九個平均數的平均數(總平均)等於 2，這洽等於母體平均數。可知樣本平均數的平均數等於母體平均數。所以說，樣本平均數就是母體平均數的不偏估計式。

接著我們再來做母體變異數的分析：

樣本變異數 S^2 是母體變異數的不偏估計式。S^2 的公式為

$$S^2 = \frac{\sum_{i=1}^{n}(X_i - \overline{X})^2}{n-1}$$

　　有的人會以為上述公式的分母不要減 1，才會是母體變異數的不偏估計式。

$$S^{2*} = \frac{\sum_{i=1}^{n}(X_i - \overline{X})^2}{n-1}$$

　　現以 EXCEL 來證明 S^2 才是母體變異數的不偏估計式。

利用函數【VARP】可算出母體變異數，利用【VAR】來求出樣本的變異數。

如下表：

樣本	第一個值	第二個值	平均數	S^2	S^{2*}
1	1	1	1	0	0
2	1	2	1.5	0.5	0.25
3	1	3	2	2	1
4	2	1	1.5	0.5	0.25
5	2	2	2	0	0
6	2	3	2.5	0.5	0.25
7	3	1	2	2	1
8	3	2	2.5	0.5	0.25

9	3	3	3	0	0
總平均	2	2	2	0.666667	0.333333

因為母群體 1，2，3 的變異數為 0.667，所以，可知 S^2 為母體變異的不偏估計式。

接著，我們作估計式的有效性：

前例可看出樣本平均數、第一個值、第二個值都是不偏估計式，到底哪一個最有效呢？

樣本	第一個值	第二個值	平均數
1	1	1	1
2	1	2	1.5
3	1	3	2
4	2	1	1.5
5	2	2	2
6	2	3	2.5
7	3	1	2
8	3	2	2.5
9	3	3	3
總平均	2	2	2
變異數	0.666667	0.666667	0.333333

由上表可看出平均數的變異數為最小，所以，樣本平均數是所有估計是最有效的。

◎不放回抽樣的母體變異數不偏估計式：

不放回抽樣就好像統計學中的有限母體。這個時候平均數的抽樣分配雖然是常態分佈，平均數是母體平均數，但其變異

數並不是母體變異數除以樣本數。我們可將上表中有重複抽樣的三個樣本：(1，1)、(2，2)、(3，3)刪除，並重新計算，如下表：

樣本	第一個值	第二個值	平均數	S^2	S^{2*}	S
2	1	2	1.5	0.5	0.25	0.707107
3	1	3	2	2	1	1.414214
4	2	1	1.5	0.5	0.25	0.707107
6	2	3	2.5	0.5	0.25	0.707107
7	3	1	2	2	1	1.414214
8	3	2	2.5	0.5	0.25	0.707107
總平均	2	2	2	1	0.5	0.942809
變異數	0.666667	0.666667	0.166667			

由上表可看出樣本的平均數仍為母體平均數 2，不過期變異數是 0.167，它並不是等於 σ/n，而是 $\dfrac{\sigma^2}{n} \times \dfrac{N-n}{N-1}$，所以樣本平均數的變異數為 $\dfrac{2/3}{2} \times \dfrac{3-2}{3-1} = \dfrac{1}{6}$。

✏️ 9.9 T 分配、F 分配、卡方分配在 Excel 的計算(未詳細介紹理論)

◎T 分配──

　　T 分配與 z 分配相似，兩者皆是以 0 為中心的鐘形（對稱）分配。但是 t 統計量的值受到兩個隨機變數（亦為統計量）$\bar{x}$ 與 s^2 的影響，而 z 統計量的值只隨 $\bar{x}$ 的變動而變動，故 t 分配更具變異性，且 t 分配的曲線尾端遠較標準常態曲線 $N(0,1)$ 分散。

　　t 分配具有一參數--自由度（degree of freedom ；df），記作 $t(df)$。隨著 df 增大，t 分配的變異逐漸減小。當 $df \to \infty$ 時，t 分配非常近似 $N(0,1)$ 分配，$t(\infty) \approx N(0,1)$。t 分配的自由度乃與統計量 s^2 的分母（n-1）是一致的。

　　某校學生統計學成績，已知其呈平均數 μ=75 分而標準差 σ 未知的常態分配。今自該校抽出 16 位學生，這 16 位學生之樣本標準差為 s=6 分，則此 16 位學生之統計平均分數大於 78.9 的機率為多少？

　　因 X~N(75, σ^2)，所以 $\bar{X}$ ~N(75, σ^2/16)，因此 $(\bar{X} - \mu)/(s/\sqrt{n})$ ~t_{15} 即 $(\bar{X} - \mu)/(s/\sqrt{n})$ 呈現自由度為 15 的 t 分配。

依據題意，P($\bar{X}$ >78.9)=P(t_{15} >2.6)=0.01

1. 進入 EXCEL。
2. 選擇【插入】、【函數】、【統計】、【TDIST】，按（下一步）。

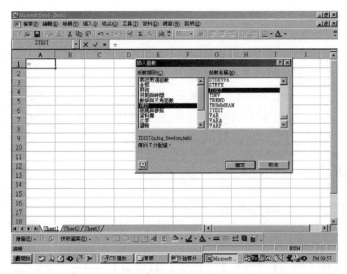

3. 在 x 用以計算機率之數值處打入 2.6，在 degrees-freedom 自由度值處打入 15，在 tails 計算單尾或雙尾機率處打入 1，再按(完成)，即可得到 $P(t_{15} > 2.6)$ 的機率。

△練習題——

(1) 假設自由度 v =15，求滿足右式的 K 值：P(-K< t < K)=0.8

(2) 假設自由度 v =20，求滿足右式的 K 值：P(t > K)=0.95

(3) 假設自由度 v =25，求 P(t < 0.684)

P(-k < t < k)=0.8　1.340605　→ k=1.3406

P(t > k)=0.95　　1.724718　→ k=-1.7247

P(t <0.684)=0.7498

◎F 分配

$P(F_{8,14} > 2.6987)=0.05$

1. 進入 EXCEL。

2. 選擇【插入】、【函數】、【統計】、【FDIST】，按（下一步）。

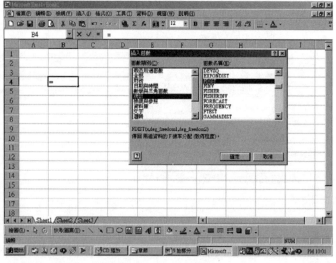

3. 在 x 用以計算 F 機率之數值處打入 2.6987，在 degrees-freedom1 分子自由度值處打入 8，在 degrees-freedom2 分母自由度值處打入 14，再按（完成），即可得到 $P(F_{8,14} > 2.6987)=0.05$

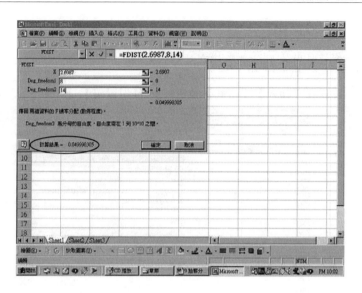

△練習題──

(1) P (F[8,14] > 2.6987)

(2) P (2.6987 < F[8,14] < 4.1399)

(3) P (F[8,14] < a) = 0.99，求 a

(1) P (F[8,14] > 2.6987)= 0.049998

(2) P (2.6987 < F[8,14] < 4.1399)= 0.039998

　　 P (F[8,14] < 2.6987)= 0.950002

　　 P (F[8,14] < 4.1399)= 0.99

(3) P (F[8,14] < a) = 0.99

　　即 P (F[8,14] > a) = 0.01　　　　a=4.139963

◎卡方分配

假設自由度 $v=25$，求 $P(\chi^2 < 40.6465)$

1. 進入 EXCEL。

2. 選擇【插入】、【函數】、【統計】、【CHIDIST】，按（下一步）。

3. 在 x 用以計算 χ^2 機率之數值處打入 40.6465，在 degrees-freedom 自由度值處打入 25，再按（完成），即可得到 $P(\chi^2 > 40.6465)=0.025$

因此，可求得 $P(\chi^2 < 40.6465) = 1 - P(\chi^2 > 40.6465) = 1 - 0.025 = 0.975$

△練習題——

    (1) 假設自由度 v=15，求 k 值：$P(\chi\hat{~}2 > k)=0.05$

    (2) 假設自由度 v=20，求 k 值：$P(\chi\hat{~}2 < k)=0.05$

    (3) 假設自由度 v=25，求 k 值：$P(\chi\hat{~}2 < 40.6465)$

        $P(\chi\hat{~}2 > k)=0.05$ k=24.9958

        $P(\chi\hat{~}2 < k)=0.05$ k=24.9958

> **宗教統計小常識**
> 您知道在台閩地區，那一種宗教別的教會(堂)最多嗎？
>
> A：至民國 94 年統計為基督教，共有 2,411 座

習題

9.1 介紹母體特性作用的參數(parameters)有那四類？

9.2 試說明"有限母體的抽樣"與"無限母體的抽樣"。

9.3 從無限母體中抽取一簡單隨機樣本，其抽取的方式必須滿足那些條件？

9.4 在進行隨機抽樣時，放回和不放回有何差別？

9.5 試說明何謂中央極限定理？說明中央極限定理的重要性。並請完成下列表格。

樣本	母體分配	抽樣分配
大樣本 n≧30	母體為常態分配	(1)
	母體非常態分配	(2)
小樣本 N＜30	母體為常態分配	(3)
	母體非常態分配	(4)

9.6 試說明何謂抽樣誤差？

9.7 試說明點估計量的性質：不偏性、有效性、一致性、充分性。

第十章　抽樣分配與區間估計

　　我們說明樣本平均數 $\overline{X}$ 的值是母體平均數 M 的點估計值，而樣本比率 p 的值是母體比率 p 的點估計值。由於可預期必有某種程度的抽樣誤差存在，我們無法期望點估計值正好等於對應之母體參數。

　　母體母數的點估計值並無法提供關於抽樣過程的精確度（precision）或抽樣誤差大小之資訊。而母體母數的區間估計值較點估計值為佳，就是因為區間估計值提供了所需之精確度資訊。精確度資訊在評估與說明樣本結果時經常是不可或缺的。例如，假設利用一個樣本推估最近企管系畢業生的平均年起薪。若此研究之樣本平均數為 $\overline{X}$=\$25,500，則樣本平均數\$25,500 是母體平均年起薪的點估計值。假若該估計值之邊際誤差為±\$10,000，區間估計值\$15,500 至\$35,500 顯示點估計值的用處有限，乃由於邊際誤差很大所致。但若邊際誤差為±\$100，則因母體平均年起薪之區間估計值為\$25,400 至\$25,600，所以點估計值很有用。

　　在本章中，我們將利用在第九章所建立之 $\overline{X}$ 與 $\overline{p}$ 的抽樣分配，以建立母體平均數 M 與母體比率 p 之區間估計值。現在讓我們利用 Statewide 保險公司的抽樣研究來介紹母體平均數的區間估計法。

△估計與信賴區間的例子——

　　估計是利用樣本資料來推定**母體參數**。估計量是一個隨機變數，對應一個抽樣分配，有期望值與變異數。

例子：若從常態分配中隨機抽樣 15 個樣本，樣本平均數是 60.69，樣本標準差是 0.9，則母體平均數 95%的**信賴區間**為：

$$(60.69\text{-}2.145\times0.90/\sqrt{15}，60.69+2.145\times0.9/\sqrt{15})=(60.19,61.18)$$

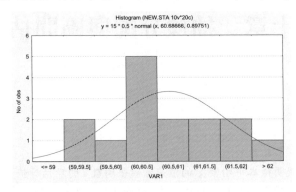

🔑 10.1 區間估計的介紹

◎區間估計值（interval estimate）：

　　根據樣本資料所求出的點估計值，然後藉由點估計量抽樣分配之性質求出兩個數值而構成一區間，稱為區間估計值（interval estimate），並利用此一區間推估未知母體參數的範圍。

◎信賴區間：

　　區間估計以區間估計值來推估母體參數的真實值落在此區間的信賴水準（confidence level）高低（但不表示準確度高或

低），其中區間估計值亦稱為信賴區間（confidece interval）。此外根據信賴區間的大小及信賴水準的高低，可以知道估計的準確度。一般而言，母體參數 θ 的區間估計值形式為：A<θ<B(A、B 此時具有隨機性)，p（A<θ<B）=1-α；其中 A 與 B 之大小由特定樣本的估計量和估計值與 $\hat{\theta}$ 的抽樣分配來決定；1-α 稱為信賴水準、信賴係數、或信賴度。

◎區間估計的準確度：

（a）在信賴區間長度相同之下，信賴水準 1-α 越大則越準確。

（b）當信賴水準 1-α 相同時，信賴區間長度越短則越準確

描述我們對一個樣本的結果能夠信任多少。『95%的信心』代表『根據我們用的抽樣方式，有95%的時候可以得到具真實值這麼近的結果』。這麼一來也就是說，有5%的樣本與真實值的距離超過了誤差界限。我們無法知道這組樣本是屬於95%『中了』的那組、還是 5%『沒中』的那組，只能說有 95%的把握中了。並且

1 信賴敘述的結論永遠是針對母體而不是樣本。

2 我們對母體所做的結論永遠不會是完全正確的。

3 如果我們要求 99%的信賴水準，則必須接受比 95%信心時大的誤差界限。

4 報告誤差界限時，用95%的信賴水準是很普遍的。

5 想在同樣的信賴水準下要求較小的誤差界限時，只要取大一點的樣本就成了。

△區間估計的例子──

　　香客等候解籤的時間呈常態分配。今取 16 為香客紀錄其等候解籤
的時間(以分鐘計)如下，求等候結帳的平均時間的 90%信賴區間

| 1.5 | 2.1 | 1.8 | 2 | 3.4 | 2.2 | 2.6 | 1.8 |
| 0.9 | 1.2 | 3 | 1.4 | 2.3 | 1.9 | 0.9 | 1.4 |

平均數　　　　1.9

顯著水準　　　0.1

標準差　　0.703325

樣本大小　　　16

信賴下限　1.610783

信賴上限　2.189217

△區間估計的例子──

　　已知光明燈油的容量呈常態分配。今隨機抽取 10 瓶燈油出來試驗
並記下其容量。由此樣本算出的標準差為 33 公升，試分別求母群體燈
油容量的變異數級標準差的 95%信賴區間。

| 345 | 315 | 385 | 360 | 355 |
| 365 | 345 | 325 | 425 | 395 |

樣本標準差　　　　　　　33

自由度　　　　　　　　　9

單邊顯著水準　　　　　0.025

變異數上限　　　　　3630.033

變異數下限　　　　　515.3033

標準差上限　　　　　60.24975

標準差下限　　　　　22.70029

10.2 母體平均數之區間估計(interval estimate)-大樣本的情況、有關抽樣誤差之機率陳述、計算區間估計值

◎大樣本的情況——

中央極限定理可證明當樣本很大時，$\overline{X}$ 的抽樣分配近以於常態分配。當一簡單隨機樣本之樣本大小在 30(含)以上時，我們就認為其滿足大樣本的條件。

◎有關抽樣誤差之機率陳述——

我們並不期望某樣本平均數 $\overline{X}$ 之值會正好等於母體平均數 M 之值。因此，我們把樣本平均數當做母體平均數的點估計值時，或許有人會問：``這個估計值有多好？"這個``多好"'的問題，正是一種詢問有關以 $\overline{X}$ 之值做為母體平均數 M 的點估計值時，其誤差有多大的問題。我們通常稱不偏估計量與母體參數的差之絕對值為抽樣誤差。以樣本平均數推估母體平均數時，其抽樣誤差為：

$$\text{抽樣誤差} = |\overline{X} - \mu|$$

我們注意到即使在選定樣本並計算其樣本平均數之後，由於母體平均數 M 為未知，並無法利用上式求出抽樣誤差值。然而，我們仍可利用在上一章已介紹過的 $\overline{X}$ 之抽樣分配，來做有關抽樣誤差的機率陳述。

注意在上述的分析中，有關抽樣誤差的陳述所用的 0.95 之機率是任意選定的。雖然在做此類陳述時，常用 0.95 的機率，但也可選用其他機率。0.90 與 0.99 的機率也是很好的選擇。

　　我們可注意到，機率陳述愈精確則抽樣誤差也就愈大。

　　當我們把簡單隨機樣本的樣本平均數做為母體平均數的點估計值時，有關抽樣誤差之機率陳述的過程。我們使用一希臘字母 α ("alpha")來表示抽樣誤差大於原先我們在精確度描述中之抽樣誤差的機率。 $\alpha/2$ 是 $\overline{X}$ 抽樣分配在單尾的面積或機率，而 $1-\alpha$ 則表示樣本平均數的抽樣誤差精確度之機率。

　　假如我們想做一個 0.99 的機率陳述時，則 $\alpha=0.01$，以 z 表示標準常態隨機變數， $z_{0.025}$ 表示在機率分配右尾之面積為 0.025。我們由標準常態分配機率表中，得知 $z_{0.025}=1.96$。

◎計算區間估計值──

　　結合點估計值和有關抽樣誤差的機率資訊以得到母體平均數的區間估計值。區間估計過程的理論基礎是這樣的：樣本平均數其值的抽樣誤差有 $1-\alpha$ 的機率會小於或等於 $z_{\alpha/2}\sigma_{\overline{X}}$， $\sigma_{\overline{X}}$ 為樣本的標準差。意思是說，樣本平均數和母體平均數之間的差距不會超過 $z_{\alpha/2}\sigma_{\overline{X}}$ 以上的機率是 $1-\alpha$ 。**有 $1-\alpha$ 的機率可得到 $\overline{X} \pm z_{\alpha/2}\sigma_{\overline{X}}$ 形成的區間。**

　　$\overline{X} \pm z_{\alpha/2}\sigma_{\overline{X}}$ 形成的區間有 $1-\alpha$ 的機率包含母體平均數 M。利用 $\sigma_{\overline{X}} = \sigma/\sqrt{n}$ 的事實，以一大樣本計算母體平均數的區間估計值之通則如下：

　　　　母體平均數的區間估計值：大樣本的情況($n \geq 30$)

$$\overline{X} \pm z_{\alpha/2}\sigma_{\overline{X}}$$

　　其中 $1-\alpha$ 是信賴係數，而 $z_{\alpha/2}$ 為標準常態分配之右尾面積為 $\alpha/2$ 時所對應之 z 值。

　　最常用之信賴水準所對應之 $\alpha/2$ 值如下表所示。

最常用之信賴水準所對應之 $z_{\alpha/2}$ 值

信賴水準	α		$z_{\alpha/2}$
90%	0.10	0.05	1.645
95%	0.05	0.025	1.96
99%	0.01	0.005	2.575

　　困難之處在於在大部分的抽樣情形下，母體標準差 σ 之值為未知。在大樣本的情況(**n ≥ 30**)，我們用樣本標準差的值當做母體標準差 σ 的點估計值，而得到信賴區間 $\overline{X} \pm z_{\alpha/2}\sigma_{\overline{X}}$。

　　因中央極限定理告訴我們，當樣本夠大時，$\overline{X}$ 的抽樣分配近似於常態分配。在大部分的應用裡，均以樣本標準差 **s** 趨近母體標準差 σ。

△母體平均數之區間估計在 **EXCEL** 的應用——

＊母體平均數之區間估計

我們想瞭解神學院女學生每年花在治裝的錢有多少，所以隨機在校園中抽取了 10 位神學院女學生，然後詢問他們平均每月的治裝費，分別為 5900、3500、4500、5200、4800、5200、4900、4000、4700、4900 元。

STEP1：開啟一新工作表並命名為「資料」，如下圖將資料輸入 A1~A11。

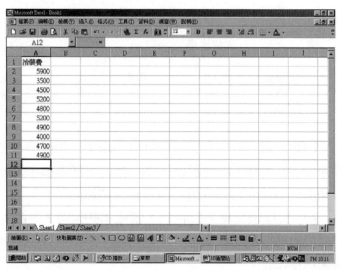

STEP2:利用 EXCEL 進行資料的敘述統計（選取「工具」、「資料分析」、「敘述統計」），如下圖輸入適當值，輸出選項選取新的工作表並命名為「敘述統計摘要」，按下「確定」。

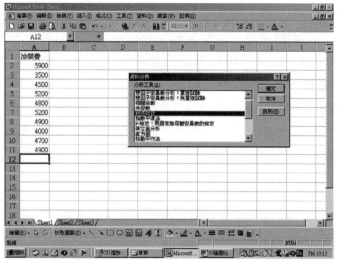

STEP3：出現如下圖的結果，圖中顯示這十筆資料的平均值為 4760、變異數為 440444.4，若要用來估計所有神學院女學生治裝費的平均數和變異數，那麼用 4760、440444.4 為最佳的估計量，因為它們是不偏估計值；但它們的母體平均數的區間估計範圍在哪裡？圖中 10.3 所列「信賴度（95.0%）」為 474.75，因此母體平均數的 95.0% 信賴區間就是 4760± 474.75（4285.25，5234.75）。

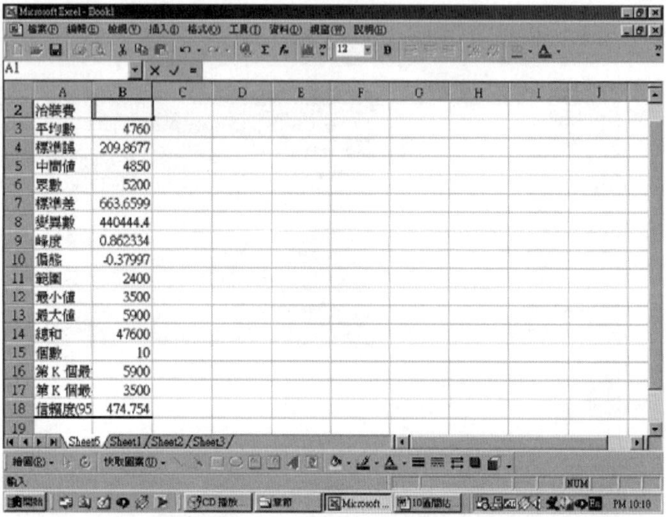

上圖中的「信賴度（95.0%）」474.75 乃是利用 1.96*209.87（標準
誤 $\sigma_{\bar{X}} = \sigma/\sqrt{n}$）求得，其中 1.96 來自常態分配，可是除非樣本數夠大
（如大於 30）使用常態分配才比較沒有差別，要不然宜用 t 分配。

要如何查出 t 值，首先要決定自由度，在此例為樣本數減1，等於
9，然後可查統計書上附的 t 分配表。經過查表，自由度為 9 的 95.0%
之信賴區間的臨界值為 2.26；另外可利用 EXCEL 中的統計函數「TINV」
查得該值。

STEP1：按「插入」、「函數」，然後選取「統計」中的「TINV」（如下圖），
按下「確定」。

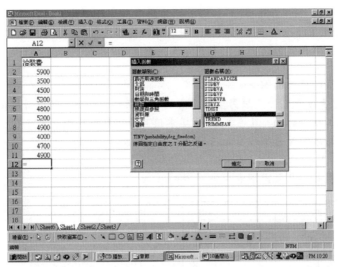

STEP2：接著出現下圖。其中「Probability」鍵入顯著水準 0.05、「Degree of freedom」鍵入自由度 9，輸入後計算結果為 2.26。

STEP3：母體平均數的 95.0%信賴區間就是 4760 ± 2.26*209.87

（4285.69，5234.31），相對於剛才用常態分配所計算的區間（4285.25，5234.75）會有微量的差距（因為計算後四捨五入取小數點第二位），要是樣本夠大的話，這兩者並沒有差別。

△區間估計的例子——

　考慮宗教系一年級男生所構成的母群體之平均身高的估計量問題時，已知 σ^2 -3.55，假想取 80 個樣本值且身高數據我們求出得 69.7 英吋。亦即本例母體平均數之信賴區間為(69.35，70.05)

可用 EXCEL 做出下表：

平均數=	69.7
顯著水準=	0.1
標準差=	1.88
樣本大小=	80
信賴下限=	69.35426771
信賴上限=	70.04573229

🔑 10.3 母體平均數之區間估計-小樣本的情況

　　在大樣本時(n≥ 30)，利用中央極限定理，$\overline{X}$ 的抽樣分配近似常態分配。由於當 n≥30 時，可用常態分配近似值，所以出現 $z_{\alpha/2}$。然而當樣本不夠大(n<30)，我們無法使用中央極限定理，那麼 $\overline{X}$ 的抽樣分配的區間估計會變成什麼情形呢？

　　在小樣本的情況，$\overline{X}$ 的抽樣分配依母體之分配而定。如果母體呈常態分配，則可利用本節將介紹的方法建立母體平均數的信賴區間。然而，如果假設母體呈常態分配並不合理時，唯

一的選擇就是將樣本增大至 n≥30，而後利用大樣本區間估計法。

　　如果母體呈常態分配，則不管樣本多大，$\overline{X}$ 的抽樣分配均為常態。在這種情況下，若母體標準差 σ 為已知，即使是小樣本，仍能計算母體平均數的區間估計值。然而，在大多數之情況下 σ 為未知，假設 n≥30，信賴區間為 $\overline{x} \pm z_{\alpha/2}\, s/\sqrt{n}$；**假設為小樣本，則其信賴區間是以 t 分配(t distribution)的機率分配為基礎。**

　　事實上，t 分配是由一群類似的機率分配所組成的，這些類似的機率分配因各有其特定的參數，即自由度(degrees of freedom)，所以產生各別的 t 分配。例如**在自由度為 1，自由度為 2，自由度為 3 等等之下，它們均有其各別的 t 分配。**隨著自由度的增加，t 分配和標準常態分配之間的差距將愈來愈小。**注意到自由度較高的 t 分配其離散度較低且更趨近標準常態分配，且 t 分配的平均數亦為零。**

　　我們對於 t 分配有了概念後，現在就讓我們來看看如何應用它來建立母體平均數的區間估計值。假如母體本身為常態分配，而且我們把樣本標準差 s 當作母體標準差 σ 的點估計值，則下列是一個合理的區間估計值：

母體平均數的區間估計值：小樣本的情況(n<30)

$$\overline{X} \pm t_{\alpha/2}\frac{s}{\sqrt{n}}$$

　　其中 1-α 是信賴係數，為自由度是 n-1 的 t 分配之右尾面積為 $\alpha/2$ 時所對應的 t 值，而 s 為樣本標準差。我們假設母體為常態分配（母體標準差 σ 通常為未知，而以樣本標準差 s 估

計之。然而，如果 σ 為已知且母體為常態分配，在小樣本的情況將用 z 而不是 t，我們可用 $\overline{X} \pm z_{\alpha/2} \dfrac{s}{\sqrt{n}}$ 建立該母體平均數之區間估計值）

t 值的自由度之所以為 **n-1**，是和我們用 s 來估計母體標準差 σ 有關。首先我們看看下式：

$$s = \sqrt{\frac{\sum (x_i - \overline{X})^2}{n-1}}$$

自由度是指在 $\sum (x_i - \overline{X})^2$ 式中，提供資訊的獨立資訊數。而在 $\sum (x_i - \overline{X})^2$ 式中，資料為 $x_1 - \overline{X}$、$x_2 - \overline{X}$、$x_3 - \overline{X}$、...。在 3.3 節中，我們曾說明任何資訊集均會使 $\sum (x_i - \overline{X})^2 = 0$。因此 $x_i - \overline{X}$ 值只要有 $n-1$ 個值以後，就可正確地決定出剩下的那個值。

當母體標準差為未知且抽樣的母體為常態分配時，可用上述的 t 分配去建立 μ 之區間估計值。然而，當母體分配與常態分配不是差異很大的話，以 t 分配為基礎的信賴區間是良好的估計值。這種即使母體分配不是常態，t 分配仍能產生令人滿意的結果之事實稱為 t 分配的穩健性(robustness)。

我們要指出，t 分配的應用並不限於小樣本的情況下。事實上，當母體屬於常態或接近常態，且用樣本標準差估計母體標準差時，應用 t 分配都是適當的。如果這些條件存在，則 t 分配可用於任意樣本大小上。大樣本(n≥30)時，可用 標準常態分配與 $z_{\alpha/2}$ 值為基準，做母體平均數的區間估計。所以，故除非是遇到小樣本的情形，否則我們不會考慮使用 t 分配。

10.4 樣本大小的決定(1)

以樣本平均數做為母體平均數的點估計值時，我們能夠做出下述有關抽樣誤差的機率陳述：

樣本平均數其值之抽樣誤差有 $1-\alpha$ 的機率會小於或等於 $z_{\alpha/2}\sigma_{\overline{X}}$。

由於 $\sigma_{\overline{X}} = \sigma/\sqrt{n}$，所以我們可把上述陳述改寫成：

樣本平均數其值之抽樣誤差有 $1-\alpha$ 的機率會小於或等於 $z_{\alpha/2}\left(\sigma/\sqrt{n}\right)$。

從上述陳述，我們可以看出，**在精確度陳述裏所論及的抽樣誤差是由 $z_{\alpha/2}$、σ 值和樣本大小 n 共同決定的。** 當我們給定信賴係數或機率 $1-\alpha$ 後，就可得到 $z_{\alpha/2}$ 值。在給定 $z_{\alpha/2}$ 和 σ 後，我們可以決定樣本大小 n 來達到任何我們所希望的精確度。下面的公式就可以用來求出所需要的樣本大小。

令 E=我們所希望的精確度陳述裏的抽樣誤差。則我們可以得到：

$$E = z_{\alpha/2}\frac{\sigma}{\sqrt{n}}$$

$\sqrt{n}$： $\sqrt{n} = \dfrac{z_{\alpha/2}\sigma}{E}$

此式兩邊平方，則得到下述之樣本大小公式：

母體平均數區間估計值的樣本大小

$$n = \frac{\left(z_{\alpha/2}\right)^2 \sigma^2}{E^2}$$

由這個樣本大小 n 所提供之精確度陳述的抽樣誤差有 $1-\alpha$

的機率會小於或等於 E。E 值爲使用者願意接受的最大抽樣誤差，而由區間估計值的信賴水準可求得 $Z_{\alpha/2}$。雖然需顧及使用者的偏好，但使用最頻繁的值爲 95%的信賴水準($z_{0.025}$=1.96)。

　　在多數情況下，σ 爲未知，但爲了要用上式，我們必須有 σ 的初值或計畫值(planning value)。在實務上，可使用下述三種方法之一：

1.使用相同或類似單位以前的樣本標準差。

2.利用實驗計畫選取初期樣本，初期樣本的樣本標準差可當做 σ 的計畫值。

3.利用判斷力或"最佳猜測"找出 σ 值。例如，我們可先估計母體中的最大與最小資料值。最大值與最小值的差可視爲資料的全距之估計值。最後，以全距除以 **4** 即爲標準差的粗估值，因而爲可接受的 σ 之計畫值。

☞ 10.5 母體比率之區間估計、樣本大小的決定(2)

　　樣本比率 $\bar{p}$ 爲母體比率 p 之不偏估計量，且在大樣本時，$\bar{p}$ 之抽樣分配近似於常態。但須注意的是，以常態分配做爲 $\bar{p}$ 的抽樣分配是基於 np 與 $n(1-p)$ 兩者均大於或等於 5 這個條件。我們將利用對 $\bar{p}$ 的抽樣分配之瞭解，對以樣本比率 $\bar{p}$ 估計母體比率 p 時，做有關抽樣誤差的機率陳述。在這種情況下，**抽樣誤差定義爲** $\bar{p}$ **與** p **的差異之絕對值，也就是**$|\bar{p}-p|$。

　　在進行比率估計時，有關抽樣誤差的機率陳述如下：

樣本比率值的抽樣誤差有 $1-\alpha$ 的機率會小於或等於 $z_{\alpha/2}\sigma_{\bar{p}}$，$\sigma_{\bar{p}}=\sqrt{p(1-p)/n}$。

以上陳述的理論基礎和我們用樣本平均數來估計母體平均數是一樣的。也就是說，因為我們知道 $\bar{p}$ 的抽樣分配會趨近於常態分配，所以我們可以利用 $z_{\alpha/2}$ 值和比率的標準誤 $\sigma_{\bar{p}}$ 值來做出有關抽樣誤差的機率陳述。

我們已經知道關於抽樣誤差的機率陳述是以 $z_{\alpha/2}\sigma_{\bar{p}}$ 為基礎，進而我們可以利用 $\bar{p}$ 加減 $z_{\alpha/2}\sigma_{\bar{p}}$ 來當作母體比率的區間估計值。如此，我們得到的區間估計值就為：$\bar{p}\pm z_{\alpha/2}\sigma_{\bar{p}}$

其中 $1-\alpha$ 為信賴係數。由於 $\sigma_{\bar{p}}=\sqrt{p(1-p)/n}$，我們可將上式改寫為

$$\bar{p}\pm z_{\alpha/2}\sqrt{\frac{p(1-p)}{n}}$$

然而，欲建立母體比率 p 之區間估計值時，p 值必須為已知。但因為 p 值為未知，所以我們就以樣本比率 $\bar{p}$ 代替 p，所以母體比率之信賴區間估計值的一般式如下：

（$\sigma_{\bar{p}}$ 的一不偏估計式為 $\bar{p}(1-\bar{p})/(n-1)$，所以理應用 $\sqrt{\bar{p}(1-\bar{p})/(n-1)}$ 而不是 $\sqrt{\bar{p}(1-\bar{p})/(n)}$。然而因為在做有關母體比率的估計時，通常都使用大樣本，用 n 與 $n-1$ 的結果相差無幾，所以分母的 n 導致之偏誤幾可忽略。）

母體比率的區間估計值

$$\bar{p}\pm z_{\alpha/2}\sqrt{\frac{\bar{p}(1-\bar{p})}{n}}$$

其中 $1-\alpha$ 為信賴係數，而 $z_{\alpha/2}$ 為標準常態分配之右尾面積

爲 $\alpha/2$ 時所對應之 z 值。

◎樣本大小的決定（2）──

讓我們來考慮在求母體比率之估計值時，爲達到一特定之精確水準，到底要取多大的樣本。

抽樣誤差的機率陳述：

樣本比率值的抽樣誤差有 $1-\alpha$ 的機率會小於或等於 $z_{\alpha/2}\sigma_{\bar{p}}$。

由於 $\sigma_p = \sqrt{p(1-p)/n}$ ，所以上述的抽樣誤差便取決於 $z_{\alpha/2}$ 值、母體比率 p、和樣本大小 n。給定信賴係數爲 $1-\alpha$ 後，$z_{\alpha/2}$ 就可決定。然後，**因為母體比率是個固定值，所以在精確度陳述中所提及之抽樣誤差便決定於樣本大小 n 上。較大的樣本可以得到較好的精確度。**

令 E=使用者願意接受之最大抽樣誤差，因此 $E = z_{\alpha/2}\sqrt{\dfrac{p(1-p)}{n}}$

由上式解 n，可得到下述的樣本大小公式：

母體比率區間估計值的樣本大小： $n = \dfrac{(z_{\alpha/2})^2 \, p(1-p)}{E^2}$

抽樣誤差 E 的值必須由使用者指定，不過在多數情況下，E 在 0.10(含)以下。**使用者也需指定信賴水準**，因而可決定對應的 $z_{\alpha/2}$ 值。最後，需要預估母體比率 p 的計畫值。在實務上，可利用下述四種方法之一選取計畫值：

1.使用相同或類似單位以前的樣本比率。

2.利用實驗計畫選取初期樣本，初期樣本的樣本比率可當做 p 的計畫值。

3.利用判斷力或"最佳猜測"找出 p 值。

4.如果上面三種方法都不適用,則利用 p=0.50。

　　在估計母體比率時,所求之抽樣誤差或邊際誤差幾乎總是在 0.10(含)以下。由蓋洛普機構與哈里斯機構等所進行之全國性民意調查中,一般都用 0.03 或 0.04 之邊際誤差。一般均可提供滿足中央極限定理 np≥5 與 n(1-p) ≥5 的要求之大樣本數。

宗教統計小常識

您知道在台閩地區，一般來說，通常是寺廟數量多於教會(堂)數量，可是有三個縣市卻恰好相反，您知道是那三個縣市嗎？

A：至民國 94 年統計為：

台北市：教會(堂)數共有 425 座；寺廟數共有 267 座

花蓮縣：教會(堂)數共有 292 座；寺廟數共有 181 座

台東縣：教會(堂)數共有 266 座；寺廟數共有 207 座

習題

10.1 試說明"區間估計值"與"信賴區間"。

10.2 區間估計的準確度有何特性？

10.3 香客等候解籤的時間呈常態分配。今取 16 為香客紀錄其等候解籤的時間(以分鐘計)如下，求等候結帳的平均時間的 90%信賴區間

1.6	2.3	1.7	2	3.5	2.6	2.5	1.4
3.2	1.9	3	2.4	2.8	2.9	3.2	1.8

10.4 請使用 Excel 來進行母體平均數之區間估計：

我們想瞭解神學院學生每年花在教科書的錢有多少，所以隨機在校園中抽取了 10 位神學院學生，然後詢問他們平均每學期的書籍費，分別為 2500、3400、4400、5900、4800、3200、2900、3000、5700、4300 元。試計算母體平均數的 95.0%信賴區間為何？

10.5 當母體平均數未知的情況下，大樣本與小樣本的信賴區間計算有何不同？

第十一章 假設檢定

　　我們已在之前的章節說明如何利用樣本建立母體母數的點估計值及區間估計值。在本章中，我們繼續討論統計推論，我們將要說明如何以假設檢定(hypothesis testing)判斷是否應拒絕某有關母體母數值之陳述。

　　在假設檢定中，我們首先做有關一母體母數的嘗試性假定。這個嘗試性假定稱為虛無假設(null hypothesis)，記做 H_0。然後定義與虛無假設陳述相反的另一個假設，稱為對立假設(alternative hypothesis)，記做 H_1。假設檢定程序即為利用樣本資料檢定 H_0 與 H_1 載明之二陳述。

　　假設檢定的情況與罪犯審判類似。在犯罪審判中，假定為被告是無罪的。因此，虛無假設為此人無罪。虛無假設的反面是對立假設——被告有罪。所以，犯罪審判之假設為

$$H_0 : \text{被告無罪}$$
$$H_1 : \text{被告有罪}$$

　　為檢定此二陳述或假設，就需有審判。審判所得之證詞或證據就是

樣本資訊。如果樣本資訊與無罪假設並無不符之處，則不能拒絕被告為
無罪之虛無假設。若是樣本資訊與無罪假設不一致，則該虛無假設將被
拒絕。在這種情況下，將依被告有罪這個對立假設而採取行動。

本章的目的是說明如何進行有關母體平均數與母體比率之假設檢
定。首先我們將以例題說明建立虛無與對立假設的方法。

11.1 建立虛無與對立假設

在前言中，我們提到在假設檢定中建立有關母體參數的二
個彼此相反的陳述或假設。其中一陳述稱爲虛無假設 H_0，另一
陳述稱爲對立假設 H_1。在某些應用情況下，應如何建立虛無與
對立假設並不明顯，所以必須謹慎考慮假設的架構，而且確信
假設檢定的結果可提供研究人員或決策者所需之資訊。

我們將針對二種經常使用假設檢定的情況，討論如何建立
虛無與對立假設。各情況之討論如下。

◎檢定研究假設

茲假定某型汽車現今每加侖之平均哩程數爲 24 哩。一產品
研究小組研發一種化油器，能增加每加侖之哩程數。爲評估這
種新的化油器，將製造幾個化油器，裝在汽車上，然後接受研
究控制之行駛測試。請注意此產品研究小組是要尋找支持新設
計增加每加侖之平均哩程數的證據。在這種情形下，研究假設
爲新化油器所提供之每加侖平均哩程數，將超過 24；亦即
u>24。一般而言，像這類的研究假設應列爲對立假設。因此，
此研究中，合理的虛無與對立假設爲

$$H_0 : \mu \le 24$$

$$H_1：\mu > 24$$

假如樣本結果表明無法拒絕 H_0，則我們不能做結論說新的化油器比較好。也許經過更多的研究與測試後可以拒絕 H_0。然而，如果樣本結果表示可以拒絕 H_0，則可推論 $H_1：\mu > 24$ 爲真。經由此結論，研究人員有充分之統計證據支持該化油器增加每加侖之平均哩程數的陳述。所以我們知道如果虛無假設被拒絕，則將生產該新化油器。

在類似的研究中，建立虛無假設與對立假設時，應注意到我們希望拒絕之後，將提供研究人員所尋求的結論或行動。因此，研究假設應表示爲對立假設。

◎檢定宣稱的正確性

爲說明檢定某公司對其產品的宣稱之正確性，茲考慮某軟性飲料製造商宣稱其產品所用的 2 公升容器中，平均至少裝有 67.6 盎斯之飲料。此時將選取 2 公升容器爲樣本，並量其容量以檢定製造商的宣稱。在這類的假設檢定情況，一般我們都遵循與犯罪審判類似的論證方式。也就是說，除非樣本證據證實其他情況(有罪)，否則假定製造商的宣稱爲真(無罪)。利用這種方法，在軟性飲料的例子中，虛無與對立假設將爲：

$$H_0：\mu \geq 67.6$$
$$H_1：\mu < 67.6$$

如果樣本結果顯示無法拒絕，則該製造的宣稱並無不妥之處。然而如果樣本結果顯示能拒絕 H_0，則將推導出 $H_1：\mu < 67.6$ 爲真。經由此結論，統計證據顯示製造商之宣稱不正確，且軟性飲料容器之平均容量少於所宣稱的 67.6 盎斯，應可考慮反制

該製造商的適切行動。與研究假設相同的是，當 H_0 被拒絕時，才採取行動。

在有關產品宣稱的正確性時，我們通常假定該宣稱為真，而將它列為虛無假設，然後再列出對立假設。在拒絕 H_0 時，此對立假設將能提供所陳述的假定為不正確之統計證據。當 H_0 被拒絕時，應考慮採取更正該宣稱的行動。

◎決策制定情況之檢定

在檢定研究假設或檢定產品宣稱的正確性時，僅被 H_0 拒絕時，才採取行動。然而在許多例子中，在「無法拒絕」H_0 或「拒絕」H_0 時，均需採取行動。一般而言，當決策者欲在兩行動中抉擇時，即為這種情況，其中一行動與虛無假設有關，而另一行動則與對立假設有關。例如，以剛接到的一批貨為樣本，某品管檢驗員必須決定是接受整批貨或因不符規格而需退貨給供應商。假定某零件的規格為每件之平均長度為 2 吋，若零件的平均長度多於或少於 2 吋的標準，則在裝配作業中這些零件會造成品質問題。所以在這種情況下，虛無與對立假設將為：

$$H_0 : \mu = 2$$
$$H_1 : \mu \neq 2$$

若樣本結果顯示無法拒絕 H_0，則該品管檢驗員沒理由懷疑這批貨不符規格，所以將接受這批貨。如果樣本結果顯示應予拒絕 H_0，則這些零件不符規格，所以檢驗員有充分的證據將貨退還給供應商。因此，我們看到在這種情況下，不管是否拒絕 H_0，均需採取行動。

◎虛無與對立假設形式摘要

令 μ_0 表示在虛無與對立假設中所考慮的特定數值。一般而言，與母體平均數 u 之值有關的假設檢定必為下列三形式之一：

$$H_0：\mu \geq \mu_0 \qquad H_0：\mu \leq \mu_0 \qquad H_0：\mu = \mu_0$$
$$H_1：\mu < \mu_0 \qquad H_1：\mu > \mu_0 \qquad H_1：\mu \neq \mu_0$$

在許多情況下，H_0 與 H_1 的選擇並不明顯，所以需依使用者的需要選定 H_0 與 H_1 的適當形式。然而，如上述形式所示，等號部分（$\geq$，$\leq$ 或=）恒出現於虛無假設。在選定 H_0 與 H_1 的形式時，切記對立假設是樣本研究所欲建立的結果。因此，詢問使用者到底是需要支持 $\mu \geq \mu_0$，$\mu \leq \mu_0$ 或 $\mu = \mu_0$ 的證據，將有助於決定 H_1。

☞ 11.2 型 I 誤與型 II 誤

虛無與對立假設為關於真實的自然狀態的相反敘述。虛無假設 H_0 與對立假設 H_1 中僅一者為真，二者不會同時為真。在理想狀況下，當 H_0 為真實的自然狀態時，假設檢定程序應導致接受 H_0；而當 H_1 為真實的自然狀態時，應導致拒絕 H_0。不幸的是，並不是永遠可得到這麼完美的結果。由於假設檢定是以樣本資訊為根據，所以有可能發生錯誤。

下表即顯示在假設檢定中，可能出現的二類錯誤。

表 11.1 假設檢定之誤差與正確結論

自然狀態 / 結論	H_0 為真	H_1 為真
接受 H0	正確結論 $(1-\alpha)$-risk	型 II 誤差 β-risk
拒絕 H0	型 I 誤差 α-risk	正確結論 $(1-\beta)$-risk

　　表的第一列顯示當我們接受 H_0 時之可能狀況。若 H_0 為真實的自然狀態，則此結論是正確的。但如果 H_1 才是真實的自然狀態，則產生了型 II 誤(Type II error)；也就是，當 H_0 為偽時，我們卻接受了它。

　　表的第二列顯示當我們拒絕 H_0 時的可能狀況。若 H_0 為真實的自然狀態，則產生了型 I 誤(Type I error)；也就是，當 H_0 為真時，我們卻拒絕了它。但如果 H_1 是真實的自然狀態，則拒絕 H_0 當然為正確的。

　　雖然在假設檢定時，我們無法完全避免錯誤的產生，但我們可以考慮它們發生的機率。我們以一般的統計符號來表示假設檢定錯誤的機率如下：

　　　　α：造成型 I 誤的機率

　　　　β：造成型 II 誤的機率

　　在實務上，進行假設檢定的決策者將發生型 I 誤的機率所能容忍的最大值稱為檢定的顯著水準(level of significance)。經常使用之顯著水準為 0.05 與 0.01。我們注意到拒絕 H_0 這個結論表示不是發生型 I 誤，就是做了正確的結論。因此，若以選

擇比較小的顯著水準值來控制發生型 I 誤之機率,則我們可以很有信心地說拒絕 H_0 的結論是對的。在這種情況下,我們有充分的統計證據支持 H_0 為偽,而 H_1 為真,而採行與有關之行動是正確的。

　　雖然多數假設檢定應用可控制發生型 I 誤的機率,但未必能控制發生型 II 誤的機率。因此,當我們決定接受 H_0 時,我們無法判斷我們有幾成的把握。由於發生型 II 誤的不確定性,統計學家經常建議使用無法拒絕 H_0 的敘述,而不要用接受 H_0 的敘述。使用無法拒絕 H_0 這個敘述,保留了判斷與行動的空間。事實上,永遠不直接接受 H_0 的作法,讓統計學家避開了發生型 II 誤的風險。當型 II 誤的機率未被決定或控制時,我們將不會做接受 H_0 的結論。在這種情況下,僅有兩種可能的結論:無法拒絕 H_0 或拒絕 H_0。

　　但是在假設檢定中不常控制型 II 誤,並不表示不可能如此做。若可建立適當的控制型 II 誤的方法,則基於接受 H_0 所採行的行動也是恰當的。

補充說明

1. 無法拒絕 H_0 敘述是要避免接受 H_0 為真,因而可消除發生型 II 誤的機率。換句話說,無法拒絕 H_0 表示檢定的結果並無結論。在這種情況下,統計學家通常建議再進一步研究以澄清實際情形。

2. 許多假設檢定的目標為決策制定。拒絕 H_0 提供統計證據支持 H_1 為真且採取適當的行動之結論,而無法拒絕 H_0 這個敘述雖然並無結論,但常迫使管理部門採取恰似 H_0 為真之行動;在這種情況下,管理部門應注意這類行動將造成型 II 誤。

☞11.3 假設檢定與決策制定

在 10.1 節中,我們述及使用假設檢定的三種情況:

1.檢定研究假設。

2.檢定宣稱的正確性。

3.決策制定情況之檢定。

在前二種情況,僅當虛無假設 H_0 被拒絕,因而下結論說對立假設 H_1 為真時,方採取行動。在第三種情況——決策制定,不但虛無假設被拒絕要採取行動,不被拒絕也要採取行動。由於接受 H_0 並採取基於 H_0 為真的行動被視為不合適,所以我們目前所說明的假設檢定過程在決策制定情況上有其限制性。當檢定結果顯示無法拒絕 H_0 而不採取行動的原因,在於接受 H_0 的決策將使決策者冒型 II 誤之風險,也就是,當 H_0 不真時,我們卻接受它。在前幾節所描述的假設檢定過程中,係以檢定的顯著水準控制型 I 誤的機率。然而,卻未控制型 II 誤的機率。

很明顯地,在某些決策制定的情況下,決策者可能要——在某些情況下可能被迫要在無法拒絕 H_0 與拒絕 H_0 兩種結論下均採取行動。允收抽樣即是這種情形,我們將在第廿章深入討論。在這類的決策制定情況,我們建議在假設檢定過程中,應考慮發生型 II 誤的機率。由於當我們無法拒絕 H_0 時,必須做決策且採取行動,所以對發生型 II 誤機率的認識將可決定在不接受 H_0 為真的結論時,我們有幾分的把握。在 10.8 與 10.9 節中,我們將著重於如何計算發生型 II 誤的機率,以及如何調整樣本大小以控制發生型 II 誤之機率。

11.4 母體平均數的單尾假設檢定：大樣本的情況

◎母體平均數的單尾檢定

在這裡我們僅討論大樣本的情況$(n \geq 30)$，由中央極限定理可知，$\bar{x}$ 的抽樣分配近於常態分配。在此大樣本情形，當 σ 為未知時，在計算檢定統計量之際，僅需以樣本標準差 s 取代 σ。左尾檢定的一般形式如下所述，其中 μ_0 是母體平均數的宣稱值。

大樣本$(n \geq 30)$之母體平均數的假設檢定：(左尾檢定)

檢定統計量：$Z = \dfrac{\bar{X} - \mu_0}{\sigma / \sqrt{n}}$

若 σ 未知，計算 z 時以 s 取代 σ。

顯著水準為 α 時，拒絕法則為：

若 $z < -z_\alpha$；則拒絕 H_0 (11.1)

第二種形式的單尾檢定為右尾檢定。這種單尾檢定及其拒絕法則如下所述。

我們仍考慮大樣本的情況；且當 σ 為未知時，在計算檢定統計量 z 時以 s 取代 σ。

大樣本$(n \geq 30)$之母體平均數的假設檢定：(右尾檢定)

檢定統計量：$Z = \dfrac{\bar{X} - \mu_0}{\sigma / \sqrt{n}}$

若 σ 未知，計算 z 時以 s 取代 σ。

顯著水準為 α 時，拒絕法則為：

$$若 z > -z_\alpha \; ; 則拒絕 H_0 \qquad\qquad (11.2)$$

◎ p 值的使用

我們現在要考慮另一種假設檢定的方法，這種方法係以所謂的 p 值(p-value)為基準。我們將說明如何由檢定統計量 z 的值計算樣本之 p 值。 p 值也可用來做拒絕 H_0 與否之決策。根據樣本所計算的檢定統計量之值，並由該檢定統計量之機率分配查出能觀察到該值或更極端所有可能值的機率，謂之 p 值。如果 p 值很小表示在虛無假設為真下，僅有很小的機率(p 值很小)才可能觀察到的資料卻在樣本中出現，因此應做拒絕 H_0 的決策。

我們可利用 p 值做假設檢定中的決策。若 p 值小於顯著水準 α，則檢定統計量的值必定在拒絕域之內。而若 p 值大於或等於 α，則檢定統計量的值不在拒絕域之內。在給定的顯著水準 α 之下，就任何假設檢定而言，可利用 p 值決定是否應拒絕 H_0，其準則如下：

p 值檢定法之決策規則：若 p 值< α，則拒絕 H_0

在給定之顯著水準 α 之下，p 值與其對應的檢定統計量所提供之假設檢定結論總是相同的。當拒絕域在抽樣分配的左尾時，p 值為小於或等於檢定統計量之曲線下方的面積。當拒絕域在抽樣分配的右尾時，p 值為大於或等於檢定統計量之曲線上方的面積。小的 p 值顯示在 H_0 為真的前提下，此樣本結果為一不尋常現象，所以小的 p 值導致拒絕 H_0，另一方面，相對大的 p 值顯示無法拒絕虛無假設。

◎假設檢定的步驟

1.決定合適的虛無與對立假設。

2.選定用以決定是否拒絕虛無假設之檢定統計量。

3.給定該檢定的顯著水準 α。

4.利用顯著水準建立拒絕法則。該法則將標明導致拒絕 H_0 的檢定統計量之值。

5.收集樣本資料,並計算檢定統計量的值。

6.比較檢定統計量的值與拒絕法則中的臨界值,以判斷應否拒絕 H_0。

7.若有需要,可計算該檢定的 p 值。

補充說明

p 值通常稱為該檢定之觀察的顯著水準(observed level of significance),可衡量虛無假設為真之下樣本結果不可能出現的程度。p 值愈小,樣本結果愈不可能出現。大部分的統計電腦套裝軟體均列印假設檢定的 p 值。

11.5 母體平均數的雙尾假設檢定: 大樣本的情況

令 μ_0 代表在虛無假設中宣稱的平均數之值,則母體平均數的雙尾檢定之一般形式如下:

大樣本(n≥30)之母體平均數之假設檢定:(雙尾檢定)

$$H_0 : \mu = \mu_0$$

$$H_1 : \mu \neq \mu_0$$

檢定統計量：$Z = \dfrac{\overline{X} - \mu_0}{\sigma/\sqrt{n}}$

若 σ 未知，計算 z 時以 s 取代 σ。

顯著水準為 α 時，拒絕法則為

若 $z > -z_{\alpha/2}$ 或 $z < -z_{\alpha/2}$；則拒絕 H_0 （11.3）

◎雙尾檢定的 p 值

在虛無假設為真的前提下，p 值為樣本結果至少與觀察到的一樣不可能的機率。小的 p 值代表在 H_0 為真的前提下，不太可能出現該樣本結果。所以與單尾檢定一樣，小的 p 值將導致拒絕 H_0。

你必須牢記兩種不同的法則：其一是對單尾檢定的，若 p 值小於，則拒絕 H_0；另一是對雙尾檢定的，若 p 值小於 $\alpha/2$，則拒絕 H_0。換言之，若我們定義雙尾檢定的 p 值是該分配尾部面積的兩倍。

◎區間估計與假設檢定之關係

在區間估計時，母體平均數 μ 為未知。在選取樣本並計算其樣本平均數 $\overline{x}$ 之後，我們建立 $\overline{x}$ 附近的區間，而此區間包含母數 μ 的值之機率很高。計算所得之區間估計值稱為信賴區間，而 $1 - \alpha$ 則定義為信賴係數。在大樣本的情況下，母體平均數的區間估計值為：

$$\overline{X} \pm z_{\alpha/2} \frac{\sigma}{\sqrt{n}}$$ （11.4）

進行假設檢定時，需先對母體參數值建立統計假設。在母

體平均數的情況,其雙尾假設檢定之形式爲:

$$H_0 : \mu = \mu_0$$

$$H_1 : \mu \neq \mu_0$$

其中 μ_0 爲母體平均數的假設值。利用(11.3)的拒絕法則,我們看出無法拒絕 H_0 的區域包含所有與相距在 $-z_{\alpha/2}$ 與 $z_{\alpha/2}$ 個標準誤之內之所有樣本平均數 $\bar{x}$ 的值。因此,下式即爲在顯著水準爲 α 時,雙尾檢定的無法拒絕域:

$$\mu_0 \pm z_{\alpha/2} \frac{\sigma}{\sqrt{n}} \qquad (11.5)$$

仔細觀察(11.4)與(11.5),你將會了解估計與假設檢定在統計推論上的關係,尤其特別注意兩種過程皆需求出 $z_{\alpha/2}$ 與 $\sigma/\sqrt{n}$ 的值。現在把焦點移到 α 上,我們了解到有著 $1-\alpha$ 信賴水準的區間估計和有著顯著水準爲 α 的假設檢定互相對應。舉例來說,95%信賴水準的區間估計對應著 0.05 顯著水準的假設檢定。更進一步地說,(11.4)和(11.5)顯示 $z_{\alpha/2}(\sigma/\sqrt{n})$ 是兩式共同的加減值,假如 $\bar{x}$ 落在(11.5)的非拒絕域,則假設值 μ_0 也將落於(11.4)式的信賴區間;反之,假設值 μ_0 落於(11.4)式的信賴區間,則樣本平均數 $\bar{x}$ 也必落在假設 $H_0 : \mu = \mu_0$ 的非拒絕域。這些觀察導出以信賴區間的結果來獲致假設檢定的結論,其過程如下:

假設檢定的信賴區間法

1.從母體中抽出一簡單隨機樣本,並利用樣本平均數 $\bar{x}$ 值來建立母體平均數 μ 的信賴區間。

$$\bar{X} \pm z_{\alpha/2} \frac{\sigma}{\sqrt{n}}$$

2.假如信賴區間包含假設值 μ_0，則無法拒絕 H_0，否則就拒絕 H_0。

　　雖然前述討論與例題均著重於母體平均數的雙尾檢定，但同樣的信賴區間與假設檢定的關係也存在於其他母體參數之上。此外，還可將此關係擴及母體參數的單尾檢定上，但需先建立單側的信賴區間。

補充說明

1. p 值稱為觀察的顯著水準，僅依樣本出象而定。然而，我們必須知道所進行之假設檢定為單尾或雙尾。已知樣本之 $\bar{x}$ 值後，雙尾檢定的 p 值是抽樣分配切於 $\bar{x}$ 值之尾部面積兩倍。

2. 假設檢定的區間估計法說明了樣本大小的角色。由(11.4)式可看出樣本大小 n 愈大則信賴區間愈窄。因此，在給定之顯著水準 α 之下，當虛無假設不真時，較大的樣本較不可能產生包含 μ_0 的區間。換句話說，當 H_0 不真時，樣本愈大則拒絕 H_0 的機率愈高。

☛ 11.6 母體平均數的假設檢定：小樣本的情況

　　到目前為止，我們所討論的假設檢定方法均要求樣本大小至少為 30。其原因是在大樣本的情況($n \geq 30$)，由中央極限定理可知 $\bar{x}$ 的抽樣分配近似於常態分配。因此

$$Z = \frac{\bar{X} - \mu_0}{\sigma / \sqrt{n}} \tag{11.6}$$

為一標準常態隨機變數，並用它當作檢定統計量。當母體標準差 σ 為未知時，可使用樣本標準差 s 於(11.6)式中。

假定樣本很小(n <30)且以樣本標準差 s 估計母體標準差 σ，如果也可合理地假定母體呈常態分配，則可用 t 分配做有關母體平均數值的推論。利用 t 分配做母體平均數的假設檢定時，檢定統計量為

$$T = \frac{\overline{X} - \mu_0}{S/\sqrt{n}} \tag{11.7}$$

此樣本統計量為自由度是 $n-1$ 的 t 分配。請注意(11.6)與 (11.7)所定義之檢定統計量之相似處，母體平均數的小樣本假設檢定程序與 11.3 節及 11.4 節介紹的大樣本程序是非常類似的。

EXCEL 應用

＊一個平均數的假設檢定

某教會欲選購福音車，恰巧聽聞某汽車廠商宣稱他們所生產的汽車，平均而言每公升的汽油可行駛 15KM，若我們懷疑這個廣告不實，可隨機抽樣 10 輛車，並且記錄下每部車每公升平均所行駛的公里數，假設得到如下的觀察值：14.8、15.1、16.9、14.8、13.7、12.9、13.5、14.9、15.4、13.5。要對這組資料進行假設檢定，必須考慮母體變異是否已知，而採不同的作法。

母體變異已知的 Z 檢定：

STEP1：將資料鍵於一新的工作表並命名為「資料一」。

STEP2：利用 EXCEL 進行資料的敘述統計可得下圖的結果，並存於「資料一敘述統計摘要」的新工作表內。樣本平均數為 14.55KM（<15KM），但是否就此宣稱該廣告不實？因為說不定從平均數為 15KM 的母體中，隨機抽取 10 輛汽車，也有可能得到 14.55 的樣本平均數。

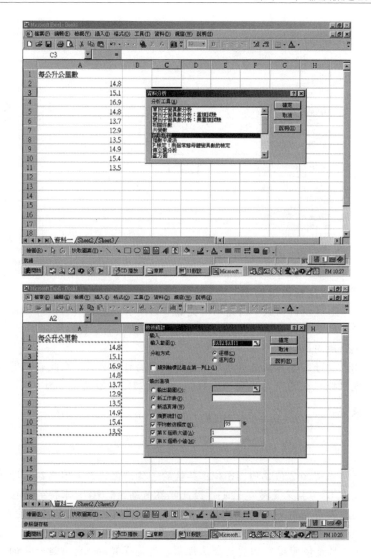

STEP3：進行假設檢定

(1)形成統計假設；因為本研究關心該廣告是否不實，換句話說就是母體平均是否為15KM。因此 $H_0 : \mu = 15$ 、 $H_1 : \mu \neq 15$

(2)決定顯著水準 $\alpha = 0.05$

(3)視母體變異數是否已知，選定不同的計算公式；在此我們暫時先假設根據以往的研究或理論，我們知道母體變異數是 1.5KM，根

據公式 $Z = \dfrac{14.55 - 15}{\sqrt{\dfrac{1.5}{10}}} \approx -1.16$ 。

(4)求得的 Z 值為-1.16 和臨界值的 Z 值來做比較。因為設定顯著水準為 0.05，且又是雙尾檢定，因此臨界值為 ±1.96。求得的 Z 值並沒有超出臨界值的範圍，因此並不能拒絕虛無假設（因沒有明顯的差異）。我們不能武斷的表示該廣告不實，但也無法表示該廣告就一定是真實的，只是依照現有的資料無法證明廣告是不實的，也許進一步的資料會發現廣告是不實的情形。

利用 **EXCEL** 的統計函數「**ZTEST**」來檢定這個廣告的真實與否

STEP1：在資料一的工作表內任取一位址，選取「插入」、「函數」、然後選「統計」中的「ZTEST」，如下圖。

STEP2：如下圖鍵入適當的值，其中 array 是資料的範圍、X 是欲檢定的母體平均數、sigma 是母體標準差，假設已知。因為母體變異數為 1.5，故母體標準差就是 1.5 開平方根，即 sqrt(1.5)。

P 值為 0.887

STEP3：因為當初我們決定用 0.05 的顯著水準，且又是雙尾檢定，因此左邊是 0.25、右邊就是 0.975。換句話說，如果圖 11.4 的計算結果 P 值小於 0.25 或是大於 0.975，我們才會拒絕虛無假設（因為有明顯的差異，在顯著水準之下）。因為 0.877 並沒有超出 0.975，所以無法拒絕虛無假設。

STEP4：如果樣本數夠大（如大於 30），且如果母體為常態分佈的話，即使我們**不知道母體變異數**為多少，仍可利用「ZTEST」的統計函數來進行假設檢定；只要讓圖 11.4 的 sigma 為**空白**即可。

　　如果當初這個廠商宣稱如果當初這個廠商宣稱的每公升每公里數至少為 15KM，我們懷疑廣告是否誇大，這就是典型的單尾檢定。此時 $H_0 : \mu \geq 15$、$H_1 : \mu < 15$。只有當樣本平均數遠小於 15 時，我們才能拒絕虛無假設；如果樣本平均數遠大於 15 時，我們就沒有足夠證據說明虛無假設是錯誤的，因此為單尾檢定。若我們仍用 0.05 的顯著水準，那麼臨界值為 -1.65。只有

在求得的 Z 值小於-1.65 時，才可拒絕虛無假設。（當我們不拒絕虛無假設時，仍有 α 的錯誤可能性）

◎母體變異數未知的 t 檢定

在實際的情況下，通常母體的變異數為未知的，宜適用 t 檢定。在上述汽車的例子裡，若我們並不知道母體變異數為多少，因此用樣本變異數（1.38KM）來替代。從公式得知

$$T = \frac{14.55 - 15}{\sqrt{\dfrac{1.38}{10}}} \approx -1.21$$

利用 EXCEL 的「TDIST」的統計函數來替代查表。

STEP1：在資料一的工作表內任取一空白位置，選取「插入」、「函數」、「統計」、「TDIST」。

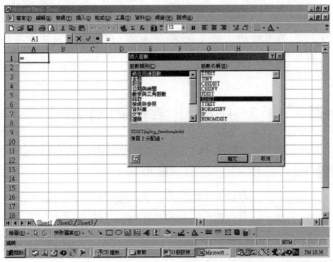

STEP2：按右下角的「下一步」，其中「X」就是求出的 T 值，在此為-1.21。

不過因為 T 分佈是左右對稱，因此要輸入正值 1.21, 如下圖所示。
「degrees freedom」為樣本數減 1，在此為 9；「tails」是單雙尾檢定，
在此用雙尾檢定，故鍵入 2；如果要用單尾檢定就輸入 1。

STEP3：因為 P 值遠大於 0.05 顯著水準，因此我們無法說廣告不實（因
無足夠且明顯的資料證明）。

11.7 母體比率的假設檢定

以 p 表示母體比率，而 p_0 代表母體比率的特定假設值，則
母體比率的假設檢定共有三種形式：

$$H_0 : p \geq p_0 \qquad H_0 : p \leq p_0 \qquad H_0 : p = p_0$$
$$H_1 : p < p_0 \qquad H_1 : p > p_0 \qquad H_1 : p \neq p_0$$

前二種形式是單尾檢定，而第三種形式是雙尾檢定。依應
用的需要而決定使用何種形式。母體比率的假設檢定是以樣本

比率 $\bar{p}$ 與假設值 p_0 的差為基礎。進行這些檢定的方法與母體平均數的假設檢定程序類似，唯一的差別是需使用樣本比率 $\bar{p}$ 及其標準差 $\sigma_{\bar{p}}$ 建立檢定統計量。我們首先建立有關母體比率值的虛無與對立假設。然後，利用樣本比率 $\bar{p}$ 及其標準差 $\sigma_{\bar{p}}$，計算檢定統計量 z 的值。比較檢定統計量的值與臨界值，即可決定是否應拒絕虛無假另外，我們知道 $\bar{p}$ 的標準差為

$$\sigma_{\bar{p}} = \sqrt{\frac{p(1-p)}{n}}$$

如果 np 與 $n(1-p)$ 兩者皆大於或等於 5 的話，$\bar{p}$ 的抽樣分配近似於常態分配。

由於 $\bar{p}$ 的抽樣分配近似於常態，將可使用下述的檢定統計量：

母體比率的假設檢定之檢定統計量

$$z = \frac{\bar{p} - p_0}{\sigma_{\bar{p}}} \tag{11.8}$$

其中

$$\sigma_{\bar{p}} = \sqrt{\frac{p_0(1-p_0)}{n}} \tag{11.9}$$

假定 $\alpha = 0.05$ 為給定之顯著水準。由於 $z_{0.05} = 1.645$，假設檢定的右尾拒絕域，提供了下述的拒絕法則：

若 $z > 1.645$ 則拒絕 H_0

拒絕法則一旦決定之後，就需收集資料、計算點估計量 $\bar{p}$ 的值及計算對應之檢定統計量 z 的值。比較 z 值與臨界值（$z_{0.05} = 1.645$），就可決定是否拒絕虛無假設。

利用標準常態分配機率表，我們也可算出此檢定的 p 值；p

值小於 α，由使用 p 值的假設檢定法則可知應拒絕虛無假設。

我們看出母體比率與母體平均數的假設檢定非常類似；主要的不同在於進行母體平均數的假設檢定時，其檢定統計量係基於 $\bar{x}$ 的抽樣分配；而進行母體比率的假設檢定時，其檢定統計量係基於 $\bar{p}$ 的抽樣分配。至於嘗試假定虛無假設爲真、使用顯著水準建立臨界值及比較樣本統計量與臨界值等步驟，在兩種檢定程序中是相同的。

11.8 計算型 II 誤的機率

當 H_0 不真而正確地拒絕 H_0 的機率稱爲檢定的檢定力 (power)。對任意特定的 μ 值，檢定力 1- β。也就是說，正確地拒絕虛無假設的機率爲 1 減去發生型 II 誤的機率。

總而言之，下述步驟爲在母體平均數的假設檢定中，計算發生型 II 誤的機率之程序：

1.建立虛無與對立假設。

2.利用顯著水準建立基於檢定統計量之拒絕法則。

3.利用上述的拒絕法則，解出位於該檢定拒絕域的樣本平均數之值。

4.利用步驟 3 的結果，寫出將導致接受 H_0 的樣本平均數之值，也就是定義此檢定之接受域。

5.就對立假設中的任一 μ 值，根據 $\bar{x}$ 的抽樣分配與步驟 4 的接受域，計算樣本平均數將落於接受域的機率。此機率即爲在選定的 μ 值下發生型 II 誤的機率。

6.就對立假設中的其他 μ 值，重覆步驟 5。

11.9 決定母體平均數的假設檢定之樣本大小

假定將進行有關母體平均數的值之假設檢定。使用者給定之顯著水準決定了該檢定發生型 I 誤的機率。而藉由控制樣本大小，使用者同時可控制發生型 II 誤的機率。我們將以下例說明在下述的母體平均數之單尾檢定中，如何決定樣本大小。

$$H_0 : \mu \geq \mu_0$$
$$H_1 : \mu < \mu_0$$

其中 μ_0 為母體平均數的假設值。

使用者給定之顯著水準 α 決定了該檢定之拒絕域。令 C 為該檢定的臨界值，意即 $\bar{x} < C$ 為此檢定的拒絕域。C 可計算如下：

$$c = \mu_0 - z_\alpha \frac{\sigma}{\sqrt{n}} \qquad (11.10)$$

我們特別選定對應於當 H_0 不真且 H_1 為真時之一母體平均數值，而 $\mu_1 < \mu_0$。以 z_β 表示在標準常態分配中對應於尾部面積為 β 的 z 值，則臨界值 C 可計算如下：

$$c = \mu_1 + z_\beta \frac{\sigma}{\sqrt{n}} \qquad (11.11)$$

由於(11.10)與(11.11)均為 C 的表示式，我們知道這兩個式子應該相等，因此下式必為真：

$$\mu_0 - z_\alpha \frac{\sigma}{\sqrt{n}} = \mu_1 + z_\beta \frac{\sigma}{\sqrt{n}}$$

為求得樣本大小，我們先解 $\sqrt{n}$：

$$\mu_0 - \mu_1 = z_\alpha \frac{\sigma}{\sqrt{n}} + z_\beta \frac{\sigma}{\sqrt{n}}$$

$$\sqrt{n} = \frac{(z_\alpha + z_\beta)\sigma}{(\mu_0 - \mu_1)}$$

上式兩邊平方,即可得母體平均數單尾假設檢定的樣本大小公式:

單尾檢設檢定建議之樣本大小

$$n = \frac{(z_\alpha + z_\beta)^2 \sigma^2}{(\mu_0 - \mu_1)^2} \tag{11.12}$$

其中

z_α:在標準常態分配中,對應於尾部面積為 α 的 z 值

z_β:在標準常態分配中,對應於尾部面積為 β 的 z 值

σ:母體標準差

μ_0:虛無假設之母體平均數的值

μ_0:型 II 誤所使用之母體平均數的值

附註:在雙尾假設檢定中,以 $z_{\alpha/2}$ 取代(11.12)式之 z_α

在結束本節之前,我們對 α、β 與樣本大小 n 之間的關係作一評述:

1. 只要三個值之中有兩個值為已知,則可計算出另一值。

2. 在選定的顯著水準 α 之下,增大樣本將使 β 減少。

3. 當樣本大小固定時,α 減少將使 β 增加,而 α 增加將使 β 減少。

在型 II 誤機率未被控制時,尤需注意第三個規則。它告訴我們不應選擇過小的顯著水準。因為在樣本大小固定時,選定

小的顯著水準 α 就意味著較易發生型 II 誤。經驗不足的假設檢定使用者通常認為 α 值愈小愈好；如果我們只關心型 I 誤，則這是對的。然而較小的 α 值將增加發生型 II 誤的風險。

宗教統計小常識

您知道在台閩地區，宗教界辦理的醫院有多少家嗎？又以那一個縣市最多呢？

A：至民國 94 年統計為 24 所

台東縣： 4 所

習題

11.1 試說明何謂"虛無假設"與"對立假設"。

11.2 法官的判決都希望做到毋枉毋縱，請根據統計學原理詳加解釋「枉」與「縱」，何種為型一誤差？何者為型二誤差？通常在民主國家裡，法官比較不希望犯何種誤差？而在極權統治國家裡，法官比較不希望犯何種誤差？

11.3 請說明何謂「第一類型錯誤」、「第二類型錯誤」？並完成下表：

		真實情況	
		H_0為真	H_1為真
決策	不拒絕 H_0	(1)	(2)
	拒絕 H_0	(3)	(4)

11.4 當我們使用 p 值也可用來做拒絕 H_0 與否之決策時，其原則為何？

11.5 試說明假設檢定的步驟。

11.6 計算發生型 II 誤的機率之程序為何？

11.7 某教會欲選購福音車，恰巧聽聞某汽車廠商宣稱他們所生產的汽車，平均而言每公升的汽油可行駛 16km，若我們懷疑這個廣告不實，可隨機抽樣 10 輛車，並且記錄下每部車每公升平均所行駛的公里數，假設得到如下的觀察值：15.8、16.1、17.9、15.8、14.7、13.9、14.5、15.9、16.4、14.5。我們使用 Excel 對這組資料進行假設檢定。

(1)假設母體變異已知，該如何進行？

(2)又若母體變異未知，該如何進行？

第十二章 二母體平均數與二母體比率之統計推論

12.1 二母體平均數差之估計：獨立樣本

在許多實際應用中，二個不同的母體平均數的差異有其絕對的重要性。我們可由單一母體取一簡單隨機樣本，並以其樣本平均數 $\bar{x}$ 做為母體平均數的點估計式。在二個母體的情況下，我們將選擇二個獨立的簡單隨機樣本，一個來自母體 1，另一個來自母體 2。令

μ_1 =母體 1 的平均數

μ_2 =母體 2 的平均數

$\overline{X_1}$ =從母體 1 所取的簡單隨機樣本的樣本平均數

$\overline{X_2}$ =從母體 2 所取的簡單隨機樣本的樣本平均數

$\mu_1 - \mu_2$ 是二母體平均數差，因此 $\mu_1 - \mu_2$ 點估計式可表示如下：

二母體平均數差之點估計式

$$\overline{X_1} - \overline{X_2} \qquad\qquad (12.1)$$

因此我們知道二母體平均數差之點估計式，即為二獨立簡單隨機樣本的樣本平均數之差。

◎ $\overline{X_1} - \overline{X_2}$ 的抽樣分配

在研究二母體平均數差時，$\overline{X_1} - \overline{X_2}$ 是欲探究的點估計式。與以前所討論的點估計式一樣，此點估計式也有它的抽樣分配。如果我們能找出 $\overline{X_1} - \overline{X_2}$ 的抽樣分配，就如同在單一母體時，用 $\overline{X}$ 的抽樣分配去求其區間估計一樣，則我們亦可用 $\overline{X_1} - \overline{X_2}$ 的抽樣分配，求二母體平均數差的區間估計。$\overline{X_1} - \overline{X_2}$ 的抽樣分配的性質如下：

$\overline{X_1} - \overline{X_2}$ 的抽樣分配

期望值：$E\left(\overline{X_1} - \overline{X_2}\right) = \mu_1 - \mu_2 \qquad (12.2)$

標準差：$\sigma_{\overline{X_1} - \overline{X_2}} = \sqrt{\dfrac{\sigma_1^2}{n_1} + \dfrac{\sigma_2^2}{n_2}} \qquad (12.3)$

其中

σ_1=母體 1 之標準差

σ_2=母體 2 之標準差

n_1=取自母體 1 之簡單隨機樣本的樣本大小

n_2=取自母體 2 之簡單隨機樣本的樣本大小

分配形式：如果二樣本皆夠大(即 $n_1 \geq 30$ 且 $n_2 \geq 30$)，則 $\overline{X_1} - \overline{X_2}$ 的抽樣分配會趨近於常態分配。

我們將利用 $\overline{X_1} - \overline{X_2}$ 的抽樣分配建立二母體平均數差之區間

估計值。我們將考慮兩種情況，當二樣本均夠大時(即$n_1 \geq 30$ 且 $n_2 \geq 30$) 以及當至少有一樣本不夠大時(即$n_1 < 30$ 且（或）$n_2 < 30$)。現在先考慮大樣本的情況。

◎大樣本的情況

在大樣本情況下，$\overline{X_1} - \overline{X_2}$ 的抽樣分配會近似常態分配，利用此種近似的關係，我們可用下列公式算出兩母體平均數差的區間估計值：

二母體平均數差的區間估計值
大樣本的情況：(即$n_1 \geq 30$ 且 $n_2 \geq 30$)

$$\overline{X_1} - \overline{X_2} \pm z_{\alpha/2}\sigma_{\overline{X_1}-\overline{X_2}} \qquad (12.4)$$

其中$1-\alpha$ 為信賴係數。

若母體標準差未知，我們無法利用(12.3)式求出$\sigma_{\overline{X_1}-\overline{X_2}}$。我們可用樣本標準差估計母體標準差$\sigma_{\overline{X_1}-\overline{X_2}}$ 如下式：

在大樣本時，$s_{\overline{X_1}-\overline{X_2}}$ 可視為$\sigma_{\overline{X_1}-\overline{X_2}}$ 的良好估計值。

$\sigma_{\overline{X_1}-\overline{X_2}}$ 的點估計式

$$s_{\overline{X_1}-\overline{X_2}} = \sqrt{\frac{s_1^2}{n_1} + \frac{s_2^2}{n_2}} \qquad (12.5)$$

◎小樣本的情況

現在我們來考慮當其中至少有一樣本的觀察值少於 30 個──即$n_1 < 30$ 且（或）$n_2 < 30$ 時，二母體平均數差的區間估計程序。這種情況稱為小樣本的情況。

在第八章中，我們曾介紹小樣本時所用的單一母體平均數的區間估計程序。該程序必須假定母體呈常態分配，並以樣本標準差 s 做爲母體標準 σ 估計值，然後利用 t 分配建立母體平均數的區間估計值。

爲了建立小樣本情況二母體的區間估計值，我們將對此二母體及由其抽取的樣本做兩項假定：

1.二母體皆呈常態分配。

2.二母體的變異數相等 $\left(\sigma_1^2 = \sigma_2^2 = \sigma^2\right)$。

基於這些假定，不管樣本大小爲何，$\overline{X_1} - \overline{X_2}$ 的抽樣分配均爲常態，且 $\overline{X_1} - \overline{X_2}$ 的期望值爲 $\mu_1 - \mu_2$。因爲變異數相等，(12.3) 式可寫爲

$$\sigma_{\overline{X_1}-\overline{X_2}} = \sqrt{\frac{\sigma^2}{n_1} + \frac{\sigma^2}{n_2}} = \sqrt{\sigma^2\left(\frac{1}{n_2} + \frac{1}{n_1}\right)} \qquad (12.6)$$

如果母體變異數 σ^2 爲已知，則可用(12.4)式建立此二母體平均數差之區間估計值。然而，在多數情況下，σ^2 爲未知，因此必須使用二樣本變異數 s_1^2 與 s_2^2 建立(12.6)式中 σ^2 的之估計值。由於(12.6)式是基於 $\left(\sigma_1^2 = \sigma_2^2 = \sigma^2\right)$ 的假定，所以不需分別估計 σ_1^2 與 σ_2^2。事實上，我們可以合併二樣本的資料以得到 σ^2 的最佳單一估計值。將兩個獨立隨機樣本的結果綜合以得到 σ^2 的估計值之過程稱爲合併(pooling)。而 σ^2 的合併估計式(pooled estimator) s_p^2 爲樣本變異數 s_1^2 與 s_2^2 的加權平均。σ^2 的合併估計式之公式如下：

$$\sigma^2 \text{ 的合併估計式：} s_p^2 = \frac{(n_1-1)s_1^2 + (n_2-1)s_2^2}{n_1 + n_2 - 2} \qquad (12.7)$$

以 s_p^2 爲 σ^2 的合併估計式，並利用(12.6)式，可求得 $\overline{X_1} - \overline{X_2}$ 的

標準差之估計式如下：

當$\left(\sigma_1^2 = \sigma_2^2\right)$時，$\sigma_{\overline{X_1}-\overline{X_2}}$的點估計式

$$S_{\overline{X_1}-\overline{X_2}} = \sqrt{s_p^2\left(\frac{1}{n_2}+\frac{1}{n_1}\right)} \qquad (12.8)$$

現在可以利用 t 分配來計算二母體平均數差之區間估計值。由於母體 1 的隨機樣本之自由度為 n_1-1，而母體 2 的隨機樣本之自由度為 n_2-1，所以 t 分配的自由度將為 n_1+n_2-2。其區間估計程序如下：

二母體平均數差的區間估計值

小樣本的情況：$n_1 < 30$ 且（或）$n_2 < 30$

$$\overline{X_1} - \overline{X_2} \pm t_{\alpha/2}S_{\overline{X_1}-\overline{X_2}} \qquad (12.9)$$

其中 t 值係以自由度為 n_1+n_2-2 的 t 分配為根據，而 $1-\alpha$ 為信賴係數。

補充說明

1. 本節所介紹之小樣本程序可使用 t 分配是基於二母體皆為常態分配且 $\left(\sigma_1^2 = \sigma_2^2\right)$ 的假設。所幸此程序為一穩健的（robust）統計過程，意指此程序對這些假設並不敏感。例如，若 $\left(\sigma_1^2 \neq \sigma_2^2\right)$，則只要 n_1 與 n_1 大致相等，這個程序仍提供可接受的結果。

2. t 分配並不只限於小樣本的情形。然而，(12.4)式與(12.5)式說明當樣本夠大時，如何決定二母體平均數差的區間估計值；所以在此種情況下，並沒有必要使用 t 分配及其對應的假設。因此，除非是小樣本的情況，否則我們不需使用 t 分配。

12.2 二母體平均數差之假設檢定：獨立樣本

在本節中，我們將介紹有關二母體平均數差之假設檢定程序。此方法又分為大樣本(即 $n_1 \geq 30$ 且 $n_2 \geq 30$)與小樣本(即 $n_1 < 30$ 且（或）$n_2 < 30$)的情況。

◎大樣本的情況

虛無假設與對立假設如下：

$$H_0 : \mu_1 - \mu_2 = 0$$
$$H_1 : \mu_1 - \mu_2 \neq 0$$

利用第九章假設檢定的步驟，我們假設 H_0 為真。我們以樣本平均數差做為母體平均數差的點估計式，且在 H_0 為真下，考慮 $\overline{X_1} - \overline{X_2}$ 的抽樣分配。由於抽樣分配近似於常態，所以可使用下述檢定統計量：

$$Z = \frac{(\overline{X_1} - \overline{X_2}) - (\mu_1 - \mu_2)}{\sqrt{\sigma_1^2 / n_1 + \sigma_2^2 / n_2}} \qquad (12.10)$$

當 $n_1 \geq 30$ 且 $n_2 \geq 30$ 時，我們將以 s_1^2 與 s_2^2 為 σ_1^2 與 σ_2^2 的估計值，以計算上述檢定統計量。

(12.10)式的 z 值可解釋為 $\overline{X_1} - \overline{X_2}$ 與 H_0 指定之 $\mu_1 - \mu_2$ 值距離幾個標準差。當 $\alpha = 0.05$ 時，$z_{\alpha/2} = z_{0.05} = 1.96$。其拒絕法則為：

若 z<-1.96 或 z>+1.96，則拒絕 H_0

上述的假設檢定是在檢定二母體平均數是否有差異存在，因為我們事先並無法確定某一平均數可能大於或小於另一平均數，所以假設 $H_0 : \mu_1 - \mu_2 = 0, H_1 : \mu_1 - \mu_2 \neq 0$ 是適當的。其他關於

二母體平均數差的假設檢定，我們想檢定的是某一平均數是否大於或小於另一平均數，在這種情況下要使用單尾假設檢定。二母體平均數差的單尾檢定，有下列兩種形式：

$$H_0 : \mu_1 - \mu_2 \leq 0 \quad ; \quad H_0 : \mu_1 - \mu_2 \geq 0$$
$$H_1 : \mu_1 - \mu_2 > 0 \quad \quad H_1 : \mu_1 - \mu_2 < 0$$

這些假設可用(12.10)式的檢定統計量z檢定之，而其拒絕域的決定則與之前所介紹的單尾檢定方法相同。

◎小樣本的情況

現在我們來考慮小樣本的情況[即 $n_1 < 30$ 且（或）$n_2 < 30$]時，二母體平均數差之假設檢定。檢定的程序將基於自由度為 $n_1 + n_2 - 2$ 的 t 分配。如同第 10.1 節的討論，我們必須假定二母體均呈常態分配，且二母體的變異數相等。

小樣本情況的檢定統計量為

$$T = \frac{(\overline{X_1 - X_2}) - (\mu_1 - \mu_2)}{\sqrt{s^2 \left(\dfrac{1}{n_1} + \dfrac{1}{n_2} \right)}}$$

（10.11）

若二獨立隨機樣本的樣本大小分別為 n_1 與 n_2，則 t 分配的自由度將為 $n_1 + n_2 - 2$。

EXCEL 應用

＊兩平均數差的假設檢定

假設現在我們想知道甲教會是不是跟乙教會在主日崇拜的時間控制上一樣好，就從去年甲教會的主日崇拜中抽取 10 次做為樣本，同樣的也從乙教會的主日崇拜中隨機的抽取 10 次；然

後去比較他們的時間（這時單以崇拜進行的時間來作爲品質的一項指標）。

母體變異數已知的 Z 檢定

STEP1：將隨機抽取的觀測值鍵於新的工作表內並命名為「資料二」，如下圖。

STEP2：進行假設檢定；因為我們關心的是兩個教會主日崇拜的平均時間是否一樣，假設 μ_0 為甲教會的母體平均時間、μ_1 為乙教會的母體平均時間，則 $H_0 : \mu_0 = \mu_1$、$H_1 : \mu_0 \neq \mu_1$；決定顯著水準 $\alpha = 0.05$；視母體變異數是否已知，選擇不同的計算公式，這裡暫時假設根據以往的經驗知道母體變異數為分別為 0.04、0.07。

STEP3：選取「工具」、「資料分析」、「Z檢定：兩母體平均數差異檢定」，然後填入適當的資料如下圖。其中「變數一的範圍」為 IDF 的位址（A1~A11）、「變數二的範圍」為 F16 的位址（B1~B11）；「假設的均數差」鍵入 0 或者留白（意思是檢定兩平均數是否相差 0，也就是兩平均數是否相等）；變數一和變數二的變異數則分別填入 0.04、0.07；顯著水準

α 訂為 0.05，後按下「確定」。

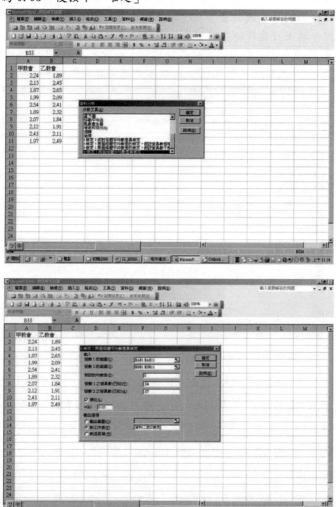

STEP4：接著出現如下圖的結果；圖中我們發現甲教會的平均時間為
2.125、乙教會的平均數為 2.216，表面上看來，似乎甲教會的平均時

間較長,但因為 Z 值=-0.868,並沒有超出「臨界值:雙尾」的 ±1.96,所以這兩個平均數的差異為達顯著水準(0.05)。換句話說,甲教會和乙教會的主日崇拜時間並沒有很明顯的差異。由於「 P(Z<=z)雙尾」為 0.39,表示若要拒絕虛無假設的話,將會犯了 0.39 錯誤的可能性。當然 0.39 大於既定的 0.05,所以不去拒絕虛無假設。

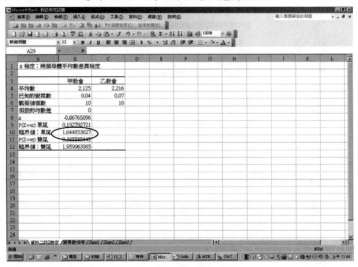

　　如果當初宣稱甲教會的主日崇拜時間比乙教會還要長的話,此時就是單尾檢定 $H_0 : \mu_0 \geq \mu_1$、$H_0 : \mu_0 < \mu_1$、如果我們仍用 0.05 的顯著水準,那臨界值就是-1.645,只有在求出的 Z 值小於-1.645,才能拒絕虛無假設,若是大於-1.645,就不拒絕虛無假設。從圖 12.3 中得知 Z=-0.868,顯然大於臨界值-1.645,所以不能拒絕虛無假設;由於「P(Z<=z)單尾」為 0.19,表示若我們要拒絕虛無假設的話,將會犯了 0.19 錯誤的可能性,所以不去拒絕虛無假設。

◎母體變異數未知但相等

　　若不知母體的變異數是多少，只好用樣本變異數來推估母體變異數。此時要用到 t 檢定。T 檢定有個前提就是母體需為常態分佈。t 分配分為兩種：變異數未知但相等，變異數未知且不等。

STEP1：選取「工具」、「資料分析」、「t 檢定：兩母體平均數的檢定：假設變異數相等」，然後填入適當的資料如下圖，最後按下「確定」即可得出下下一張圖的結果。

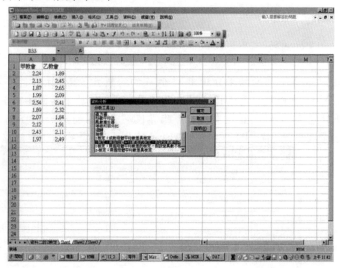

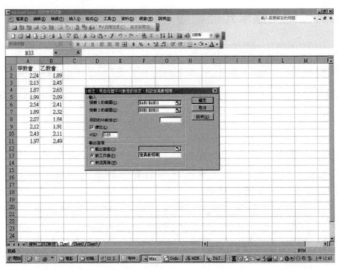

STEP2：在下圖的結果分析中，「假設的均數差」就是兩母體平均數的差（0）、「自由度」為兩樣本數之和減2（因為估計了兩個參數）為18、t統計量為-0.80，並沒有超出「臨界值：雙尾」的 ± 2.10，所以不能拒絕虛無假設；從「P（T<=t）雙尾」等於0.44也獲知不該拒絕虛無假設。

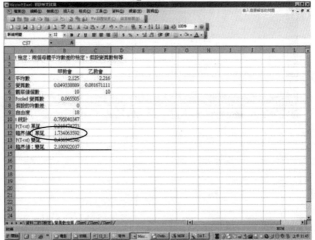

如果當初宣稱甲教會的主日崇拜時間比乙教會還要長的話，此時就是單尾檢定 $H_0 : \mu_0 \geq \mu_1$、$H_0 : \mu_0 < \mu_1$、如果我們仍用 0.05 的顯著水準，那臨界值就是-1.73，只有在求出的 t 值小於-1.73，才能拒絕虛無假設，若是大於-1.73，就不拒絕虛無假設。從圖 12.5 中得知 t=-0.80，顯然大於臨界值-1.73，所以不能拒絕虛無假設；由於「P（T<=t）單尾」為 0.22，表示若我們要拒絕虛無假設的話，將會犯了 0.22 錯誤的可能性，所以不去拒絕虛無假設。

◎小樣本抽樣：變異數未知且不等

如果我們有理由相信母體的變異數並不相等，例如從以前的經驗得知，或者已經從樣本中發現變異數相差過於懸殊。
STEP1：選取「工具」、「資料分析」、「t 檢定：兩母體平均數的檢定：假設變異數不相等」，然後填入適當的資料如下圖，最後按下「確定」。

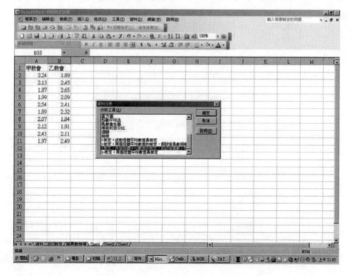

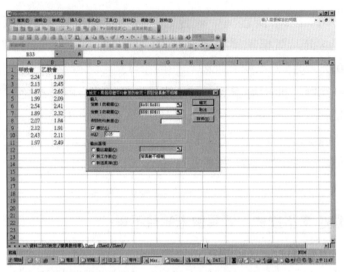

STEP2：得出下圖的結果，在下圖中的結果分析，基本上和上一次(t 檢定：兩母體平均數的檢定：假設變異數相等)的結果非常接近，自由度為 17、t 統計量為-0.80；我們仍無法拒絕虛無假設，不管單尾或是雙尾。

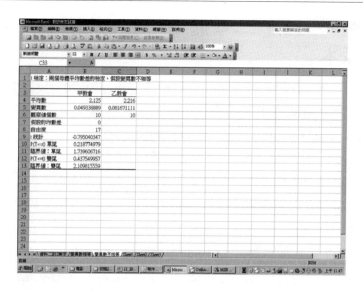

補充說明

1. 在前一節中，我們曾提及利用 t 分配做有關二母體平均數的推論時，對常態母體與變異數相等之假設非常不敏感。然而，如果使用者強烈地感覺到在某特定應用中這些假設並不合適，則應該採取下述行動之一：

a. 考慮無母數 Wilcoxon 等級和檢定。

b. 若母體近似常態，但變異數可能不相等$\left(\sigma_1^2 \neq \sigma_2^2\right)$，則利用(12.5)式估計 $\sigma_{\overline{X_1}-\overline{X_2}}$。但仍能使用 t 分配，而其自由度為

$$df = \frac{\left(s_1^2/n_1 + s_2^2/n_2\right)^2}{\dfrac{\left(s_1^2/n_1\right)^2}{n_1-1} + \dfrac{\left(s_2^2/n_2\right)^2}{n_2-1}}$$

c. 增大樣本以達大樣本 $n_1 \geq 30$ 且 $n_2 \geq 30$ 情況。

●━┳ 12.3 二母體平均數差之推論：成對樣本

在設計收集製造時間資料和檢定上述假設的抽樣過程時，我們考慮兩種不同的設計，一為獨立樣本，另一為成對樣本(matched samples)，這二種設計的描述如下：

1.獨立樣本設計——在使用第一種生產方法的工人中抽取一組簡單隨機樣本，再從使用第二種生產方法的工人中抽取另一組獨立之簡單隨機樣本，並以第12.2節的方法來檢定二平均數的差異。

2.成對樣本設計——抽取一組工人的簡單隨機樣本，這些工人先後使用這兩種生產方法，但使用的順序是隨機配置的。某些工人可能先用第一種方法，而另外的工人可能先用第二種方法，但每位工人都會提供一對資料值，一為使用第一種方法的值，另一為使用第二種方法的值。

因為成對樣本設計中，二種製造方法都是在相同的條件(即相同的工人)下測試的，故此種設計的抽樣誤差較獨立樣本設計小。其主要原因是在成對樣本設計中，工人間的抽樣誤差的變異來源已消除。

如果母體可假定為常態分配，則可使用自由度為 n-1 的 t 分配，檢定有關母體平均數的虛無假設。利用差異資料，則檢定統計量為

$$T=\frac{\overline{D}-u_D}{S_D/\sqrt{n}} \qquad (12.12)$$

範例：

1. 大專畢業生就業輔導委員會報告大專畢業生得起薪，主修統計和主修宗教的起薪樣本資料如下表，假設兩母體有常態分配和相等的變異數。用 0.05 顯著水準檢定主修統計和主修宗教平均起薪有無差異。即檢定 H0：$\mu 1 = \mu 2$，H1：$\mu 1 \neq \mu 2$

統計	宗教
28.8	23.6
27.9	23
29.7	26.9
25.3	22.5
28.1	

t 檢定：兩個母體平均數差的檢定，假設變異數相等

	變數 1	變數 2
平均數	27.96	24
變異數	2.708	3.94
觀察值個數	5	4
Pooled 變異數	3.236	
假設的均數差	0	
自由度	7	
t 統計	3.281593	
P(T<=t) 單尾	0.006729	
臨界值：單尾	1.894578	
P(T<=t) 雙尾	0.013457	
臨界值：雙尾	2.364623	

由上表可知雙尾的 P-value =0.013 ＜ α =0.05 ，因此拒絕 H0

2. 甲、乙兩班宗教統計成績均呈常態分配。已知這二班宗教統計成績的變異數並不相同。今從甲班抽出 10 名學生，從乙班抽 8 名學生，分別得到的成績如下，在 10%的顯著水準下，檢定兩班宗教統計成績是否有差異。

$$H0：\mu 1 = \mu 2$$
$$H1：\mu 1 \neq \mu 2$$

甲班	乙班	t 檢定：兩個母體平均數差的檢定，假設變異數不相等		
80	89			
79	84		變數 1	變數 2
82	68	平均數	78	85
77	90	變異數	24.88889	96.28571
75	72	觀察值個數	10	8
68	92	假設的均數差	0	
72	95	自由度	10	
82	90	t 統計	-1.83673	
83		P(T<=t) 單尾	0.048056	
82		臨界值：單尾	1.372184	
		P(T<=t) 雙尾	0.096111	
		臨界值：雙尾	1.812462	

由上表可知雙尾的 P-value =0.096 ＜α=0.1 ，因此拒絕 H0

承上題，在檢定二母體的平均數是否相等時，曾假設母體的變異數不相等且為未知。以 0.1 的顯著水準檢定二母體之變異數是否不相等。

$$H_0 : \sigma_1^2 = \sigma_2^2$$
$$H_1 : \sigma_1^2 \neq \sigma_2^2$$

甲班	乙班	F 檢定：兩個常態母體變異數的檢定		
80	89		變數 1	變數 2
79	84			
82	68	平均數	78	85
77	90	變異數	24.88889	96.28571
75	72	觀察值個數	10	8
68	92	自由度	9	7
72	95	F	0.25849	
82	90	P(F<=f) 單尾	0.031796	
83		臨界值：單尾	0.303698	
82				

由上表可知 P-value =0.031 ＜α=0.1 　因此拒絕 H0

EXCEL 應用

＊成對觀測值的平均數差異＊

前述所討論的平均數差異是建立在兩獨立樣本上，但如果兩樣本是成對發生，那麼這兩個樣本必定存在某種關聯。例如使用素食減肥法和使用後的平均體重有多大差異。每個受試者重複接受兩次以上的處理；調查素食減肥法的成效時，我們記錄了使用者使用前和使用後的體重，

我們感興趣的主題是使用前和使用後的體重是否有明顯的差異（雙尾檢定或是單尾檢定）。

在使用素食減肥法時，想要檢定參加前和想要檢定參加前和參加後的平均體重是否不同，就等於檢定平均減肥的效果是不是 0。所謂減肥效果就是將使用前的體重減去使用後的體重；每個使用者都有自己的減肥效果，然後計算平均效果，再把這個平均數和 0 相比較，除非遠大過於 0，否則就表示素食減肥法無效。

我們從素食減肥法的使用者中隨機抽取 10 人。

STEP1：將資料建於新的工作表並命名為「資料三」。

STEP2：以統計函數「AVERAGE」計算使用前和使用後的平均體重，分別置於 A13、B13 的位址。

STEP3：進行假設檢定；因為我們想要檢定使用前和使用後的平均體重是否一樣；假設 μ_0 為使用前的平均重量、μ_1 為使用後的平均重量，則 $H_0 : \mu_0 = \mu_1$、$H_1 : \mu_0 \neq \mu_1$；決定顯著水準 α 為 0.05。

STEP4：選取「工具」、「資料分析」、「t 檢定：成對母體平均數差異檢定」，然後如第 288 頁上圖填入適當的值，最後按下「確定」即可產生第 288 頁下圖的結果。

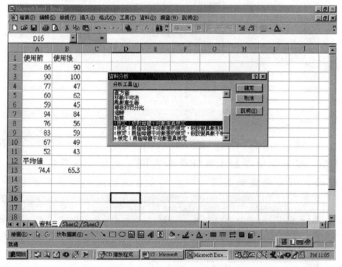

STEP5：從下圖中得知 t 統計量為 2.66，大於「臨界值：雙尾」2.26，這時我們可拒絕虛無假設，即宣稱素食減肥法的效果不是 0。

上圖中還有一個值：「皮爾森相關係數」。如果這個值是正的話，那就表

示變數一（使用前重量）愈大的話，變數二（使用後重量）就會愈大，也就是正相關，反之則愈小。

12.4 二母體比率差之推論

◎ $\overline{P_1} - \overline{P_2}$ 的抽樣分配

在研究二母體比率差時，$\overline{P_1} - \overline{P_2}$ 即為探討 $P_1 - P_2$ 所用的點估計式。從前面的幾個例子來看，點估計式的抽樣分配是建立區間估計值和對母數做假設檢定的基礎。$\overline{P_1} - \overline{P_2}$ 的抽樣分配之特性如下：

$$\overline{P_1} - \overline{P_2} \text{的抽樣分配}$$

$$\text{期望值：} E(\overline{p_1} - \overline{p_2}) = P_1 - P_2 \tag{12.13}$$

$$\text{標準差：} \sigma_{\overline{p_1} - \overline{p_2}} = \sqrt{\frac{p_1(1-p_1)}{n_1} + \frac{p_2(1-p_2)}{n_2}} \tag{12.14}$$

其中，

n_1 = 從母體 1 抽取的簡單隨機樣本的樣本大小。

n_2 = 從母體 2 抽取的簡單隨機樣本的樣本大小。

分配形式：當樣本為大樣本時 $\overline{p_1} - \overline{p_2}$ 的抽樣分配會趨近於常態分配。

◎ $P_1 - P_2$ 的區間估計

二母體比率差之區間估計值大樣本情況下，

$$(\overline{p_1} - \overline{p_2}) \pm z_{\alpha/2} \sigma_{\overline{P_1} - \overline{P_2}} \tag{12.15}$$

其中 $1-\alpha$ 為信賴係數。

$\sigma_{\overline{P_1}-\overline{P_2}}$ 的點估計式

$$s_{\overline{P_1}-\overline{P_2}} = \sqrt{\frac{\overline{P_1}(1-\overline{P_1})}{n_1} + \frac{\overline{P_2}(1-\overline{P_2})}{n_2}} \qquad (12.16)$$

◎ $p_1 - p_2$ 的假設檢定

抽樣分配近似常態時，二母體比率差的檢定統計量可寫為

$$z = \frac{\left(\overline{p_1}-\overline{p_2}\right) - \left(p_1 - p_2\right)}{\sigma_{\overline{p_1}-\overline{p_2}}} \qquad (12.17)$$

宗教統計小常識

您知道在台閩地區，宗教界辦理的文教機構以那一類最多呢？

A：至民國 94 年統計為：幼稚園托兒所 356 所

其他類： 555 所

習題

12.1 在設計收集製造時間資料和檢定上述假設的抽樣過程時，我們通常會考慮那兩種不同的設計？又這兩種不同的設計如何操作？

12.2 假設你是某教會總會的財務部主任委員，現在你想知道總會所轄相同規模的甲、乙兩間教會在每一個月的財務收支狀況是否相同。就從去年甲教會一年的財務結餘資料中每月的結餘狀況做為樣本，同樣的也從乙教會的財務資料中選擇相同的條件的樣本；然後去比較他們的結餘狀況。請問你該如何進行分析？（從假設檢定的步驟開始）

單位：萬元

	甲教會	乙教會
1	9.05	15.07
2	7.58	4.75
3	9.87	11.74
4	11.41	16.99
5	11.3	4.06
6	12.1	8.48
7	6.22	11.98
8	9.15	9.43
9	11.14	10.85
10	7.87	9.71
11	8.46	8.35
12	6.96	8.1

12.3 大專畢業生就業輔導委員會報告大專畢業生得起薪，主修統計和主修宗教的起薪樣本資料如下表，假設兩母體有常態分配和相等的變異數。用 0.05 顯著水準檢定主修統計和主修宗教平均起薪有無差異。

宗教	統計
2.38	3.45
2.1	2.85
2.6	2.57
2.9	3.36
2.88	3
2.96	3.56
2.01	3.85
2.41	2.8
2.86	2.19

12.4 甲、乙兩班宗教統計成績均呈常態分配。已知這二班宗教統計成績的變異數並不相同。今從甲班抽出 12 名學生，從乙班抽 15 名學生，分別得到的成績如下，在 10% 的顯著水準下，檢定兩班宗教統計成績是否有差異。

甲班	乙班
69	97
91	78
82	88
84	78
88	65
68	37
63	92
75	46
89	72
75	92
76	81

63	71
	81
	69
	69

12.5 某位研究者想知道修練瑜珈者在修練一段時間之後，是否對減重有明顯的差異。於是在一個瑜珈班中挑選了 10 位受試者（初學者），調查修練瑜珈一年後在減重成效上的成效時，我們記錄了修習者修練前和修練後的體重，想檢驗修練前和修練後的體重是否有明顯的差異（雙尾檢定或是單尾檢定）。

修練前	修練後
86	90
90	95
77	67
60	62
59	45
94	84
84	56
76	59
83	49
67	43
55	51
78	75

第十三章　母體變異數之推論

13.1 單一母體變異數的推論

在前幾章中，我們以樣本變異數

$$S^2 = \frac{\sum (X_i - \overline{X})^2}{n-1} \tag{13.1}$$

當做母體變異數 σ^2 的點估計式。為了以樣本變異數為基礎做有關母體變異數的推論，我們發現 $\frac{(n-1)s^2}{\sigma^2}$ 的抽樣分配是十分有幫助的。此抽樣分配描述如下：

$(n-1)s^2/\sigma^2$ **的抽樣分配**

$$\frac{(n-1)s^2}{\sigma^2} \tag{13.2}$$

每當由常態母體機抽取大小為 n 的簡單隨機樣本時，是自由度為 $n-1$ 的卡方分配(chi-square distribution)。

在以前的各章中，我們已指出有關抽樣分配的知識對計算區間估計值和進行母體母數的假設檢定是不可或缺的。對有關母體變異數的推論，我們發現用 $(n-1)s^2/\sigma^2$ 的抽樣分配非常方便。理由是，在常態母體中，$(n-1)s^2/\sigma^2$ 的抽樣分配是服從自由度 $n-1$ 的卡方分配。因為卡方分配的面積或機率已有現成的表可供查考，所以用卡方分配去建立母體變異數的區間估計值和進行假設檢定將會比較簡單。

卡方分配是不對稱的，而且特定的卡方分配之形狀依自由度而定。同時卡方的值恒不可能為負值。

◎ σ^2 的區間估計

讓我們來說明如何以卡方分配建立一母體變異數 σ^2 的信賴區間估計值。然而，我們知道無法期望樣本的變異數正好和母體變異數是一樣的。因此，我們的興趣是在建立母體變異數的區間估計值。

我們將用 χ_α^2 來表示卡方分配的值，其意義指有 α 的面積或機率會落在既定 χ_α^2 值的右邊。0.95 或 95%的卡方值是介於 $\chi_{0.975}^2$ 和之 $\chi_{0.025}^2$ 間。也就是說得到滿足 $\chi_{0.975}^2 \le \chi^2 \le \chi_{0.025}^2$ 的一個 χ^2 值的機率為 0.95。

由於我們在(13.2)中指出 $(n-1)s^2/\sigma^2$ 是服從卡方分配，故而我們可用 $(n-1)s^2/\sigma^2$ 取代上面的 χ^2 而得到

$$\chi_{0.975}^2 \le \frac{(n-1)s^2}{\sigma^2} \le \chi_{0.025}^2 \qquad (13.3)$$

事實上，上式提供了一個區間估計值，所有 $(n-1)s^2/\sigma^2$ 值中有 95%會落在 $\chi_{0.975}^2$ 和 $\chi_{0.025}^2$ 之間。現在，為了建立母體變異數

σ^2 的區間估計值,我們對(13.3)做一些代數的運算。從(13.3)中最左邊的不等式開始,我們可得

$$\chi^2_{0.975} \leq \frac{(n-1)s^2}{\sigma^2}$$

因此

$$\sigma^2 \chi^2_{0.975} \leq (n-1)s^2$$

或

$$\sigma^2 \leq \frac{(n-1)s^2}{\chi^2_{0.975}} \qquad (13.4)$$

對(12.3)中最右邊的不等式做相同的代數運算,我們得到

$$\frac{(n-1)s^2}{\chi^2_{0.025}} \leq \sigma^2 \qquad (13.5)$$

最後,合併(12.4)式與(12.5)式,可得

$$\frac{(n-1)s^2}{\chi^2_{0.025}} \leq \sigma^2 \leq \frac{(n-1)s^2}{\chi^2_{0.975}} \qquad (13.6)$$

因為(13.3)對 95%的 $(n-1)s^2/\sigma^2$ 值而言皆成立,故(13.6)提供了母體變異數 σ^2 的 95%信賴區間值。

因我們使用 $\chi^2_{0.975}$ 和 $\chi^2_{0.025}$,所以該區間估計值有 0.95 的信賴係數。把(13.6)推廣至任何的信賴係數,我們得出如下的有關母體變異數的區間估計值。

◎母體變異數的區間估計值

$$\frac{(n-1)s^2}{\chi^2_{\alpha/2}} \le \sigma^2 \le \frac{(n-1)s^2}{\chi^2_{1-\alpha/2}} \tag{13.7}$$

其中 χ^2 值是基於自由度爲 $n-1$ 而信賴係數爲 $1-\alpha$ 之卡方分配。

◎假設檢定

我們通常希望得到較小的變異變,而較大的變異數將是不被接受的。爲說明可容忍的最大變異數,我們通常檢定變異數小於或等於前述最大數值的虛無假設,而此時的對立假設則指變異數大於該值。現在,我們列出有關單一母體變異數單尾檢定的決策法則:

單一母體變異數的單尾檢定

$$H_0 : \sigma^2 \le \sigma_0^2$$
$$H_1 : \sigma^2 > \sigma_0^2$$

檢定統計量

$$\chi^2 = \frac{(n-1)s^2}{\sigma_0^2}$$

拒絕法則

若 $\chi^2 > \chi^2_{\alpha}$,則拒絕 H_0

其中 σ^2 是母體變異數的假設值,α 是該檢定的顯著水準,而 χ^2_{α} 的值是自由度爲 $n-1$ 的卡方分配值。

然而,就如我們在母體平均數與母體比率看到的一樣,還有其他形式的假設。$H_0 : \sigma^2 \ge \sigma_0^2$ 單尾檢定和上述所示的檢定是

類似的，其不同處在於此單尾拒絕域在臨界值 $\chi^2_{1-\alpha}$ 的左尾處。雙尾檢定 $H_0 : \sigma^2 = \sigma^2_0$ 與其他雙尾檢定相同，兩個臨界值各在左、右尾面積 $\alpha/2$ 處。單一母體變異數的雙尾檢定之決策法則整理如下：

單一母體變異數的雙尾檢定

$$H_0 : \sigma^2 = \sigma^2_0$$
$$H_1 : \sigma^2 \neq \sigma^2_0$$

檢定統計量

$$\chi^2 = \frac{(n-1)s^2}{\sigma^2_0}$$

拒絕法則

　　若 $\chi^2 > \chi^2_{\alpha/2}$ 或者 $\chi^2 < \chi^2_{1-\alpha/2}$，則拒絕 H_0

其中 σ^2 是母體變異數的假設值，α 是該檢定的顯著水準，而 $\chi^2_{\alpha/2}$、$\chi^2_{1-\alpha/2}$ 的值是自由度為 n-1 的卡方分配值。

EXCEL 應用

＊一個常態分配母體變異數的假設檢定＊

　　某寺廟在和某大悲水生產廠商的合約裡，要求生產規格為 270ml 的大悲水中，容量誤差不能太大，規定變異數不可超過 10ml，若抽查出的變異數遠大於 10ml 就予以退貨；現在隨機抽取 15 瓶大悲水。

STEP1：如下圖將資料建於新工作表並命名為「資料四」。

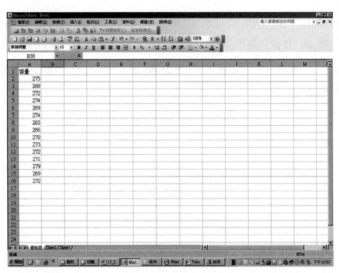

STEP2：以統計函數「VAR」計算樣本變異數，並置於 A18 的位址。樣本變異數為 13.07。

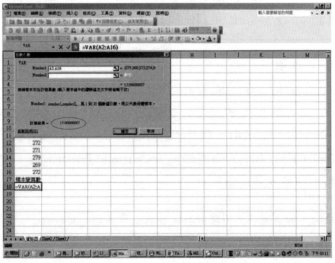

STEP3：進行假設檢定；我們關心容量的變異數是否大於 10。假設 σ^2 為

容量的變異數，則 $H_0 : \sigma^2 \leq 10$、$H_0 : \sigma^2 > 10$，決定顯著水準 α 為 0.05。

STEP4：計算 $\chi^2 = \dfrac{(n-1)s^2}{\sigma^2} = \dfrac{(15-1)13.07}{10} \approx 18.$

STEP5：利用 EXCEL 中的「CHIDIST」來計算 P 值。（如下圖）

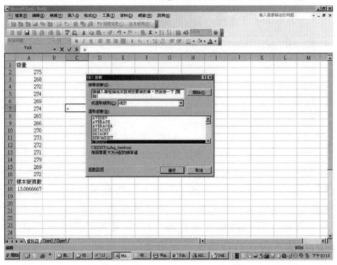

STEP6：因為計算出來的 P 值（0.21）大於顯著水準（$\alpha = 0.05$），所以無法拒絕虛無假設。換句話說，從變異數為 10ml 的母體中，隨機抽取 15 瓶大悲水，得到樣本變異數為 13.07 並不足為奇，不能說該廠商生產的大悲水不符合約而退貨（因為並沒有明顯的差異）。

＊母體變異數的 95.0%區間估計＊

已知變異數為 440444.44，利用公式計算出 $(n-1)/s^2$ 為（10-1）*440444.44 ≈ 3963999.9，皆下來要查出自由度為 9 的 $\chi^2_{.975}$ 與 $\chi^2_{.025}$，可利用統計書上附的 χ^2 分配表，亦可利用 EXCEL 的統計函數「CHINV」查得該值。

STEP1：選取「插入」、「函數」、「統計」中的「CHINV」，按下「確定」。

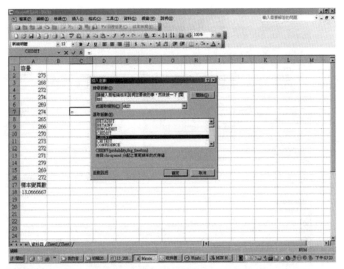

STEP2：接著出現如下圖，其中「Probability」鍵入顯著水準（0.975）、「Deg_freedom」鍵入自由度（9），計算結果為 2.70。

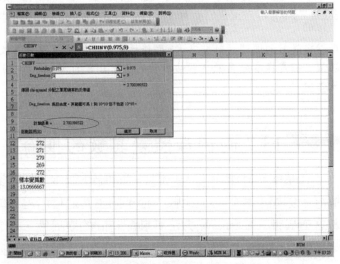

STEP3：依上述作法，顯著水準（0.025）、自由度（9）的計算結果為

19.02（如下圖）。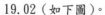

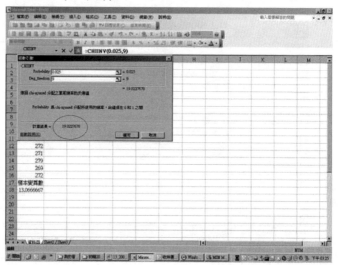

STEP4 ： 利 用 公 式 計 算 母 體 變 異 數 的 95% 信 賴 區 間 為 $\frac{3963999.9}{19.02} < \sigma^2 < \frac{3963999.9}{2.70}$ ，即 $208412.19 < \sigma^2 < 1468148.1$；由此可知，

母體變異數的區間估計非常大。即使樣本變異數是母體變異數的不偏估
計值，但是樣本變異數這個估計量的變動非常的大，介於 20 萬與 150
萬之間。。

●━┳━ 13.2 兩個母體變異數的推論

在某些統計應用上，我們必須面臨比較兩個母體變異數的
情況。例如，我們必須比較二種不同生產過程所導致的產品品
質之變異性，二種裝配方法其裝配時間的變異性，或者二種暖
氣裝置其溫度的變異性。在比較二母體變異數是否相同時，我
們將利用從二獨立隨機樣本所收集得來的資料，其中一個樣本

是來自第 1 母體，另一個樣本是來自第 2 母體。在使用二樣本變異數 s_1^2 與 s_2^2 做爲有關二母體變異數 σ_1^2 和 σ_2^2 的推論基礎時，我們發現此二樣本變異數的比率 s_1^2/s_2^2 所形成的抽樣分配是十分有用的。因此 s_1^2/s_2^2 的抽樣分配，可描述如下：

$$s_1^2/s_2^2 \text{ 的抽樣分配}$$

$$s_1^2/s_2^2 \tag{13.9}$$

當樣本大小爲 n_1 與 n_2 的二獨立隨機樣本是從具有相同變異數的常態母體抽出時，則比率是分子具有 $n_1 - 1$ 自由度而分母具有 $n_2 - 1$ 自由度的 F 分配。而 s_1^2 是從第 1 母體抽取的樣本大小爲 n_1 的樣本變異數，而 s_2^2 是從第 2 母體抽取的樣本大小爲 n_2 的樣本變異數。

F 分配爲不對稱且 F 值恆爲非負。F 分配的真實形狀由分子與分母的自由度而定。我們將使用 F_α 來代表在既定 F_α 值右邊的機率或面積爲 α。如果需要知道左尾臨界值 $F_{1-\alpha}$，則可利用右尾 F_α 值及下述關係式求出其值：

$$F_{(1-\alpha)(df_1, df_2)} = \frac{1}{F_{\alpha(df_1, df_2)}} \tag{13.10}$$

因此，分子自由度爲 24(df_1=24)而分母自由度爲 15(df_2=15)的 $F_{0.95}$ 可由分子自由度爲 15 而分母自由度爲 24 的 $F_{0.05}$ 值計算而得。查 F 分配表可知，分子自由度爲 15 而分母自由度爲 24 的 $F_{0.05}$ 值爲 2.11。因此分子自由度爲 24 而分母自由度爲 15 的 $F_{0.95}$ 值爲

$$F_{0.95} = 1/2.11 = 0.47$$

雖然我們可以用(13.10)式計算左尾之 F 值，但在實務上，我們通常將假設檢定寫爲僅計算右尾 F 值的形式。在

$H_0 : \sigma^2 = \sigma_0^2$ 的假設檢定中，我們只要樣本變異數較大的母體表示為第 1 母體。也就是說，那一個母體視為第 1 或第 2 母體是隨意的。把樣本變異數較大的母體視為第 1 母體，就能保證 $F = s_1^2/s_2^2$ 將大於或等於 1。所以 H_0 的拒絕域僅會發生在右尾。雖然左尾臨界值仍然存在，但因將樣本變異數較大的母體視為第 1 母體，比率 s_1^2/s_2^2 是在右尾的方向，所以我們不需要知道左尾臨界值。

有關二母體變異數是否相等的雙尾檢定程序可摘要如下：

二母體變異數的雙尾檢定

$$H_0 : \sigma_1^{\ 2} = \sigma_2^2$$
$$H_1 : \sigma_1^{\ 2} \neq \sigma_2^2$$

將樣本變異數較大的母體視為第 1 母體。

檢定統計量：$F = s_1^2/s_2^2$

拒絕法則：若 $F > F_{\alpha/2}$，則拒絕 H_0

其中 $F_{\alpha/2}$ 值是以分子自由度為 $n_1 - 1$ 而分母自由度為 $n_2 - 1$ 的 F 分配為準。

進行二母體變異數的單尾檢定亦是可能的。我們還是使用 F 分配，而用單尾拒絕域以做出一母體變異數是否顯著地大於或小於另一母體的結論。此時，僅需右尾 F 值。對任何單尾檢定而言，建立虛無假設時，應注意拒絕域需在右尾。所以必須將 H_1 中變異數較大的母體視為第 1 母體。一般程序如下：

二母體變異數的單尾檢定

$$H_0 : \sigma_1^{\ 2} \leq \sigma_2^2$$
$$H_1 : \sigma_1^{\ 2} > \sigma_2^2$$

檢定統計量：$F = s_1^2/s_2^2$

拒絕法則：若 $F > F_{\alpha}$，則拒絕 H_0

其中 F_α 值是以分子自由度爲 n_1-1 而分母自由度爲 n_2-1 的 F 分配爲準。

◎EXCEL 應用

＊ 兩個常態分配母體變異數的假設檢定

　　到底國中的 S 型分班比較好還是非 S 型分班較好？假設我們進行一項實驗，將兩種不同分班方法的學校各隨機抽取 14 人，經過一學期之後我們觀察這 30 個學生的學期成績。要比較兩種分班方法的差異自然就想要比較其個別的平均數，事實上，兩種分班方法的平均數都差不多一樣，約在 76 分左右，看起來好像效果差不多，但問題是非 S 型分班的分數會較爲集中，S 型的分班就較爲分散，就是個別差異大，在此例要分析的是兩個母體的變異數是否相等。

STEP1：如下圖，將觀察得出的資料建於一新的工作表並命名爲「資料五」。

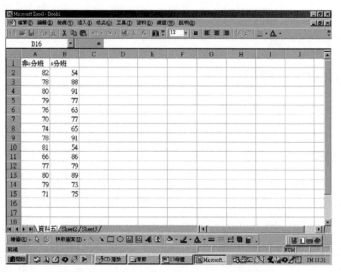

STEP2：利用統計函數「AVERAGE」計算樣本平均數，分別置於 A16、B16 的位址上；利用統計函數「VAR」計算樣本變異數分別置於 A17、B17 的位址上，由此可知，雖然兩平均數非常的接近，但是兩樣本變異數相差約 7 倍之多。

STEP3：選取「工具」、「資料分析」、「F 檢定：兩個常態母體變異數的檢定」，然後如下圖填入適當的值，最後按下「確定」。

STEP4：產生下圖的結果，F值為0.13，小於「臨界值：單尾」的0.39，所以要拒絕虛無假設。因此兩母體變異數有很大的差異，S型分班的變異數大表示學生的成績好壞會差距很大。

宗教統計小常識

您知道在台閩地區，宗教界辦理的公益慈善機構以那一類最多呢？

A：至民國 94 年統計為：社會服務中心 106 所

其他類： 174 所

習題

13.1 請說明單一母體變異數單尾檢定的決策法則。

13.2 某宮廟在和某香燭生產廠商的合約裡，要求供應規格為每包約 300 公克的立香，重量誤差不能太大，規定變異數不可超過 5 公克，若抽查出的變異數遠大於 5 公克就予以退貨；現在隨機抽取 20 包立香，實際秤過重量如下：303、302、306、301、300、300、297、298、301、296、300、306、296、305，請進行檢驗並決定是否需要退貨？

13.3 有學習禪修的學生成績比較好還是沒有學習禪修的學生成績較好？假設我們進行一項實驗，將兩種不同條件學習的學生各隨機抽取 15 人，經過一學期之後我們觀察這 30 個學生的學期成績如下，請比較兩種不同的學生是否有差異？

禪修	無禪修
93	89
86	75
91	90
96	93
99	80
87	89
91	74

93	88
95	89
91	97
90	93
91	87
90	99
81	98
89	97

第十四章 卡方檢定:適合度與獨立性檢定

14.1 適合度檢定:多項母體

　　在本節我們考慮的是,母體中的元素可分為若干組別或類別,但每一元素只分配到其中一組或一類的情況。這種母體稱為多項母體(multinomial population)。

適合度檢定將著重於觀察次數與期望次數之間的差異。要回答觀察次數和期望次數之間的差異是「大」或「小」這個問題,則需借助下述檢定統計量:

適合度檢定統計量

$$\chi^2 = \sum_{i=1}^{k} \frac{(f_i - e_i)^2}{e_i} \qquad (14.1)$$

其中　f_i=第 i 類的觀察次數

$e_i = H_0$ 為真的前提下，第 i 類的期望次數

k =類別數

附註：在各類的期望次數均大於或等於 5 下，此檢定統計量為具有自由度為 $k-1$ 的卡方分配。

列出對任何假設的多項母體分配所進行的適合度檢定的一般步驟：

1.列出有關母體之假設多項分配的虛無假設。

2.用一大小為 n 的簡單隨機樣本，記錄 k 類中的每一類所含的觀察次數。

3.在虛無假設為真的假設下，決定每類的機率或比率。

4.將第 3 步的每一類比率乘以樣本數，以決定每一類的期望次數。

5.將觀察次數和期望次數代入(14.1)式求出此檢定的 χ^2 值。

6.利用下述拒絕法則完成此檢定：

$$若 \chi^2 > \chi_\alpha^2，則拒絕 H_0$$

此處，α 為檢定的顯著水準。

EXCEL 應用

* **適合度檢定：**

隨機抽樣男女各 100 人（假設每人被抽中的機率是一樣的），問其對「未婚同居」的態度，得到如下的資料；請問男女在對未婚同居的態度是一樣的嗎？

性別	反對	沒意見	贊成	總和
男	32	11	57	100
女	62	14	24	100
總和	94	25	81	200

計算期望值如下表：

性別	反對	沒意見	贊成	總和
男	47	12.5	40.5	100
女	47	12.5	40.5	100
總和	94	25	81	200

STEP 1：將觀察值與期望值鍵入一新的工作表，如下圖。

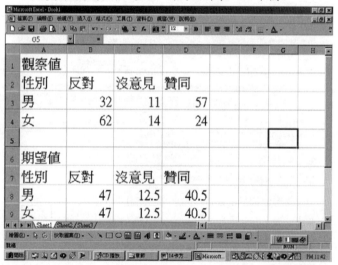

STEP 2：選取「插入」、「函數」、「CHITEST」，並鍵入適當值如下圖，即可得到卡方值。

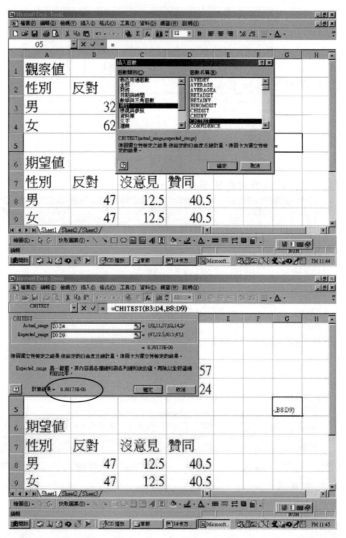

STEP3：因為計算的卡方值遠小於 0.05，所以未達 0.05 的顯著水準，
因此我們可以宣稱男女對「未婚同居」的態度是不一致的。由例子中的
列表可知近六成的男生贊成同居、女生只有不到三成贊成同居，由此可

見，男生較女生贊成同居。

14.2 適合度檢定：卜瓦松與常態分配

◎卜瓦松分配：

卜瓦松機率函數：$f(x) = \dfrac{\mu^x e^{-\mu}}{x!}, x = 0.1.2.\cdots$ （14.2）

卡方檢定統計量：$\chi^2 = \displaystyle\sum_{i=1}^{k} \dfrac{(f_i - e_i)^2}{e_i}$

◎常態分配：

常態分配的適合度檢定也是使用卡方分配，它和卜瓦松分配的程序非常相似。唯一不同的是，從樣本資料得出的觀察次數與期望次數的比較，是在母體為常態分配的假設下進行的。

14.3 獨立性檢定：列聯表

卡方分配的另一重要應用為使用樣本資料檢定二個變數的獨立性。

在獨立性假設之下，列聯表的期望次數

$e_{ij} = \dfrac{(\text{第} i \text{列合計})(\text{第} j \text{行合計})}{\text{樣本合計數}}$ （14.3）

由觀察和期望次數所算出的 χ^2 值如下：

獨立性檢定統計量

$$\chi^2 = \sum_i \sum_j \frac{(f_{ij} - e_{ij})^2}{e_{ij}} \qquad (14.4)$$

其中

f_{ij}：列聯表中第 i 列與第 j 行的觀察次數

e_{ij}：在獨立性假設之下，列聯表中第 i 列與第 j 行的期望次數

附註：各類的期望次數均大於或等於 5 時，列聯表有 n 列與 m 行，則此檢定統計量為具有自由度為 $(n-1)(m-1)$ 的卡方分配。

(14.3)式的二重求和符號係表示在計算時必須包含列聯表中所有的組別。

卡方分配的自由度是列數減 1 乘以行數減 1。

EXCEL 應用

＊獨立性檢定：

在對宗教偏好態度的民意調查裡，我們將教育程度分為三大類：國中（含）以下、高中（職）、大專（含）以上。資料列表如下：

教育程度	A 教	B 教	C 教	總和
國中	260	63	42	365
高中職	242	125	85	452
大專	32	185	33	250
總和	534	373	160	1067

計算期望值列表如下（假設教育程度與政黨選擇是獨立的）：

教育程度	A 教	B 教	C 教	總和
國中	182.7	127.6	54.7	365
高中職	226.2	158.0	67.8	452
大專	125.1	87.4	37.5	250
總和	534	373	160	1067

表中的數字是根據教育程度與選擇宗教獨立的假設所計算出來的
期望值。

STEP 1：將資料建於一新工作表內，如下圖。

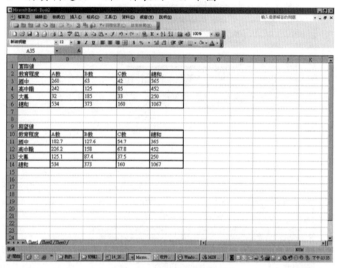

STEP 2：將位址移到一空白處，選取「插入」、「函數」、「CHITEST」，並
鍵入適當值如下圖，即可得到卡方值。

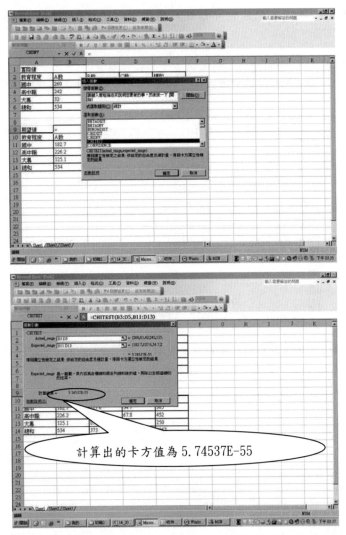

計算出的卡方值為 5.74537E-55

STEP 3：因為計算結果遠小於 0.05，因此未達 0.05 的顯著水準。換句話說，我們不能宣稱教育程度和選擇宗教沒有關連；若計算結果大於 0.05 的話，那麼就表示資料訊息顯示教育程度與選擇宗教沒有明顯的

關係。

　　既然教育程度與選擇宗教有明顯的關係，那到底是怎樣的關係？為解決此問題，將上述原始資料表計算出百分比：

教育程度	A 教	B 教	C 教	總和
國中	260（71%）	63（17%）	42（12%）	365（100%）
高中職	242（53%）	125（28%）	85（19%）	452（100%）
大專	32（13%）	185（74%）	33（13%）	250（100%）
總和	534（50%）	373（35%）	160（15%）	1067（100%）

括號內為橫列的百分比

　　由表中可以發現國中程度的人有高達七成的人選擇 A 教；高中程度者有五成選擇 A 教、近三成選擇 B 教；大專程度者有七成選擇 B 教。由此可見，教育程度較低者傾向選擇 A 教、教育程度較高者傾向選擇 B 教。

宗教統計小常識

您知道在台閩地區，那一種類別的宗教辦理的醫院最多呢？

A：至民國 94 年統計為基督教 10 所

天主教： 9 所

習題

14.1 請說明卡方考驗的功用有那些？。

14.2 列出對任何假設的多項母體分配所進行的適合度檢定的一般步驟：

14.3 同性戀議題往往在宗教界有所爭議，今隨機抽樣男女各 100 人（假設每人被抽中的機率是一樣的），問其對「同性戀」的態度，得到如下的資料；請問男女在對同性戀的態度是一樣的嗎？

性別	反對	沒意見	贊成	總和
男	28	17	55	100
女	38	30	32	100
總和	66	47	87	200

計算期望值如下表：

性別	反對	沒意見	贊成	總和
男	33	23.5	43.5	100
女	33	23.5	43.5	100
總和	66	47	87	200

14.4 在對宗教偏好態度的民意調查裡，我們將教育程度分為三大類：國中（含）以下、高中（職）、大專（含）以上。資料列表如下：

教育程度	A 教	B 教	C 教	總和
國中	90	86	74	250
高中職	142	125	98	365
大專	138	205	109	452
總和	370	416	281	1067

計算期望值列表如下（假設教育程度與政黨選擇是獨立的）：

23	A 教	B 教	C 教	總和
國中	87	97	66	250
高中職	127	142	96	365
大專	157	176	119	452
總和	370	416	281	1067

表中的數字是根據教育程度與選擇宗教獨立的假設所計算出來的期望值。

第十五章　簡單線性迴歸與相關

　　迴歸分析為建立變數關係的數學方程式之統計程序。在迴歸術語中，由數學方程式預測的變數稱為因變數(dependent variable)，而據以預測因變數的值之變數稱為自變數(independent variable)。例如，在分析廣告對銷售量的效應時，行銷經理的目的是預測銷售量，所以銷售量是因變數。廣告費用則為據以預測銷售量的自變數。在統計符號裡，通常以 Y 代表因變數，而 X 代表自變數。

　　在本章中，我們考慮最簡單的迴歸類型：僅有一自變數與一因變數，且其關係大致上可用一直線表示，此稱為簡單線性迴歸(simple linear regression)。關於兩個以上自變數的迴歸稱為多元迴歸。

　　本章另一主題為相關。在相關分析中，我們不必以數學方程式描述自變數與因變數的關係，而在於判定其線性關聯的程度。相關分析即是做此判定的統計程序，並提供相關性的測度。在此我們要提醒讀者，不可藉迴歸或相關分析建立"因果關係"。迴歸與相關分析僅說明變數之間如何相關或相關至什麼程度。任何有關因果關係的結論必定來自分析者的判斷。

🔑15.1 最小平方法

最小平方法(least squares method)即可提供描述自變數與因變數關係的最佳近似之直線。我們稱由最小平方法建立的直線方程式為估計迴歸線(estimated regression line)或估計迴歸方程式(estimated regression equation)。

估計迴歸方程式

$$\hat{Y} = b_0 + b_1 X \qquad (15.1)$$

其中

b_0 =該直線的 y 截距

b_1 =該直線的斜率

$\hat{Y}$ =因變數的估計值

對任一特定的自變數值 x_i 而言,其在估計迴歸線上的對應值表示為 $\hat{y}_i = b_0 + b_1 x_i$。

利用最小平方法所得的 b_0 與 b_1 值,將使得因變數的觀察值 y_i 與因變數的估計值 $\hat{y}_i$ 之間的離差平方和為最小。最小平方法的準則如(15.2)所示。

最小平方準則

$$\min \sum \left(y_i - \hat{y}_i \right)^2 \qquad (15.2)$$

其中

y_i =第 i 個觀察之因變數觀察值

$\hat{y}_i$ =第 i 個觀察之因變數估計值

利用微積分可證明將(15.2)式極小化的 b_0 與 b_1 值如(15.3)與(15.4)式。

估計迴歸方程式的斜率與 y 截距

$$b_1 = \frac{\sum (X_i - \overline{X})(Y_i - \overline{Y})}{\sum (X_i - \overline{X})^2} = \frac{\sum X_i Y_i - (\sum X_i \sum Y_i)/n}{\sum X_i^2 - (\sum X_i)^2/n} \qquad (15.3)$$

$$b_0 = \overline{Y} - b_1 \overline{X} \qquad (15.4)$$

其中

X_i =第 i 個觀察之自變數值

Y_i =第 i 個觀察之因變數值

$\overline{X}$ =自變數的平均值

$\overline{Y}$ =因變數的平均值

n =總觀察個數

因為(15.3)的第二種形式避開了計算各個 $(x_i - \overline{x})$ 與 $(y_i - \overline{y})$ 的繁瑣過程，所以通常均以此式計算 b_1。然而為避免四捨五入誤差，在計算時應儘可能保留多位有效數字，建議至少保留四位有效數字。

最小平方法所提供之估計迴歸方程式，使因變數觀察值 y_i 與因變數估計值 $\hat{y}_i$ 之間的離差平方和為最小值。此為選最適直線的最小平方準則。若使用其他準則，例如使 y_i 與 $\hat{y}_i$ 之間的絕對離差之和為最小值，則將得到不同的方程式。在實務上，最小平方法最廣為接受。

🔫 15.2 判定係數

在本節中，我們介紹可測度估計迴歸方程式的適合度(goodness of fit)之判定係數(coefficient of determination)。

以最小平方法可求出使因變數的觀察值 y_i 與因變數的預測值 $\hat{y}_i$ 之間的離差平方和為最小之 b_0 與 b_1 值。y_i 與 $\hat{y}_i$ 之間的差代表以 $\hat{y}_i$ 估計 y_i 所產生的誤差；第 i 個觀察值之差為 $y_i - \hat{y}_i$，此差值稱為第 i 個殘差(residual)。因此，最小平方法中所處理的平方和，常被稱為誤差平方和或殘差平方和，以 SSE 表示之。

誤差平方和

$$SSE = \sum \left(Y_i - \hat{Y}_i\right)^2 \tag{15.5}$$

與平均數有關的平方和(記為 SST)定義如下：

總平方和

$$SST = \sum \left(Y_i - \overline{Y_i}\right)^2 \tag{15.6}$$

為度量估計迴歸線上的預測值 $\hat{y}$ 與 $\overline{y}$ 的差異，我們必須計算另一種平方和；此平方和稱為迴歸平方和(sum of squares due to regression，記做 SSR)。迴歸平方和之定義如下：

迴歸平方和

$$SSR = \sum \left(\hat{Y}_i - \overline{Y}\right)^2 \tag{15.7}$$

由以上的討論，我們不難想見 SSE、SST 與 SSR 是相關的，事實亦然。SSE、SST 與 SSR 的關係如下所示：

SST、SSR 與 SSE 的關係

$$SST=SSR+SSE \qquad (15.8)$$

其中

SST=總平方和

SSR=迴歸平方和

SSE=誤差平方和

現在讓我們來看看如何以這些平方和提供迴歸關係的適合度度量。如果各觀察值均落在最小平方線上，這當然是最佳配適的情況；此時直線通過每一點，所以 SSE=0。因此，在完全配適情況下，SSR 與 SST 必然相等，也就是說，SSR/SST=1。從另一方面來看，適合度不佳則導致較大的 SSE。然而，由於 SST+SSR=SSE，所以當 SSR=0 時，SSE 為最大(適合度最差)。在這種情況下，估計迴歸方程式並無法預測 y。因此，最差的配適將使 SSR/SST=0。

假如我們使用 SSR/SST 評估迴歸關係的適合度，則此度量值將介於 0 與 1 之間，其值愈接近 1，表示適合度愈佳。SSR/SST 即稱為判定係數(coefficient of determination)，記做 r^2。

判定係數

$$r^2 = \frac{SSR}{SST}$$

為了更進一步說明 r^2，我們可以將 SST 想成當以 $\bar{Y}$ 為年營業額之預測式時，其適合度的度量。而在建立估計迴歸方程式後，計算 SSE，當做以 $\hat{Y}$ 為年營業額之預測式時，其適合度的度量。因此 SSR(SST 與 SSE 之差)實為可由估計迴歸方程式來解釋的 SST 部分，我們可將 r^2 想成

$$r^2 = 迴歸所能說明的平方和/總平方和$$

當我們以百分比表 r^2 時，r^2 可解釋爲在總平方和(SST)中，可用估計迴歸方程式說明的百分比。統計學家通常用 r^2 做爲迴歸線的適合度度量。

◎計算的效率

當使用計算機計算判定係數時，以下述公式計算 SSR，將使計算效率較高：

$$SSR = \frac{\left[\sum X_i Y_i - \sum X_i Y_i / n\right]^2}{\sum X_i^2 - \left(\sum X_i\right)^2 / n} \qquad (15.10)$$

另外，我們不必以 $\sum \left(Y_i - \bar{Y}\right)^2$ 計算 SST，此式可展開爲

$$SST = \sum Y_i^2 - \frac{\left(\sum Y_i\right)^2}{n} \qquad (15.11)$$

補充說明

1. 在建立最小平方估計迴歸方程式與計算判定係數時，我們並未做任何機率假設或統計推論。較大的 r^2 值僅蘊涵該最小平方線提供較佳的配適；也就是說，觀察值較靠近最小平方線。但無法僅依 r^2 來判斷 X 與 Y 之間的關係是否爲統計顯著。若要下這類結論，必須考慮到樣本大小與最小平方估計式的近似抽樣分配之性質。
2. 在實務上，對社會科學之資料而言，即使 r^2 低如 0.25，通常即可視爲有用的。對物理與醫技科學而言，經常發現高於 0.60 的 r^2 值；事實上，有時候更能見到 r^2 值高於 0.90 的情形。

15.3 迴歸模型與其前提假定

在考慮迴歸分析的顯著性檢定之前，我們必須瞭解一個重要的概念，那就是確定模型(deterministic model)與機率模型(probabilistic model)的區別。在確定模型中，只要給定自變數的值，就可以準確地決定因變數的值。

由於我們無法保證各個 x 值對應於單一的 y 值，我們現在假設下述的機率模型—稱為迴歸模型(regression model)—可表示出此二變數間的真實關係：

迴歸模型

$$Y = \beta_0 + \beta_1 X + \varepsilon \qquad (15.12)$$

其中

$\beta_0 =$ 直線的 $\beta_0 + \beta_1 X$ 的 y 截距

$\beta_1 =$ 直線 $\beta_0 + \beta_1 X$ 的斜率

$\varepsilon =$ 實際的 y 值與直線 $\beta_0 + \beta_1 X$ 之間的誤差或離差

以(15.12)式做為 X 與 Y 之關係的模型，係因我們相信直線 X 對各 x 值均可提供一個很好的 y 近似值。然而，欲求得 y 的確切值，我們必須考慮誤差項 ε (希臘字母 epsilon)，此項顯示真實值在直線 $\beta_0 + \beta_1 X$ 之上或之下距離多遠。在迴歸模型中，自變數 X 視為已知，然後以模型預測值 Y。我們稱 β_0 (y 截距)與 β_1 (斜率)為此模型的參數(parameter)。

在迴歸模型 $Y = \beta_0 + \beta_1 X + \varepsilon$ 中，我們對誤差項做如下的假設：

在迴歸模型 $Y = \beta_0 + \beta_1 X + \varepsilon$ 中，有關誤差項 ε 的假設

1.誤差項 ε 為一隨機變數，其平均數或期望值為 0，也就是 $E(\varepsilon) = 0$。

涵示：由於 β_0 與 β_1 均爲常數，E(β_0)= β_0 與 E(β_1)= β_1；因此對一已知的 x 值而言，Y 的期望值爲

$$E(Y) = \beta_0 + \beta_1 X \qquad (15.13)$$

(15.13)式稱爲迴歸方程式(regression equation)。

2.對所有 x 值而言，ε 的變異數均爲 σ^2。

涵示：對所有 X 值而言，Y 的變異數均等於 σ^2。

3. ε 的值相互獨立。

涵示：某特定 x 值的 ε 值與其他任意 x 值的 ε 值無關；因此，對應於某特定 x 值的 y 值與對應於其他任意 x 值的 y 值無關。

4.誤差項 ε 爲一常態分配隨機變數。

涵示：由於 Y 是 ε 的線性函數，Y 亦爲一常態分配隨機變數。

必須牢記的是，我們也對 X 與 Y 的關係做了前提假定。也就是說，我們假設直線 $\beta_0 + \beta_1 X$ 是變數間關係的基礎。但我們不能將其他模型棄之不顧，例如 $\beta_0 + \beta_1 X^2$ 可能是一個更好的模型。在以樣本資料估計迴歸模型的參數 β_0 與 β_1 之後，我們必須用進一步的分析來判定所假設的模型是否適當。

迴歸方程式與估計迴歸方程式之關係

當僅可取得單一變數之資料時，我們的目標是利用樣本統計量(例如，樣本平均數)對其對應的母體參數(例如，母體平均數)做推論。在 15.1 節討論最小平方法時，我們介紹估計迴歸方程式的 y 截距(b_0)與斜率(b_1)之計算公式。b_0 值即爲一樣本統計量，其爲參數 β_0 之一估計值。因此，由於迴歸方程式爲 $E(Y) = \beta_0 + \beta_1 X$，迴歸方程式的最佳估計值即爲估計迴歸方程式

$\hat{Y} = b_0 + b_1 X$ ，所以 $\hat{Y}$ 為 $E(Y)$ 的估計值。

15.4 顯著性檢定

在 15.2 節中，我們看到如何以判定係數(r^2)衡量估計迴歸線的適合度。r^2 愈大代表適合度愈高。然而，卻無法由 r^2 值判斷一迴歸關係是否為統計顯著。為做有關統計顯著性的結論，諸多需考慮的事項之一，即為樣本大小。在本節中，我們將介紹如何進行顯著性檢定，以判斷迴歸關係是否存在。

◎ σ^2 的估計值

正如 15.3 節所述，σ^2 是迴歸模型 $Y = \beta_0 + \beta_1 X + \varepsilon$ 的誤差項 ε 之變異數。在下述討論中，我們將解釋如何以誤差平方和 SSE 求得 σ^2 估計值。首先，我們知道 SSE 為真實觀察值對估計迴歸方程式的變異度量。由於 $\hat{Y}_i = b_0 + b_1 X_i$，SSE 可寫成：

$$SSE = \sum \left(Y_i - \hat{Y}_i \right)^2 = \sum (Y_i - b_0 - b_1 X_i)^2$$

每一個平方和均與自由度有關。自由度表示在利用 n 個相互獨立的 $Y_1, Y_2, \cdots, Y_n$ 值計算平方和時其相互獨立的資訊量。由於計算 SSE 時，必須估計 2 個參數(β_1 與 β_1)，統計學家證明 SSE 的自由度為 $n-2$。

均方為平方和除以自由度。因此，誤差均方(亦稱為均方誤差)為 SSE 除以其自由度 $n-2$。統計學家證明均方誤差 MSE 為 σ^2 的不偏估計值。由於是 σ^2 的估計值，亦記為 s^2。

$$均方誤差(\sigma^2 \text{ 的估計值})$$

$$s^2 = MSE = \frac{SSE}{n-2} \tag{15.14}$$

我們以 s^2 的平方根估計 σ^2。s 值稱為估計值的標準誤 (standard error of the estimate)。

$$估計值的標準誤$$

$$s = \sqrt{MSE} = \sqrt{\frac{\sum\left(Y_i - \hat{Y_i}\right)^2}{n-2}} \tag{15.15}$$

◎ t 檢定

我們在前面假設迴歸方程式為 $E(Y) = \beta_0 + \beta_1 X$。如果這種形式的關係確實存在，則 β_1 不可能等於 0。因此，欲檢定二變數之間的顯著關係時，我們利用下述假設：

$$H_0 : \beta_1 = 0$$
$$H_1 : \beta_1 \neq 0$$

在進行 t 檢定之前，我們必須考慮 β_1 的最小平方估計式 b_1 的性質。

首先，我們考慮在同一迴歸研究中，如果採用不同的隨機樣本，則會產生什麼結果。

事實上，最小平方估計式 b_0 與 b_1 為樣本統計量，故有其抽樣分配。b_1 的抽樣分配之性質如下所述：

$$b_1 \text{ 的抽樣分配}$$
$$期望值$$
$$E(b_1) = \beta_1$$

標準差

$$\sigma_{b_1} = \frac{\sigma}{\sqrt{\sum X_i^2 - \left(\sum X_i\right)^2 / n}} \quad (15.16)$$

分配形式

常　態

我們注意到 b_1 的期望值為 β_1，所以 b_1 是 β_1 的不偏估計式。由於我們不知道 σ 的值，所以用 s 估計(15.16)式中的 σ，以建立 σ_{b_1} 的估計值 s_{b_1}。因此我們得到下述的 σ_{b_1} 之估計值：

b_1 的估計標準差

$$s_{b_1} = \frac{s}{\sqrt{\sum X_i^2 - \left(\sum X_i\right)^2 / n}} \quad (15.17)$$

◎ F 檢定

t 檢定可用來檢定虛無假設 H_0：$\beta_1 = 0$，我們也可用 F 檢定來檢定此虛無假設。在僅有一個自變數的迴歸模型中，t 檢定與 F 檢定將產生同樣的結論；也就是說，如果 t 檢定的結論是拒絕 H_0，則 F 檢定亦將導致拒絕 H_0。但當自變數多於一個時，僅可利用 F 檢定檢定因變數與一組自變數間的顯著關係。此處，我們將介紹 F 檢定，並證明其結論與 t 檢定相同。

我們要檢定的假設與以前一樣：

$$H_0 : \beta_1 = 0$$

$$H_1 : \beta_1 \neq 0$$

由於我們能夠求出 σ^2 的兩個獨立估計值，所以可以建立判定 X 與 Y 之間的關係是否為統計顯著之 F 檢定。我們已知 MSE 為 σ^2 的一個估計值。如果虛無假設 H_0：$\beta_1 = 0$ 為真，則迴歸均

方或均方迴歸(mean square regression，記爲 MSR)，是 σ^2 的另一個獨立估計值。

由於均方是平方和除以其自由度，所以 MSR 的計算如下：

$$MSR = \frac{SSR}{\text{迴歸自由度}}$$

因爲 SSR 的自由度等於自變數個數，所以上式可寫爲

$$MSR = \frac{SSR}{\text{自變數之個數}} \qquad （15.18）$$

在本章中，我們只考慮含單一自變數的模型，故 MSR=SSR/1=SSR。

如果虛無假設 H_0：$\beta_1 = 0$ 爲真，MSR 與 MSE 爲 σ^2 之二獨立估計值。在這種情況下，MSR/MSE 的抽樣分配服從分子自由度爲 1 而分母自由度爲 $n-2$ 的 F 分配。迴歸關係顯著性的檢定是以下述 F 統計量爲根據：

$$F = \frac{MSR}{MSE} \qquad （15.19）$$

在任何樣本大小之下，若迴歸模型可說明愈多的 Y 變異性，則 F 統計量的分子愈大；若說明愈少，則分子愈小。同樣地，分母隨估計迴歸線變異性的增加而增大，或變異性的減少而減小。在直覺上，較大的 F =MSR/MSE 值將使我們對虛無假設產生懷疑，而下結論說 $\beta_1 \neq 0$。事實上，這是正確的，較大的 F 值導致拒絕 H_0，並下結論說 X 與 Y 之間的關係是統計顯著的。

◎有關統計顯著性的警訊

在此值得一提的是，拒絕 H_0 並不代表 X 與 Y 之間必定為線性。然而，我們可下結論說 X 與 Y 是相關的，且在該樣本所觀察到的 x 值範圍內，絕大部分的 Y 變異可以線性關係說明之。

補充說明

1. 若沒有關於誤差項的前提假定（15.3 節），則本節的統計顯著性檢定就無法成立。b_1 的抽樣分配之性質及其後的 F 與 t 檢定皆由這些前提假定推得。

2. 不要將統計顯著性與實務顯著性混為一談。當樣本數很大時，很小的 b_1 值也可能得到統計顯著的結果；在這種情況下，我們在下結論說其關係有實務上之顯著性時，不可不慎。

3. 在簡單線性迴歸中，F 檢定與 t 檢定會產生相同結果的理由是：$F = t^2$。F 檢定的臨界值是檢定的臨界值之平方，而 F 檢定的檢定統計量是 t 檢定的檢定統計量之平方。

15.5 估計與預測

區間預測值有兩類，第一類是在特定的 X 值之下，Y 的平均值之區間預測值，我們稱之為信賴區間預測值。例如，我們可能希望求出，在學生人數為 10,000 的學校附近之所有餐廳的期望年營業額之信賴區間預測值；在這種情況下，期望年營業額是所有位於學生人數為 10,000 的學校附近之餐廳其年營業額的平均數。

第二類的區間預測值為預測對應於某 X 值之個別 Y 值，我們稱此類區間估計值為預測區間估計值(prediction interval estimate)。例如，我們可能想建立位於學生人數為 10,000 的真

理大學附近的某餐廳其年營業額之預測區間估計值；在這種情況下，我們感興趣的是預測某特定餐廳的年營業額，而非預測所有位於學生人數爲 10,000 的大學附近餐廳之平均營業額。

◎ Y 的平均值之信賴區間預測值

我們可以用最小平方法求 β_0 與 β_1 的估計值，因而可得到迴歸方程式所求得的 $\hat{y}$ 值。我們將此特定的 x 值記爲 x_p，在 x_p 的 Y 之平均值記爲 $E(Y_p)$，而 $E(Y_p)$ 的預測值則記爲 $\hat{y}_p = b_0 + b_1 x_p$。由於 b_0 與 b_1 僅爲 β_0 與 β_1 的估計值，我們不能期望預測值 $\hat{y}_p$ 將恰等於 $E(Y_p)$。如果我們要對到底 $\hat{y}_p$ 與真實的平均值 $E(Y_p)$ 有多靠近做一推論的話，我們將必須考慮以估計迴歸方程式建立預測值時所產生的變異性。統計學家已導出 $\hat{y}_p$ 的變異數之估計值如下：

$$\hat{y}_p \text{ 的估計變異數} = s^2_{\hat{y}_p} = s^2 \left[\frac{1}{n} + \frac{\left(x_p - \bar{x}\right)^2}{\sum x_i^2 - \left(\sum x_i\right)^2 / n} \right]$$

因此，$\hat{y}_p$ 的標準差之一估計值爲變異數的平方根：

$$s_{\hat{y}_p} = s \sqrt{\frac{1}{n} + \frac{\left(x_p - \bar{x}\right)^2}{\sum x_i^2 - \left(\sum x_i\right)^2 / n}} \tag{15.20}$$

$E(Y_p)$ 的信賴區間預測值如下 $E(Y_p)$ 的信賴區間預測值爲

$$\hat{Y}_p \pm t_{\alpha/2} s_{\hat{Y}_p} \tag{15.21}$$

其中信賴係數爲 $1 - \alpha$，而 t 值的自由度爲 $n - 2$。

值得注意的是，當 $x_p = \bar{x}$ 時，$\hat{y}_p$ 的估計標準差[參見(15.20)式]爲最小。在這種情況下，(15.20)式變爲

$$s_{\hat{y}_p} = s\sqrt{\frac{1}{n} + \frac{\left(x_p - \overline{x}\right)^2}{\sum x_i^2 - \left(\sum x_i\right)^2/n}} = s\sqrt{\frac{1}{n}}$$

由此可知，當 x_p 為自變數的平均數時，我們可以預期得到 $E(Y_p)$ 的最佳預測值。

◎個別 Y 值之預測區間估計值

為建立預測區間估計值，我們必須先求出當 $x = x_p$ 時，以 $\hat{y}_p$ 做為特定 y 值的估計值所產生之變異數。此變異數是下述二分量的和：

1.個別 Y 值對平均值 $E(Y_p)$ 的變異數，其估計值為 s^2。

2.以 $\hat{y}_p$ 估計 $E(Y_p)$ 所產生的變異數，其估計值為 $s^2_{\hat{y}_p}$。

統計學家證出個別 y_p 的變異數估計值(記為 s^2_{ind})為：

$$s^2_{ind} = s^2 + s^2_{\hat{y}_p}$$

$$= s^2 + s^2\left[\frac{1}{n} + \frac{\left(x_p - \overline{x}\right)^2}{\sum x_i^2 - \left(\sum x_i\right)^2/n}\right]$$

$$= s^2\left[1 + \frac{1}{n} + \frac{\left(x_p - \overline{x}\right)^2}{\sum x_i^2 - \left(\sum x_i\right)^2/n}\right]$$

所以，個別值的標準差估計值為

$$s_{ind} = s\sqrt{1 + \frac{1}{n} + \frac{\left(x_p - \overline{x}\right)^2}{\sum x_i^2 - \left(\sum x_i\right)^2/n}} \qquad (15.22)$$

Y_p 的預測區間估計值如(15.23)式所示。

Y_p 的預測區間估計值

$$\hat{Y}_p \pm t_{\alpha/2} S_{ind} \qquad （15.23）$$

其中信賴係數爲 $1-\alpha$ 而 t 值的自由度爲 $n-2$。

15.6 殘差分析：檢定模型假設

迴歸分析中的每個觀察值都有殘差，其值爲因變數的觀察值 y_i 與由迴歸方程式預測而得的 $\hat{y}_i$ 值之差；第 i 個觀察值的殘差 $y_i - \hat{y}_i$ 是以估計迴歸方程式預測值 y_i 所產生的誤差之估計值。

殘差分析可用來檢定迴歸分析的前提假定是否成立。在15.4 節中，我們介紹過如何用假設檢定判斷一迴歸關係是否爲統計顯著，而這些假設檢定是以迴歸模型的前提假定爲基礎的。如果前提假定不成立，則假設檢定根本無效，也不能使用該估計迴歸方程式。然而，由於迴歸模型僅爲一種近似，所以如果只與前提假定稍有相違背，應不致影響模型之有效性。

在證實迴歸模型的前提假定是否成立時，需考慮兩個關鍵問題，一爲有關誤差項 ε 的四個前提假定是否滿足？另一爲我們所假定的模型形式是否合適？

迴歸分析的首要工作是對迴歸模型形式的前提假定。簡單線性迴歸模型的形式爲

$$Y = \beta_0 + \beta_1 X + \varepsilon$$

在這種形式之下，Y 是 X 的線性函數。而有關誤差項的前

提假定(參考 15.3 節)如下：

1. $E(\varepsilon) = 0$。

2. 對所有 x 值而言，ε 的變異數均為 σ^2。

3. ε 的值相互獨立。

4. 誤差項 ε 為一常態分配隨機變數。

　　欲驗證這些關於誤差項 ε 的前提假定是否成立，我們必須利用殘差來驗證這些前提假定是否合理。

　　由第一個前提假定可推導出迴歸方程式為

$$E(Y) = \beta_0 + \beta_1 X$$

此迴歸方程式顯現出 X 與 Y 的期望值 $E(Y)$ 之間的線性關係。若我們能證實該迴歸方程式可充份地代表自變數與因變數之間的關係，則該模型的形式前提假定為有效的。當然 X 與 Y 之間的真實關係可能為曲線關係且(或)需包括更多的自變數(多重迴歸)，我們將看到統計學家如何以殘差分析處理這類問題。

　　殘差 $y_i - \hat{y}_i$ 是 ε 的估計值；迴歸分析中如有 n 個觀察值，我們就有 n 個殘差。殘差圖可幫助我們判斷有關 ε 的前提假定是否滿足。三種最常見的殘差圖為：

1. 殘差對自變數 X 的圖。

2. 殘差對因變數的預測值 $\hat{y}$ 的圖。

3. 將殘差化為 z 分數(即減去其平均值，然後除以標準差)，再畫出標準化殘差的圖。

◎對 X 的殘差圖

　　對自變數 X 的殘差圖是將 x 放在橫軸，而將殘差放在縱軸。並對各觀察值，畫出殘差；橫坐標為 x_i，縱坐標為 $y_i - \hat{y}_i$。

如果對所有的 x 值而言，ε 的變異數均相等這個前提假定成立的話，殘差圖將會呈水平帶狀。

◎對 $\hat{y}$ 的殘差圖

對因變數的預測值之殘差圖是將預測值放在橫軸，而將各殘差值繪於所對應的 $\hat{y}_i$ 值上。對簡單線性迴歸而言，對 X 的殘差圖與對 $\hat{y}$ 的殘差圖提供相同的資訊。但在多元迴歸模型(多於一個自變數)中，較常使用 $\hat{y}$ 對的殘差圖。

◎標準化殘差

電腦套裝軟體提供的殘差圖多使用標準化殘差。正如我們在前面的章節所看到的，一隨機變數的標準化是減去其平均值，然後再除以其標準差。在最小平方法之下，殘差的平均值等於零。因此，僅將各殘差除以其標準差，即可得到標準化殘差。

統計證明顯示第 i 個殘差的標準差與 $s = \sqrt{MSE}$ 及對應的自變數之值有關。

第 i 個殘差的標準差

$$s_{y_i - \hat{y}_i} = \sqrt{s^2\left(1 - h_i\right)} \tag{15.24}$$

其中 $\qquad s_{y_i - \hat{y}_i}$ =第 i 個殘差的標準差

$$h_i = \frac{1}{n} + \frac{\left(X_i - \overline{X}\right)^2}{\sum X_i^2 - \left(\sum X_i\right)^2 / n} = \frac{1}{n} + \frac{\left(X_i - \overline{X}\right)^2}{\sum \left(X_i - \overline{X}\right)^2}$$

(15.24)式顯示，對應於不同x值的殘差其標準差亦不同。算出各殘差的標準差後，我們將各殘差除以其對應的標準差，而求得標準化殘差。

◎常態機率圖

另一種檢定誤差項是否爲常態分配的方法是建立常態機率圖。在說明如何建立常態機率圖之前，我們必須先介紹常態分數(normal score)的概念。

考慮由平均值爲 0 而標準差爲 1 的常態機率分配中隨機選取 10 個值之實驗。假如不斷重覆此實驗，並將各樣本中的 10 個值由小至大排序。讓我們先考慮各樣本裡的最小值；代表重覆抽樣中的最小觀察值之隨機變數即稱第一順序統計量(first-order statistic)。由於各樣本的第一順序統計量之值各異，其機率分配稱爲第一順序統計量的抽樣分配。

統計學家已證出，當樣本大小爲 10 時，第一順序統計量的期望值稱爲常態分數(normal score)大約爲-1.55。一般而言，如果一資料集包含 n 個觀察值，則有 n 個順序統計量，因此有 n 個常態分數。

15.7 殘差分析：異常值與具影響力的觀察值

本節中，將討論如何利用殘差分析認定異常值(outlier)或對估計迴歸方程式有特別影響的觀察值；並說明當發現這類觀察值後所需採取的步驟。

◎偵測異常值

異常值是值得懷疑的觀察值，所以需小心驗證；其可能爲錯誤的資料，果真如此，需修正該資料；也可能顯示模型前提假定不滿足，在此情況下，應考慮其他模型。最後，也有可能是偶爾發生的異常值；真是這種情形的話，應予保留。

我們也可以藉助標準化殘差來認定異常值。如果對應於一特定 x 的 y 值異常的大或小(似乎不遵從其他資料的趨勢)，則所對應之標準化殘差的絕對值將很大。很多電腦套裝軟體會自動偵測標準化殘差的絕對值很大之觀察值。

在決定如何處理異常值時，我們應先驗證其是否爲有效的觀察值。有時也許在開始記錄資料時就發生錯誤，有時也許是在輸入電腦系統時產生錯誤。

◎具影響力的觀察值之偵測

在迴歸分析中，有時候一個以上的觀察值對所得到的結果有很強的影響力。如果將具影響力的觀察值自資料集中除去，則估計迴歸線的斜率將由負變爲正，且 y 截距將變得較小。很明顯地，在決定估計迴歸線時，此一觀察值的影響力較其他觀察值來得大；將其他任一觀察值自資料集中除去，對估計迴歸方程式幾乎沒有影響。

當僅有一自變數時，由散佈圖可看出具影響力的觀察值。一具影響力的觀察值可能爲一異常值(其 y 值與趨勢偏離甚遠)，可能爲距離平均數很遠的 x 值所對應的觀察值，也可能是前二者的組合(y 值偏離趨勢且 x 值甚爲極端)。

由於具影響力的觀察值對估計迴歸方程式有此戲劇性的效應，所以我們必須謹慎檢視。首先，我們應該確定在收集或記錄資料時，並未發生任何錯誤。如果發生了錯誤，可將資料修正後，再建立新的估計迴歸方程式。在另一方面來說，若此觀察值是有效的，我們可自認爲是幸運的，因爲有了這一點，我們可更瞭解何者才是合適的模型，因而得到更佳的估計迴歸方程式。

具極端的自變數值之觀察值稱爲高槓桿效率點(high leverage point)。一觀察值的槓桿效率由自變數值與其平均值相距多遠而定。在單一自變數的情況下，第 i 個觀察值的槓桿效率 h_i 之計算公式如(15.25)所示。

第 i 組觀察值的槓桿效率

$$h_i = \frac{1}{n} + \frac{\left(X_i - \overline{X}\right)^2}{\sum\left(X_i - \overline{X}\right)^2} \qquad (15.25)$$

由公式可知，X_i 距其平均值 $\overline{X}$ 愈遠，則觀察值 i 的槓桿效率愈高。

一旦一觀察值因殘差過大或高槓桿效率，而被歸類爲可能具影響力的觀察值時，我們應評估其對估計迴歸方程式的衝擊。在更高深的教科書中會討論到如何做這方面的診斷。然而，如果我們對更高深的教材不熟悉，最簡單的程序就是分別對包含該觀察值與不包含該觀察值做迴歸分析。雖然較耗時，但是這種方法可揭露此觀察值對結果的影響。

＊EXCEL 應用（EXCEL 的六種迴歸線）

某教會牧師到任後一年間的拜訪次數與參與每月什一奉獻固定會友數量的資料如下。利用 EXCEL 畫出線性、對數、多項式、乘冪、指數、移動平均等六種迴歸線，並求出個別的 R^2 值。

STEP 1：如下圖將資料輸入一新工作表。

月份	拜訪次數	參與量(人)
1	12	14
2	7	22
3	13	27
4	15	27
5	17	28
6	20	30
7	18	35
8	23	39
9	20	46
10	33	65
11	28	70
12	30	70

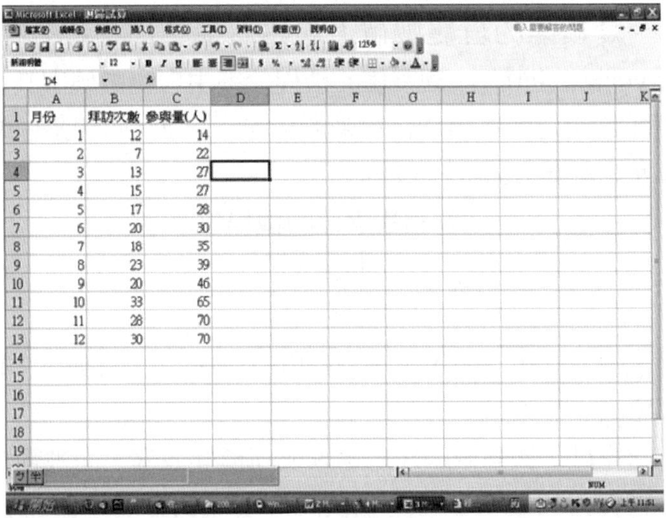

STEP 2：利用該數據之工作表，選取「插入」、「圖表」、類型選擇「XY 散佈圖」，後按「下一步」（如下圖）。

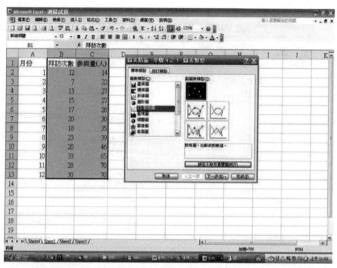

STEP 3：經過圖表精靈之各步驟後，出現如下圖之結果。

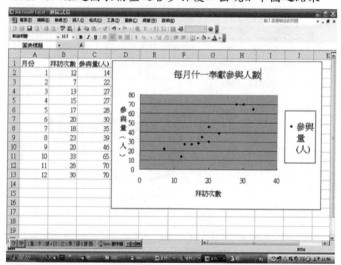

STEP 4：如下圖在資料點上按下滑屬右鍵，選取「加上趨勢線」。
STEP 5：出現「顯示趨勢線」的對話框，在類型上選取「線性」（這裡

有六種迴歸分析類型，其中移動平均適用於時間序列資料）。（如下圖）

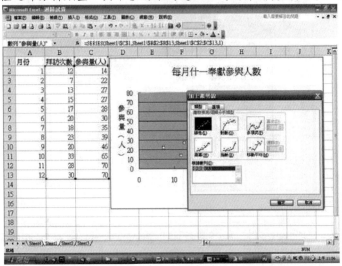

STEP 6：在「選項」中如下圖輸入適當的值，後按下「確定」。

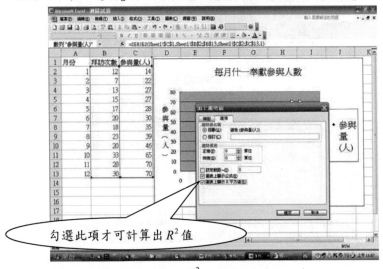

勾選此項才可計算出 R^2 值

STEP 7：出現如下圖的結果，R^2 值為 0.8419。

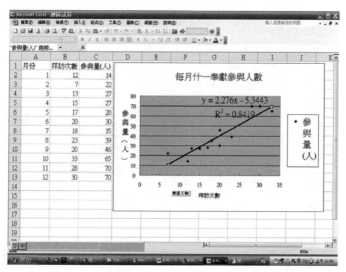

STEP 8：選定上圖中的迴歸線（以滑鼠在該迴歸線上按一次），然後連按兩次即可編輯。選取類型中的「對數」，即可產生如下圖的結果。

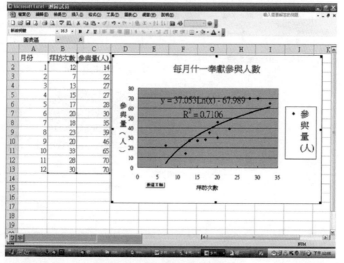

STEP 9：重複 STEP 8 的操作，趨勢線類型選擇「乘冪」，產生如下圖的結果。

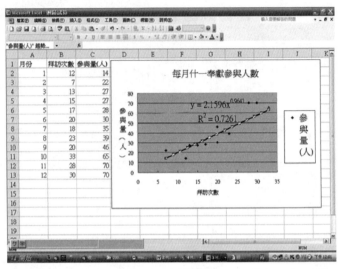

STEP 10：重複 STEP 8 的操作，趨勢線類型選擇「多項式」、冪次為 2（表示為二次多項式），產生如下圖的結果。

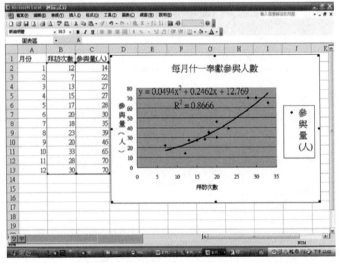

STEP 11：重複 STEP 8 的操作，趨勢線類型選擇「指數」，產生如下圖的結果。

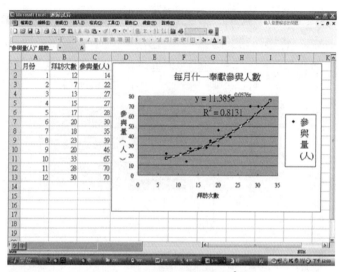

STEP 12：基本上，從以上 5 種趨勢線圖表的 R^2 值來看，以二次多項式的 R^2 值為最大（0.8666），其餘 4 個介於 0.71~0.85 之間，除了二次多項式之外，以線性的 R^2 值為最佳（0.8419）（使用線性模式較容易為大眾接受及自行運算）。

STEP 13：重複 STEP 8 的操作，趨勢線類型選擇「移動平均」、週期為2，產生如下圖的結果。

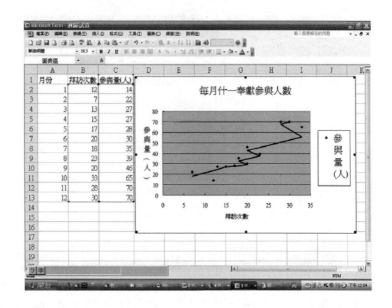

＊EXCEL 應用（線性迴歸）

　　以某教會牧師到任後一年間的拜訪次數與參與每月什一奉獻固定會友數量為資料，用 EXCEL 做出線性迴歸的方程式。

STEP 1：選定資料的工作表、並選取「工具」、「資料分析」、「迴歸」，後按下「確定」。

STEP 2：如下圖輸入適當的值，並選取一新工作表命名為「迴歸摘要」。

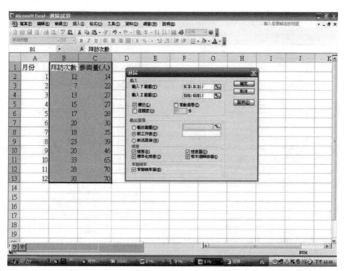

STEP 3：出現如下圖的結果；在摘要輸出中的「R 的倍數」其實是 R（R^2 的開根號），至於「標準誤」就是估計標準誤。在 ANOVA 的摘要表裡，迴歸平方和 SS_{reg} 為 3422.32，殘差平方和 SS_e 為 642.59，總平方和為 4064.92，各自除以其本身的自由度，即為均方 MS；將迴歸的 MS 除以殘差的 MS 即可得 F 值；這個 F 值代表著迴歸線的變異是否遠大於殘差的變異，如果 F 值是顯著的話，表示這一條迴歸線比用平均數來做預測還要好；若不顯著的話，就表示用這條迴歸線來做預測跟用平均數來做預測是差不多的，這裡的 F 顯著值為 0.000026，已達到 0.001 的顯著水準，所以我們說這條迴歸線是有效的。

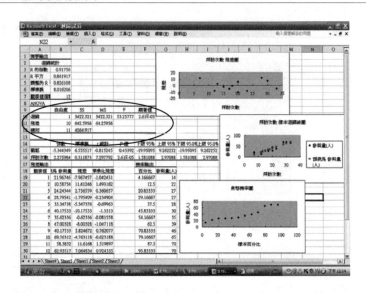

⚡15.8 相關分析

　　在許多調查研究中，我們常常需要就實驗中的每一實驗單位觀察兩個或兩個以上的變數，以決定是否可以從其他的變數衡量預測另一主要變數的情形。相關分析是利用來衡量兩個隨機變數之間"直線關係"的方向與強弱程度。

　　正如我們在本章的簡介中所提到，在某些狀況下，決策制定者對二變數之關係的方程式的關切，可能不如其對二變數之關係程度的關切。在這種情形下，我們可以使用相關分析來決定二變數之間關係的強度（在相關分析裡，X 與 Y 均假設為隨機變數）。相關分析的結果為一稱為相關係數(correlation coefficient)的數字。由於其定義，相關係數的值恆介於-1 與+1

之間。+1 表示 X 與 Y 爲完全正向線性相關；換包話說，所有的點落於斜率爲正的直線上。-1 表示 X 與 Y 爲完全負向線性相關；換句話說，所有的點落於斜率爲負的直線上。若相關係數的值非常接近零，則表示 X 與 Y 無線性關係。

◎共變異數

樣本共變異數(sample covariance)的定義式如下：

樣本共變異數

$$s_{XY} = \frac{\sum (X_i - \overline{X})(Y_i - \overline{Y})}{n-1}$$ （15.26）

在本公式中，各個 x_i 值均與一個 y_i 值配對。先計算 x_i 對其樣本平均數 $\overline{x}$ 之離差與所對應的 y_i 對其樣本平均數 $\overline{y}$ 之離差的乘積，然後對這些乘積加總，最後再除以 $n-1$。

母體大小爲 N 時共變異數計算公式與(15.26)式類似，但我們使用不同的符號以表明處理的是整個母體。

母體共變異數

$$\sigma_{XY} = \frac{\sum (X_i - \mu_X)(Y_i - \mu_Y)}{N}$$ （15.27）

在(15.27)式中，μ_X 爲變數 X 的母體平均數，而 μ_Y 爲變數 Y 的母體平均數。樣本共變異數 s_{XY} 爲以樣本大小爲 n 的樣本爲基礎的母體共變異數 σ_{XY} 之估計值。

◎相關係數

對樣本資料而言，皮爾森積矩相關係數(Pearson Product Moment correlation coefficient)的定義如下：

皮爾森積矩相關係數：樣本資料

$$\gamma_{XY} = \frac{s_{XY}}{s_X s_Y}$$ （15.28）

其中

γ_{XY} ＝樣本相關係數

s_{XY} ＝樣本共變異數

s_X ＝ X 的樣本標準差

s_Y ＝ Y 的樣本標準差

(15.28)式顯示樣本資料的皮爾森積矩相關係數(一般簡稱為樣本相關係數})為樣本共變異數除以 X 的標準差與 Y 的標準差之乘積。

當使用計算機計算樣本相關係數時，我們較常用(15.29)式。因為在該式中，不需要計算各個 $x_i - \bar{x}$ 與 $y_i - \bar{y}$ 之離差，因而四捨五入所產生的誤差較少。

皮爾森積矩相關係數：樣本資料，替代公式

$$\gamma_{XY} = \frac{\sum X_i Y_i - \left(\sum X_i \sum Y_i\right)/n}{\sqrt{\sum X_i^2 - \left(\sum X_i\right)^2/n}\sqrt{\sum Y_i^2 - \left(\sum Y_i\right)^2/n}}$$ （15.29）

(15.28)式與(15.29)式在代數上是相等的。

母體相關係數 ρ_{XY} (rho 希臘字母，發音與"row"相同)的計算公式如下：

皮爾森積矩相關係數：母體資料

$$\rho_{XY} = \frac{\sigma_{XY}}{\sigma_X \sigma_Y} \qquad (15.30)$$

其中

ρ_{XY} =母體相關係數

σ_{XY} =母體共變異數

σ_X = X 的母體標準差

σ_Y = Y 的母體標準差

樣本相關係數 γ_{XY} 為母體相關係數 ρ_{XY} 的估計值。

◎由迴歸分析結果決定樣本相關係數

假設最小平方估計迴歸方程式為 $\hat{Y} = b_0 + b_1 X$，則可利用下述二公式之一計算樣本相關係數：

樣本相關係數

$$\gamma_{XY} = (b_1 \text{的正負號})\sqrt{\text{判定係數}} \qquad (15.31)$$

$$\gamma_{XY} = b_1 \left(\frac{s_X}{s_Y} \right) \qquad (15.32)$$

其中

b_1 =估計迴歸方程式的斜率

s_X = X 的樣本標準差

s_Y = Y 的樣本標準差

我們注意到樣本相關係數的正負號與估計迴歸方程式之斜率 b_1 的正負號相同。

＊ EXCEL 應用（相關）

　　爲了解某教會牧師到任後一年間的拜訪次數與參與每月什一奉獻固定會友數量之相關程度，記錄了一年來的各月資料，並利用 EXCEL 計算其共變異數及相關係數。

STEP 1：如下圖將資料建於一新工作表，並選取「工具」、「資料分析」、「共變數」，後按下「確定」。

STEP 2：接著出現共變數的對話框，如下圖輸入適當值，並選取輸出新工作表，命名為「共變數結果」，後按下「確定」。

STEP 3：出現如下圖的結果。表中 55.06 與 338.74 分別是 "拜訪次數"
與 "參與量(人)" 的變異數，而 125.3 則是兩變項間的「母體」共變數。
但由於 Excel 預設的計算式中，分母是 N，而非 N-1，因此我們還需要
將這些數字再乘以 N/(N-1)來校正。

	A	B	C	D	E
1		拜訪次數	參與量(人)		
2	拜訪次數	55.05555556			
3	參與量(人)	125.3055556	338.7430556		
4					
5					
6					
7					
8					
9					
10					
11					
12					

STEP 4：再回到原來的資料工作表上，選取「工具」、「資料分析」、「相關係數」，後按下「確定」。

STEP 5：如下圖輸入適當值，並選取一新工作表並命名為「相關係數表」。

STEP 6：出現如下圖的結果；該教會牧師的拜訪次數的變異數為 55.06 × 12/11 ＝ 60.07，參與量之變異數為 369.53，他們的共變異數為 136.70，相關係數為 0.92，從相關係數得知，拜訪次數與參與量之關聯強度為 0.92。

◎顯著性檢定

　　樣本相關係數是母體相關係數的點估計式，以 ρ_{XY} 代表母體相關係數，則可進行下述的假設檢定：

$$H_0：\rho_{XY} = 0$$
$$H_1：\rho_{XY} \neq 0$$

以檢定 X 與 Y 之間的線性關係之顯著性，我們可證明檢定上述假設與檢定迴歸方程式的斜率 β_1 之顯著性爲相同的。而後者之假設爲

$$H_0：\beta_1 = 0$$
$$H_1：\beta_1 \neq 0$$

統計學家已建立一檢定程序檢定下述假設，但不需借助迴歸研究：

$$H_0：\rho_{XY} = 0$$

$$H_1 : \rho_{XY} \neq 0$$

統計結果證明，若 H_0 爲真，則

$\gamma_{XY} \sqrt{\dfrac{n-2}{1-\gamma_{XY}^2}}$ 的值爲自由度爲 $n-2$ 的 t 分配。

＊EXCEL 應用（相關係數的假設檢定）

假設我們抽樣 10 人，發現 8 歲體重與 20 歲體重的相關係數 γ 是 0.8，但說不定母體的相關係數 γ 是 0，也有可能因爲抽樣誤差，而產生相關係數爲 0.8。因此要進行相關係數的假設檢定。

◎母體相關係數 ρ 等於 0

如果我們從 ρ 等於 0 的母體裡，隨機抽樣，計算這個樣本的相關係數 γ，當樣本數很大時（如大於 30），且這兩個變項爲雙變項常態分配，樣本相關係數的檢定就可以用 z 檢定。即

$z = \dfrac{r}{\sqrt{1/N}} = \dfrac{0.80}{\sqrt{1/10}} = 2.53$。這個求得的 z 值大於雙尾檢定的臨界值 1.65，和單尾檢定的臨界值 1.65。因此，我們可以說母體的相關係數不是 0。換句話說，8 歲的體重與 20 歲的體重的確有相關。因爲樣本數只有 10，嚴格說來並不適用於 z 檢定，而要用以下的 t 檢定，即 $t = \dfrac{r}{\sqrt{\dfrac{1-r^2}{N-2}}} = \dfrac{0.80}{\sqrt{\dfrac{1-0.80^2}{10-2}}} = 3.77$。這個求得

的 t 值大於自由度爲 8 的 t 分配的雙尾臨界值 2.31，或單尾檢定的臨界值 1.86；因此，我們可以宣稱母體的相關係數不是 0。

◎母體相關係數 ρ 等於不是某個不是 0 的值

如果母體的相關係數不是 0，那麼就要經過 Fisher 的 z 轉換，才能進行假設檢定，例如有理論或是前人的研究指出母體的相關係數為 0.6，要檢定這個假設是否成立，我們可利用

EXCEL 中的統計函數「FISHER」來進行 z 轉換。

STEP 1：在 EXCEL 工作表中，將位址移至任一空白位址上，然後選取「插入」、「函數」、「統計」、「FISHER」，如下圖輸入適當的值，即可得計算結果 1.10。

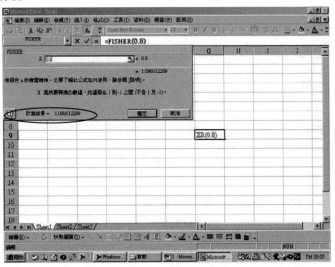

STEP 2：仿照 STEP 1 的作法，將 0.6 經過 Fisher 的 z 轉換，計算結果為 0.69。

STEP 3：

$$z = \frac{z_r - z_p}{\sqrt{\dfrac{1}{N-3}}} = \frac{1.10 - 0.69}{\sqrt{\dfrac{1}{10-3}}} = 1.08$$

STEP 4：這個 z 值並沒有超過 0.05 顯著水準的雙尾臨界值 ±1.96 或單尾的 ±1.65 ；因此可說母體的相關為 0.60。

範例

實例一

為了了解【小時候胖不是胖？】，我們紀錄了 10 位受試者，8 歲的體重和他們 20 歲的體重如下：

8 歲	20 歲
31	55
25	44
29	55
20	51
40	85
32	57
27	59
33	60
28	66
21	49

請問其共變異數和相關係數是多少？

1. 選取【共變數】：

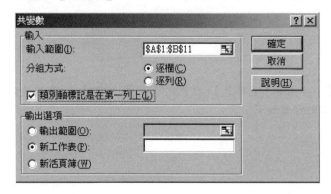

2. 結果如下：

	8 歲	20 歲
8 歲	31.44	
20 歲	47.74	114.29

3. 選【相關係數】。

4. 結果

	8 歲	20 歲
8 歲	1	
20 歲	0.796411	1

5. 由上列兩表中可看出共變異數是 47.74，相關係數為 0.80。從相關係數可看出，8 歲的體重和 20 歲的體重的關聯很大。因此【小時後胖，長大大概還是胖】。

接著，我們畫出線性迴歸線。

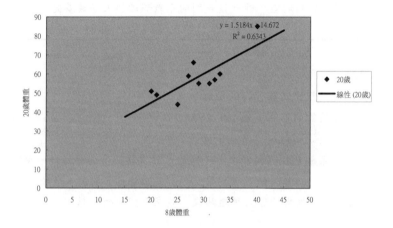

宗教統計小常識

您知道在台閩地區，那一種類別的宗教辦理的大學最多呢？

A：至民國 94 年統計為佛教 5 所

習題

15.1 請說明迴歸分析的功用？

15.2 請說明何謂"最小平方法"？

15.3 請說明何謂"殘差分析"？

15.4 某教會牧師到任後一年間的拜訪次數與參與每月什一奉獻固定會友數量的資料如下。利用 EXCEL 畫出線性、對數、多項式、乘冪、指數、移動平均等六種迴歸線，並求出個別的 R^2 值。

月份	拜訪次數	參與量(人)
1	15	13
2	8	20
3	11	26
4	17	25
5	18	27
6	21	31
7	20	35
8	26	37
9	21	40
10	30	55
11	31	64
12	32	70

15.5 以上題某教會牧師到任後一年間的拜訪次數與參與每月什一奉獻固定會友數量為資料，用 EXCEL 做出線性迴歸的方程式。

15.6 請說明相關分析的功用？

15.7 請說明何謂"共變異數"？

15.8 請說明何謂"相關係數"？

15.9 為了解某教會牧師到任後一年間的拜訪次數與參與每月什一奉獻固定會友數量之相關程度，請使用題15.4的資料，利用 EXCEL 計算其共變異數及相關係數。

15.10 假設我們抽樣 10 人，發現 8 歲體重與 20 歲體重如下表所示，請問其共變異數和相關係數是多少？

8 歲	20 歲
30	54
25	40
29	56
20	50
40	87
32	67
27	55
33	58
28	64
21	45

第十六章 多元迴歸

16.1 多元迴歸模型與其前提假定

多元迴歸分析的機率模型是前一章的簡單線性迴歸模型的推廣。試考慮與某一新產品在一地區的銷售量 Y 有關之情況。假設我們相信銷售量是和該地區的人口數 X_1 與平均可支用所得 X_2 有關,且其迴歸模型如下:

$$Y = \beta_0 + \beta_1 X_1 + \beta_2 X_2 + \varepsilon \tag{16.1}$$

(16.1)的關係式是包括兩個自變數的多元迴歸模型 (multiple regression model)。我們注意到,如果 $\beta_2 = 0$,則 X_2 與 Y 無關,因此,該多元迴歸模型簡化為第十五章所討論的單一自變數的模型;亦即 $Y = \beta_0 + \beta_1 X_1 + \varepsilon$。

只要在(16.1)式多加幾項,則可擴展為 p 個自變數的情況。其通式如(16.2)式所示:

多元迴歸模型

$$Y = \beta_0 + \beta_1 X_1 + \cdots + \beta_p X_p + \varepsilon \tag{16.2}$$

注意的是如果 $\beta_3, \beta_4, \cdots, \beta_p$ 全為 0，(16.2)式便成為了(16.1)式中的兩個自變數之多元迴歸模型。

在第十五章中對於誤差項 ε 所做的前提假定依然適用於多元迴歸分析中：

在迴歸模型 $Y = \beta_0 + \beta_1 X_1 + \cdots + \beta_p X_p + \varepsilon$ 中，關於誤差項 ε 的前提假定

1.誤差 ε 為平均數或期望值是零的隨機變數；亦即 $E(\varepsilon) = 0$。

涵示：對給定 $x_1, x_2, x_3, \cdots, x_p$ 值，Y 的期望值為

$$E(Y) = \beta_0 + \beta_1 x_1 + \cdots + \beta_p x_p \tag{16.3}$$

(16.3)式稱為多元迴歸方程式(multiple regression equation)。在此方程式中，$E(Y)$ 代表對給定值 $x_1, x_2, x_3, \cdots, x_p$ 值而言，所有可能的 Y 值之平均。

2.對所有自變數值 $x_1, x_2, x_3, \cdots, x_p$ 而言，ε 的變異數恆等於 σ^2。

涵示：對所有的 $x_1, x_2, x_3, \cdots, x_p$ 值而言，Y 的變異數恆等於 σ^2。

3.ε 的值相互獨立。

涵示：某一組特定自變數值的誤差大小與另一組值的誤差大小無關。

4.誤差 ε 為反應 Y 值與 Y 的期望值 $\beta_0 + \beta_1 x_1 + \cdots + \beta_p x_p$ 之間的離差之常態分配隨機變數。

涵示：由於 $\beta_0, \beta_1, \cdots, \beta_p$ 為常數，所以對給定值 $x_1, x_2, x_3, \cdots, x_p$ 而言，因變數 Y 亦為常態分配隨機變數。

為了更瞭解(16.3)式的關係形式，暫時先考慮下列的含二自變數之多元迴歸方程式：

$$E(Y) = \beta_0 + \beta_1 x_1 + \beta_2 x_2 \tag{16.4}$$

在三度空間中，此方程式的圖形是一個平面。

在迴歸分析中，常以反應變數(response variable)這個名詞取代因變數。而且由於多元迴歸方程式產生一個平面或曲面，所以其圖形稱為反應曲面。

在前一章中，我們利用最小平方法建立簡單線性迴歸模型中 β_0、β_1 的估計值。在多元迴歸分析中，亦使用最小平方法建立參數 $\beta_0, \beta_1, \cdots, \beta_p$ 的估計值；這些估計值記為 $b_0, b_1, \cdots, b_p$，而其對應的估計迴歸方程式如下：

估計迴歸方程式

$$\hat{Y} = b_0 + b_1 X_1 + b_2 X_2 + \cdots + b_p X_p \tag{16.5}$$

此時，我們開始看出多元迴歸分析的概念與前章所述的概念之相似處。簡單線性迴歸的概念可推廣至多於一個自變數的情形。

16.2 建立估計迴歸方程式

◎多元迴歸與最小平方準則

在第十五章中，我們討論過如何利用最小平方法，找出描述自變數與因變數之間的近似關係之直線。最小平方法的準則如(16.6)所示：

最小平方準則

$$\min \sum \left(y_i - \hat{y}_i \right)^2 \tag{16.7}$$

其中

$$y_i = 因變數第 i 個觀察值$$

$$\hat{y}_i = 因變數第 i 估計值$$

此準則仍可適用於多元迴歸的情況下。

◎迴歸係數的解釋

在簡單線性迴歸裡，我們將 b_1 解釋為當自變數變動一單位時，所對應的 y 變化量。在多元迴歸分析裡，應對此解釋做些許修正，各迴歸係數的解釋如下：b_i 代表當其他的自變數均為固定時，x_i 的一單位變化量所對應的 y 變化量之估計值。

16.3 決定適合度

在第十五章中，我們用判定係數(r^2)評估迴歸關係的適合度，而 r^2 的計算為

$$r^2 = \frac{SSR}{SST}$$

在多元迴歸分析中，我們計算一個類似量，稱為多元判定係數(multiple coefficient of determination)。

多元判定係數

$$R^2 = \frac{SSR}{SST} \tag{16.8}$$

乘上 100 之後，多元判定係數代表由估計迴歸方程式所說明的 Y 變異量之百分比。

許多分析家建議以自變數個數調整 R^2，以避免高估增加一自變數對可說明之變異量的影響。此調整多元判定係數 (adjusted multiple coefficient of determination)之計算如下：

調整多元判定係數

$$R_a^2 = 1 - \left(1 - R^2\right)\frac{n-1}{n-p-1}$$

（16.9）

如果 R^2 值過小，而模型中包含過多的自變數，則調整多元判定係數可能為負值。

16.4 顯著關係的檢定

一般的 ANOVA 表與 F 檢定

判定顯著關係是否存在之檢定為

H_0：$\beta_1 = \beta_2 = \beta_3 = \cdots = \beta_p = 0$

H_1：一個（含）以上的參數不等於零

若我們拒絕 H_0，則我們可下結論說顯著關係存在，且該估計迴歸方程式在預測或解釋因變數 Y 時非常有助益。

含 p 個自變數的多元迴歸模型之 ANOVA 表其一般形式如表 16.1 所示。與二變數情況的唯一不同是 SSR 與 SSE 所對應的自由度。此處，迴歸平方和的自由度為對應於 p 個自變數之 p；因此

$$MSR = \frac{SSR}{p}$$

（16.10）

除此以外，誤差平方和的自由度為 $n-p-1$，所以

$$MSE = \frac{SSE}{n-p-1} \tag{16.11}$$

因此，含 p 個自變數的情況之 F 檢定如下所示：

$$F = \frac{MSR}{MSE} = \frac{SSR/p}{SSE/(n-p-1)} \tag{16.12}$$

在查閱 F 分配的臨界值時，分子的自由度為 p 而分母的自由度為 $n-p-1$。正如我們前面所說的，在比較 F 統計量與臨界值之後，可決定是否拒絕 H_0。

表 16.1　含 p 個自變數的多元迴歸模型之 ANOVA 表

來源	平方和	自由度	均方	F
迴歸	SSR	p	$MSR = \dfrac{SSR}{p}$	$F = \dfrac{MSR}{MSE}$
誤差	SSE	$n-p-1$	$MSE = \dfrac{SSE}{n-p-1}$	
合計	SST	$n-1$		

◎個別參數的顯著性之 t 檢定

若使用 F 檢定後，我們的結論是該多元迴歸關係為顯著的 (也就是說，至少有一個 $\beta_i \neq 0$)，通常欲探究到底那些個別參數 β_i 為顯著，t 檢定即為檢定個別參數之顯著性的統計方法。

對各自變數的係數而言，其統計假設為

$$H_0 : \beta_i = 0$$
$$H_1 : \beta_i \neq 0$$

在第十五章中，我們學到僅含一自變數的情形的檢定，其假設為：

$$H_0 : \beta_1 = 0$$
$$H_1 : \beta_1 \neq 0$$

為檢定這些假設,我們計算樣本統計量 b_1/s_{b_1},其中 b_1 為 β_1 的最小平方估計值而 s_{b_1} 為 b_1 的抽樣分配之標準差的估計值。我們已經知道 b_1/s_{b_1} 的抽樣分配服從自由度為 $n-2$ 的 t 分配,因此在進行本假設檢定時,我們利用下述的拒絕法則:

若 $b_1/s_{b_1} > t_{\alpha/2}$ 或若 $b_1/s_{b_1} < -t_{\alpha/2}$ 則拒絕 H_0

多元迴歸的個別參數之檢定程序基本上是相同的,其差別僅在於 t 分配的自由度與 s_{b_1} 的計算公式。其自由度等於誤差平方和的自由度,也就是說,其自由度為 $n-p-1$,其中 P 為自變數的個數(註:在單一自變數的情況下,此式即為第十四章的 $n-2$ 之自由度)。s_{b_1} 的公式稍嫌複雜,所以不在此處介紹,但大多數的電腦套裝軟體均可計算並列印 s_{b_1} 值。

◎多重共線性

在迴歸分析中,我們以自變數這個名詞代表用來預測或解釋因變數值的任何變數;然而在任何統計意義上,此名詞並不代表自變數之間為相互獨立的。事實上,多元迴歸問題中的多數自變數間均有某種程度的相關。在多元迴歸分析中,我們以多重共線性(multicollinearity)這個名詞來表示自變數之間的關聯性。

多重共線性在進行個別參數的顯著性之 t 檢定所引發之難題是,當整個多元迴歸方程式的 F 檢定顯示出顯著關係時,個別參數的檢定結論可能無一為顯著不等於零。然而當自變數間僅為輕度相關時,此問題就可避免。

　　一般而言，多重共線性並不影響迴歸分析的進行方式或報表的解釋；但當多重共線性很嚴重時—也就是說，當二個(含)以上的自變數為高度相關時—在說明個別參數的 t 檢定結果時，將遭遇困難。除了前述的問題之外，嚴重的多重共線性更可導致最小平方估計值的符號錯誤；也就是說，在模擬研究中，研究人員建立迴歸模型，然後以最小平方法求得 β_0、β_1 與 β_2 的估計值時，發現在高度多重共線性時，最小平方估計值甚至產生與所估計的參數相反的符號。舉例而言，β_2 的實際值可能為+10，而其估計值 b_2，可能變成-2。因此，如果多重共線性相當高時，我們不可過度信任個別係數。統計學家發展出數個檢定方法，以判斷多重共線性是否高得足以引起這些類型的問題。其中較簡單的一種，稱之為經驗法則檢定法，認為若任二自變數的樣本相關係數之絕對值大於 0.7，則多重共線性為潛在的問題。若有可能的話，應儘可能避免包含高度相關的自變數在內；然而，在實務上，卻很難嚴格地遵守此法則。所以，當有理由相信高度多重共線性存在時，因為很難區分個別自變數對因變數的效應，決策者應謹慎行事。

16.5 估計與預測

　　估計多元迴歸中 Y 的平均值及預測 Y 的個別值，與含一自變數的迴歸分析之情況相類似。首先，回憶在第十五章中我們曾介紹過，對一給定的 X 值，Y 的期望之點估計值即為 Y 的個別值之點估計值。在兩者情況下，我們以 $\hat{y} = b_0 + b_1 x$ 為其點估計值。

在多元迴歸中，我們使用相同的程序。也就是說，我們將給定的 $x_1, x_2, x_3, \cdots, x_p$ 值代入估計迴歸方程式裡，而後以對應的 $\hat{y}$ 值做為點估計值。

建立 Y 的平均值與 Y 的個別值之區間估計值的程序，與含一自變數的迴歸分析之情況相類似，然而其公式超出本書的範圍。但是一旦使用者給定 $x_1, x_2, x_3, \cdots, x_p$ 值後，多元迴歸分析的電腦套裝軟體多能提供信賴區間。

16.6 定性變數的使用

到目前為止，我們用以建立迴歸模型的變數均為定量變數；也就是說，係以多少來度量之變數。然而，我們常常需要使用不是以這種形式為度量之變數，此種變數稱為定性變數 (qualitative variable)。舉例而言，假設我們欲預測某產品的瓶裝與罐裝的銷售量。很明顯地，自變數「容器類型」可能影響因變數「銷售量」；但是容器類型為定性變數，而非定量變數。定性變數並無多少的自然衡量尺度，而是以某屬性是否存在來區分的。

16.7 殘差分析

在第十五章中，我們介紹如何利用殘差圖判定有關誤差項的前提假定與模型形態是否適切。在多元迴歸中，這些相同的方法可用來驗證有關模型的前提假定，並提供關於配適的最小平方方程式之適合度的資訊。

在 16.4 節所討論的檢定是以 16.1 節的誤差項 ε 之前提假定，與母體迴歸方程式爲 $E(Y) = \beta_0 + \beta_1 X_1 + \cdots + \beta_p X_p$ 的線性形式之假設爲基礎的。我們可用殘差分析驗證模型假定是否滿足。除此以外，殘差分析可告訴我們是否另一種型態的模型(例如，更多變數或不同之函數形式)將更適合所觀察到的關係。

在簡單線性迴歸中，我們曾說明如何以對自變數 X 的殘差圖與對預測值 $\hat{Y}$ 的殘差圖判斷有關誤差項的前提假定是否適切。在多元迴歸分析中，我們也可畫這些圖並做類似的解釋；惟在多元迴歸中，可建立對多於一個的自變數之圖形。統計學家通常先檢視對 $\hat{Y}$ 的殘差圖，若有必要，再檢視對自變數的殘差圖。

在第十五章中，我們指出許多統計套裝軟體所提供的殘差圖是使用標準化殘差。對簡單線性迴歸而言，第 i 個標準化殘差定義如下：

標準化殘差

$$\frac{Y_i - \hat{Y}_i}{S\sqrt{1 - h_i}} \tag{16.13}$$

其中

$$h_i = \frac{1}{n} + \frac{\left(X_i - \overline{X}\right)^2}{\sum \left(X_i - \overline{X}\right)^2} \tag{16.14}$$

前段的論述也適用於由標準化殘差所建立的殘差圖上。

預測值、殘差與標準化殘差的計算太過複雜，以致無法手算。若使用如 Minitab 這類統計套裝軟體，則這些值爲標準迴歸分析報表的一部分。

◎異常值

異常值為不遵循其餘資料的趨勢之資料點(觀察值)。在第十五章中,我們曾說明如何以標準化殘差辨識資料集裡的異常值。若異常值存在的話,估計迴歸方程式的適合度將較無異常值時低,且估計值的標準誤 s 的值將較大。由於 s 出現在(16.13)式的分母中,所以當 s 增加時,標準化殘差將變小。因此,即使是殘差為異常的大,使用標準化殘差可能無法偵測出異常值的存在。克服這類問題的一種方法是使用 t 值化刪除殘差(studentized deleted residual)。

◎使用 t 值化刪除殘差辨識異常值

假定由資料集中刪除第 i 個觀察值,並建立新的迴歸方程式。將第 i 個觀察值去除之後,以 $s_{(i)}$ 表示新的估計值之標準誤。若以 $s_{(i)}$ 替代 s 來計算原資料集的標準化殘差,所求得之值即為所謂的 t 值化刪除殘差。

t 值化刪除殘差

$$\frac{Y_i - \hat{Y_i}}{S_{(i)}\sqrt{1 - h_i}} \qquad (16.15)$$

如果第 i 個觀察值為一異常值,則刪除此觀察值將使估計值之標準誤減小;也就是說, $s_{(i)} < s$ 。由於係以 $s_{(i)}$ 計算第 i 個 t 值化刪除殘差,第 i 個 t 值化殘差的絕對值將大於標準化殘差的絕對值。

◎具影響力的觀察值

在十五章中，我們討論過如何以槓桿效率辨識那一個自變數觀察值對所求得結果有強烈影響力。在簡單線性迴歸的情況下，第 i 個觀察值之槓桿效率定義如下：

第 i 個觀察值的槓桿效率

$$h_i = \frac{1}{n} + \frac{(X_i - \overline{X})^2}{\sum(X_i - \overline{X})^2}$$

（16.16）

在多元迴歸分析中，我們亦以槓桿效率辨識對係數有強烈影響力之觀察值。

◎以柯克（Cook）距離度量辨識具影響力的觀察值

使用槓桿效率辨識具影響力的觀察值所可能產生的問題是，被認定為高槓桿效率的觀察值未必對所求得的估計迴歸方程式具影響力。。

柯克距離度量(Cook's distance measure)使用殘差值與槓桿效率值二者判定一觀察值是否為具影響力的。

柯克距離度量

$$D_i = \frac{\left(Y_i - \hat{Y}_i\right)^2}{(p+1)s^2}\left[\frac{h_i}{(1-h_i)^2}\right]$$

（16.17）

其中

p =自變數個數

s^2 =估計值(以所有 n 個觀察值建立)之變異數

h_i =第 i 個觀察值之槓桿效率(以所有 n 個觀察值建立)

我們注意到 D_i 值與第 i 個殘差值 $y_i - \hat{y}_i$ 及第 i 個觀察值的槓桿效率 h_i 有關。因此,若殘差很大且槓桿效率值很小,殘差很小且槓桿效率值很大,或殘差很大且槓桿效率值很大,則第 i 個觀察值可能為具影響力的。依經驗而言,若 D_i 值大於 1,則我們可下結論說第 i 個觀察值為具影響力的,應進一步研究。

欲判定柯克距離度量 D_i 是否大得足以下結論說第 i 個觀察值為具影響力的,我們也可將 D_i 值與分子自由度為 $p+1$ 而分母自由度為 $n-p-1$ 的 F 分配之第 50 個百分位數(記為 $F_{0.50}$)做一比較。可查閱對應於 50%顯著水準之 F 表而得 $F_{0.50}$ 的值。我們所提供的經驗法則($D_i > 1$)係根據該表值大都非常接近 1 這個事實而定的。

EXCEL 應用（複迴歸）

我們想用某教會牧師到任後一年間的:拜訪次數、主日崇拜人數、與教會外展服務的次數,來預測（參與每月什一奉獻固定會友數量）。

STEP 1:如下圖,將資料建於一新工作表並命名為「複迴歸資料」。

STEP 2：選取「工具」、「資料分析」、「迴歸」，後按下「確定」；接著如下圖輸入各適當的值。

STEP 3：輸入完後，出現如下圖的結果。

STEP 4：得 R^2 值為 0.92，顯然比前一章一元迴歸的 R^2 值要來的大（因為解釋的變數增加為三個）。同樣 F 顯著值亦達到 0.05 的顯著水準，表示這條迴歸是有效的。

	A	B	C	D	E	F	G	H	I	J
1	摘要輸出									
2		迴歸統計								
3	R 的倍數	0.9570771								
4	R 平方	0.9159965								
5	調整的 R 平方	0.8844952								
6	標準誤	6.5332541								
7	觀察值個數	12								
8										
9	ANOVA									
10		自由度	SS	MS	F	顯著值				
11	迴歸	3	3723.4494	1241.1498	29.078038	0.0001184				
12	殘差	8	341.46728	42.68341						
13	總和	11	4064.9167							
14										
15		係數	標準誤	t 統計	P-值	下限 95%	上限 95%	下限 95.0%	上限 95.0%	
16	截距	-17.47749	38.364978	-0.455559	0.6608177	-105.9473	70.992304	-105.9473	70.992304	
17	拜訪次數	1.0947978	0.7764739	1.4099608	0.1962238	-0.695754	2.8853498	-0.695754	2.8853498	
18	主日崇拜人數	0.1218642	0.7551762	0.1613719	0.8758014	-1.619575	1.8633036	-1.619575	1.8633036	
19	外展服務次數	2.1594794	0.8152152	2.6489685	0.0293027	0.2795898	4.0393691	0.2795898	4.0393691	

＊EXCEL 應用（模式的選擇）

　　從第 331 頁下圖我們可得到一條含有三個變項及截距的迴歸線方程式（又稱為模式），我們也許會考慮這條方程式能不能簡單一些而又不失其精確度，換句話說，我們可以將一些比較不是那麼重要的變項去除掉。刪除的方法就是看這些迴歸係數的 t 檢定；通常即使截距的檢定未達顯著水準的話「P 值大於 0.05」，也不會將它從模式中刪除。從這五個變項的 t 檢定中，可以發現主日崇拜人數的 P 值最大，所以先行刪除，再作迴歸分析。

STEP 1：選取「複迴歸資料」的工作表。
STEP 2：選取選取「工具」、「資料分析」、「迴歸」，後按下「確定」；接著如下圖輸入各適當的值。

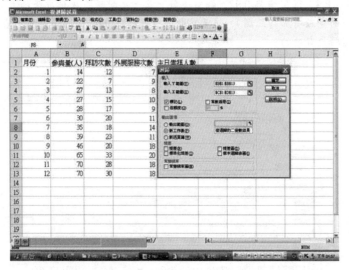

STEP 3：按下「確定」後可得下圖的結果。

摘要輸出	
迴歸統計	
R 的倍數	0.9569342
R 平方	0.915723
調整的 R 平方	0.8969948
標準誤	6.169628
觀察值個數	12

ANOVA

	自由度	SS	MS	F	顯著值
迴歸	2	3722.3379	1861.1689	48.895381	1.465E-05
殘差	9	342.57879	38.06431		
總和	11	4064.9167			

	係數	標準誤	t 統計	P-值	下限 95%	上限 95%	下限 95.0%	上限 95.0%
截距	-11.35773	5.4812482	-2.072106	0.0681312	-23.75717	1.0417158	-23.75717	1.0417158
拜訪次數	1.193154	0.4542877	2.6264283	0.0275193	0.1654839	2.2208241	0.1654839	2.2208241
外展服務次數	2.141885	0.7629259	2.8074616	0.0204617	0.4160268	3.8677432	0.4160268	3.8677432

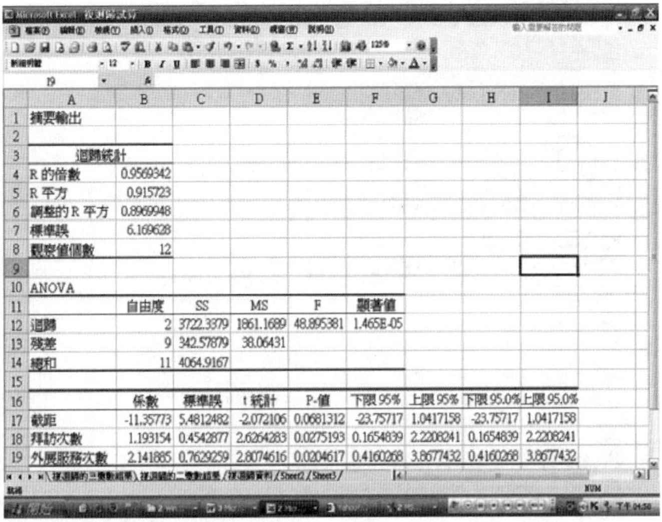

STEP 4：這一條迴歸線只有二個變項：拜訪次數、外展服務次數；這一個模式顯然會比上一個模式（包含三個變項）要簡單，但是否同樣精確？這個模式的 R^2 值比上一個模式的 R^2 值稍有差距，我們以公式來進行 F 檢定，以判別其差異，得到：

$$F_{(3-2,12-3-1)} = \frac{(12-3-1)(0.915997-0.915723)}{(3-2)(1-0.915997)} \approx 0.026094$$

然後跟自由度為 1 與 8 的 F 臨界值來做比較。這可用 EXCEL 的「FDIST」來替代查表。

STEP 5：將位址移至空白處，選取「插入」、「函數」、「統計」、「FDIST」，如下圖輸入適當值。

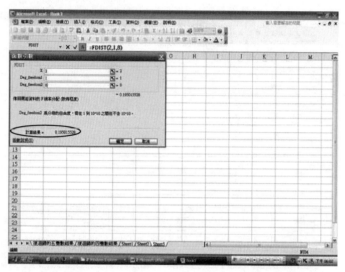

STEP 6：由於計算結果為 0.195，大於 0.05，故未達 0.05 的顯著水準。換句話說，這兩個模式的 R^2 值並無明顯的差異；既然如此就用簡單的模式就可以了，不必要採用全模式。

宗教統計小常識

您知道在台閩地區，那一種類別的宗教辦理的福利基金會最多呢？

A：至民國 94 年統計為道教 66 所

習題

16.1 請說明多元迴歸與簡單迴歸的不同？

16.2 請說明何謂"多重共線性"？

16.3 我們想用某教會牧師到任後一年間的：拜訪次數、主日崇拜人數、與教會外展服務的次數，來預測（參與每月什一奉獻固定會友數量）？

月份	參與量	拜訪次數	主日崇拜人數	外展服務次數
1	14	15	59	9
2	22	10	52	6
3	27	14	60	10
4	27	16	61	10
5	28	18	62	12
6	30	21	79	17
7	35	19	68	19
8	39	23	62	16
9	46	25	70	18
10	65	33	71	20
11	70	30	76	17
12	70	31	79	18

第十七章 變異數分析與實驗設計

17.1 變異數分析簡介

我們不知道真正的 μ_1, μ_2, μ_3 值,但是我們欲以樣本結果檢定下列假設:

$$H_0 : \mu_1 = \mu_2 = \mu_3$$

H_1：並非所有的母體平均數均相等

◎**變異數分析的前提假定**

欲以變異數分析檢定前述的假設,必須符合下列三個前提假定:

1.就各母體而言,其因變數為常態分配。

2.各母體的因變數之變異數(記為 σ^2)均相等。

3.觀察值是互相獨立的。

如果三個母體的平均數相等,則我們將預測三個樣本平均數會非常接近。事實上,此三樣本平均數愈靠近,愈能支援母

體平均數為相等的結論。換句話說，樣本平均數間的差異愈大，則愈能支援母體平均數為不相等的結論。所以，如果樣本平均數間的變異性「低」，則支持 H_0；如果樣本平均數間的變異性「高」，則支持 H_1。

若虛無假設 H_0：$\mu_1 = \mu_2 = \mu_3$ 為真，我們可利用樣本平均數間的變異性建立 σ^2 的估計值。而且如果滿足變異數分析的前提假定的話，各樣本將來自平均數為 μ 且變異數為 σ^2 的同一常態分配。對抽自常態母體且樣本大小為 n 之簡單隨機樣本而言，其樣本平均數 $\overline{X}$ 的抽樣分配為平均數為 μ 且變異數為 σ^2 的常態分配。

σ^2 的樣本間估計值係根據虛無假設為真的假設。在這種情況下，各樣本來自同一母體，而且僅有一個 $\overline{X}$ 的抽樣分配。為說明 H_0 為偽的情況，假設母體平均都不相等。由於三組樣本抽自平均數不等的常態母體，將有不同的抽樣分配。一般而言，當母體平均數不等時，樣本間估計值將高估母體變異 σ^2。

各樣本內的變異性也會影響變異數分析的結論。當由各母體抽取一簡單隨機樣本時，各樣本變異數均為 σ^2 的一不偏估計值，所以我們可以將個別的 σ^2 估計值合併為一個總估計值，此估計值稱為 σ^2 的合併估計值或樣本內(within-samples)估計值。因為各樣本變異數係以該樣本內的變異為準，所以 σ^2 的樣本內估計值將不受母體平均數是否相等所影響。當樣本大小相等時，σ^2 的樣本內估計值即為個別樣本變異數的平均。

無論如何，若虛無假設為真，則樣本間估計值為 σ^2 的良好估計值；而若虛無假設為偽時，樣本間估計值將高估 σ^2。在任一情況下，樣本內估計值均為 σ^2 的良好估計值。因此，如果虛

無假設爲真,這兩個估計值應非常類似,且其比率將接近 1。
如果虛無假設爲僞,則樣本間估計值將大於樣本內估計值,其
比率將會很大。

　　總之,ANOVA 的論理是以建立共同母體變異數 σ^2 的二獨
立估計值爲依據。其中一個估計值是以樣本平均數間的變異爲
準,而另一個估計值則以各樣本內的資料變異爲準。藉著此二
σ^2 估計值的比較,我們將能判定樣本平均數是否相等。由於其
方法利用到變異數的比較,所以稱爲變異數分析。

17.2 變異數分析:檢定 k 個母體平均數的相等性

　　一般而言,變異數分析可用來檢定 k 個母體平均數的相等
性,其所檢定的假設之一般形式爲

$$H_0 : \quad \mu_1 = \mu_2 = \cdots = \mu_k$$
$$H_a : 並非所有的平均數都相等$$

其中

　　　　μ_i =第 i 個母體的平均數

假若由第 i 個母體中抽取樣本大小爲 n_i 的簡單隨機樣本,並令

　　　　X_{ij} =第 i 個樣本的第 j 個觀察值

　　　　n_i =第 i 個樣本的觀察值數

　　　　$\overline{X_i}$ =第 i 個樣本的平均數

　　　　s_i^2 =第 i 個樣本的變異數

　　　　s_i =第 i 個樣本的標準差

而第 j 個樣本之平均數與變異數的公式如下：

$$\overline{X}_i = \frac{\sum_{j=1}^{ni} X_{ij}}{n_i}$$
（17.1）

$$s_i^2 = \frac{\sum_{j=1}^{n_i} \left(X_{ij} - \overline{X}_i\right)^2}{n_i - 1}$$
（17.2）

總樣本平均數，記為 $\overline{\overline{X}}$，係所有觀察值的總和除以觀察值的總個數，亦即

$$\overline{\overline{X}} = \frac{\sum_{i=1}^{k}\sum_{j=1}^{n_i} X_{ij}}{n_T}$$
（17.3）

其中

$$n_T = n_1 + n_2 + n_3 + \cdots + n_k$$
（17.4）

如果各組樣本的樣本大小均為 n，則 $n_T = kn$；因此(17.3)式可簡化為

$$\overline{\overline{X}} = \frac{\sum_{i=1}^{k}\sum_{j=1}^{n_i} X_{ij}}{nk} = \frac{\sum_{i=1}^{k}\sum_{j=1}^{n_i} X_{ij}/n}{k} = \frac{\sum_{i=1}^{k} \overline{X}_i}{k}$$
（17.5）

換句話說，每當樣本大小為相等時，總樣本平均數恰為 k 個樣本平均數的平均。

◎母體變異數的樣本間估計值

在前一節我們介紹了 σ^2 的樣本間估計值之概念。此估計值稱為樣本間均方(mean square between，記為 MSB)。MSB 的計

算公式如下：

$$MSB = \frac{\sum_{i=1}^{k} n_i \left(x_i - \overline{\overline{x}}\right)^2}{k-1}$$ （17.6）

(17.6)的分子稱為樣本間平方和(sum of squares between)，記為 SSB。分母的 $n-1$ 代表 SSB 的自由度。因此樣本間均方可計算如下：

樣本間均方

$$MSB = \frac{SSB}{k-1}$$ （17.7）

其中

$$SSB = \sum_{i=1}^{k} n_i \left(\overline{X}_i - \overline{\overline{X}}\right)^2$$ （17.8）

若 H_0 為真，則 MSB 為 σ^2 的不偏估計值。然而，如果 k 個母體平均數並不相等的話，MSB 就不是 σ^2 的不偏估計值；事實上，MSB 應會高估 σ^2。

◎母體變異數的樣本內估計值

σ^2 的第二個估計值是以各樣本內的樣本觀察值之變異為準。此估計值稱為樣本內均方(mean square within，記為 MSW)。MSW 的計算公式如下：

$$MSW = \frac{\sum_{i=1}^{k} (n_i - 1)s_i^2}{n_T - k}$$ （17.9）

(17.9)式的分子稱為樣本內平方和(sum of squares within，

記爲 SSW)。MSW 的分母爲 SSW 的自由度。因此 MSW 的公式也可寫爲下式：

樣本內均方

$$MSW = \frac{SSW}{n_T - k} \qquad (17.10)$$

其中

$$SSW = \sum_{i=1}^{k} (n_i - 1)s_i^2 \qquad (17.11)$$

請注意 MSW 是以各樣本內的變異爲準，所以不受虛無假設是否爲真之影響。因此，MSW 恆爲 σ^2 的不偏估計值。

◎比較變異數的估計值：F 檢定

目前我們暫時假定虛無假設爲真，則 MSB 與 MSW 爲 σ^2 的兩個互相獨立之不偏估計值。對常態分配而言，σ^2 的兩個互相獨立的估計值之比率其抽樣分配爲 F 分配。所以，如果虛無假設爲真，且 ANOVA 的前提假定成立，則 MSB/MSW 的抽樣分配爲分子自由度爲 $k-1$，而分母自由度爲 $n_T - k$ 的 F 分配。

如果 k 個母體的平均數不全相等，則因 MSB 高估 σ^2，故 MSB/MSW 的值將較大。因此，如果 MSB/MSW 的值過大，顯然不是隨機抽自分子自由度爲 $k-1$ 而分母自由度爲 $n_T - k$ 的 F 分配時，我們將拒絕 H_0。只要選定顯著水準 α 之後，即可決定臨界值，而我們即可依據 MSB/MSW 的值大小來決定是否拒絕 H_0。

EXCEL 應用

＊單因數變異數分析

　　毒癮的戒治是整個社會都相當重視的問題，近年來宗教界也紛紛運用宗教方法來協助毒癮患者戒毒。有一位宗教系教授，進行一項研究，將 30 位毒癮患者隨機分成三組，分別讓其接受行為治療、宗教方法與安慰劑的戒毒處遇，並記錄其最後一週要求使用毒品的次數，請問三種方法的效果是否有差異。

STEP1：如圖 17.1 將資料建於一新的工作表內。

圖 17.1

STEP 2：進行假設檢定；因為本研究關心這三種戒毒方法的效果是否一樣，假設 μ_0 為接受行為治療法樣本的母體平均數、μ_1 為接受宗教方法樣本的母體平均數、μ_2 為接受安慰劑樣本的母體平均數，則 $H_0: \mu_0 = \mu_1 = \mu_2$，$H_1$：非 $\mu_0 = \mu_1 = \mu_2$（至少有兩組母體平均數有差異）；決定顯著水準為 0.05。

STEP3：選取「工具」、「資料分析」、「單因數變異數分析」，然後

填入資料如圖 17.2、圖 17.3、圖 17.4，即可產生圖 17.5 的結果。

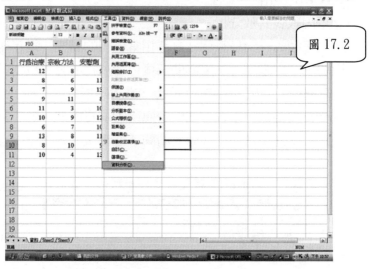

圖 17.2

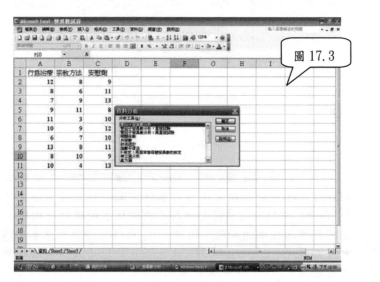

圖 17.3

圖 17.4

STEP 4：在圖 17.5 中的第一個摘要表列出基本的統計；由平均數來看，接受安慰劑的樣本平均遠比其他兩者高，接受行為治療的次數比接受宗教方法的多一點，但這並不能代表他們的母體平均有明顯的差異，要進一步看 ANOVA 表，ANOVA 表裡 F 值為 5.102，大於 0.05 的顯著水準之臨界值 3.35，這表示我們要拒絕虛無假設（因為有顯著的差異存在），也就是說這三個母體平均數至少有兩組會有差異，從第一個摘要表可看出接受宗教方法與接受安慰劑有明顯的差異。

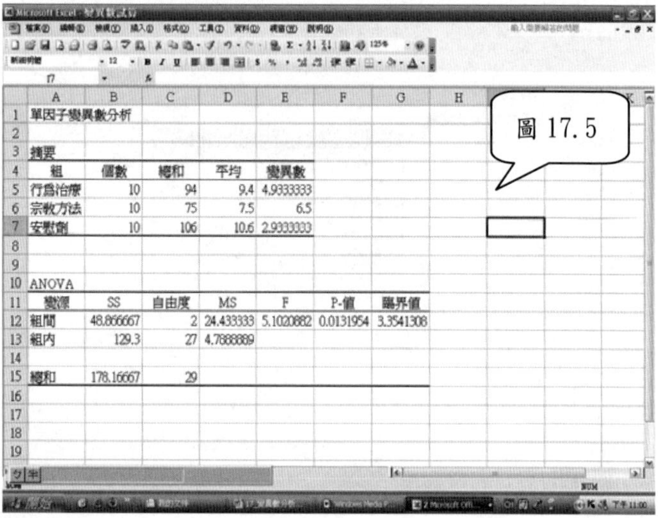

圖 17.5

雖然在這個例子裡的各組個數相同，但是若各組的個數不同，仍可適用。我們若要檢定兩平均數差異的話，可用 F 檢定（與使用 t 檢定得到相同的結論）。

17.3 多重比較程式

當我們使用變異數分析檢定 k 個母體的平均數是否相等時，我們必須記得拒絕虛無假設僅能讓我們下結論說並非所有的母體平均數皆相等。有時候我們可能對此結論感到滿意，但在其他情況下，我們欲想進一步瞭解其差異到底為何。本節的目的就是要介紹進行成對母體平均數之統計比較的幾種方法。

◎費雪 LSD

費雪最小顯著差(least significant difference,簡稱 LSD)程式是最早也可能是應用最廣的一種母體平均數之成對比較方法。

費雪 LSD 程式是以二母體情況的 T 檢定統計量為基礎,只不過在估計母體變異數上稍做修正 。費雪 LSD 程式的檢定統計量為

$$T = \frac{\overline{X_1} - \overline{X_2}}{\sqrt{MSW\left(\frac{1}{n_1} + \frac{1}{n_2}\right)}}$$ （17.12）

若 $t < -t_{\alpha/2}$ 或 $t > t_{\alpha/2}$,則我們拒絕 H_0。

很多實務工作者都發現以樣本平均數的差之大小來決定是否拒絕 H_0 較為容易。所以,如果

$$\overline{X_1} - \overline{X_2} > t_{\alpha/2}\sqrt{MSW\left(\frac{1}{n_1} + \frac{1}{n_2}\right)} \quad \text{或} \quad \overline{X_1} - \overline{X_2} < -t_{\alpha/2}\sqrt{MSW\left(\frac{1}{n_1} + \frac{1}{n_2}\right)}$$

則我們拒絕 H_0。如果我們將最小顯著差(LSD)定義為

$$LSD = t_{\alpha/2}\sqrt{MSW\left(\frac{1}{n_1} + \frac{1}{n_2}\right)}$$ （17.13）

則當

$$\overline{X_1} - \overline{X_2} > LSD \text{ 或 } \overline{X_1} - \overline{X_2} < -LSD$$

時,我們將拒絕 H_0。如果我們僅考慮此差的絕對值,則費雪 LSD 檢定的拒絕法則為

$$\text{若} \left|\overline{X_1} - \overline{X_2}\right| > LSD \text{ 則拒絕 } H_0$$

◎型 I 誤機率

t 我們是在變異數分析發現有充分的統計證據拒絕母體平均數為相等的虛無假設後，才開始進行費雪 LSD 程式的討論。在這種情況下，我們說明如何利用費雪 LSD 程式判定差異發生之所在。技術上來說，由於僅當以變異數分析發現顯著的 F 值時，我們才採用此程式，所以常稱其為保護的或限制的 LSD 檢定。為瞭解其在多重比較檢定的重要性，我們必須說明比較性的(comparionwise)型 I 誤比率與實驗性的(experimentwise)型 I 誤比率。

考慮下列三種假設檢定：

檢定 1	檢定 2	檢定 3
$H_0 : \mu_1 = \mu_2$	$H_0 : \mu_1 = \mu_3$	$H_0 : \mu_2 = \mu_3$
$H_1 : \mu_1 \neq \mu_2$	$H_1 : \mu_1 \neq \mu_3$	$H_1 : \mu_2 \neq \mu_3$

假定這三種假設顯示了問題裡所有可能的成對比較，並假設我們利用費雪 LSD 程式檢定各成對比較。如果我們在 $\alpha = 0.05$ 的顯著水準下進行各檢定，且無法拒絕任一虛無假設，則合理的結論似乎為三母體平均數必為相等。然而，在冒然下任何結論之前，我們先考慮依循此程式將發生什麼情況。

首先，我們對檢定 1 進行費雪 LSD 程式。如果虛無假設為真($\mu_1 = \mu_2$)，犯型 I 誤的機率將為 $\alpha = 0.05$；因此，不會犯型 I 誤的機率為 1-0.05=0.95。假設對檢定 2 進行同樣的程式，則對此檢定犯型 I 誤的機率也是 $\alpha = 0.05$；因此，不會犯型 I 誤的機率亦為 0.95。很明顯地，當執行單一的檢定時，犯型 I 誤的機率為 $\alpha = 0.05$。在討論多重比較程式時，我們稱 $\alpha = 0.05$ 為比較

性的型 I 誤機率。在本質上,比較性的型 I 誤機率係指單一統計檢定的顯著水準。

我們現在來考慮稍許不同的問題。在利用這種次序性的假設檢定方法時,我們在前兩個檢定中至少犯一次型 I 誤的機率為何?我們注意到在檢定 1 與檢定 2 均不會犯型 I 誤的機率是 (0.95)(0.95)=0.9025(在此假定二檢定為互相獨立,所以二事件的聯合機率即為個別機率的乘積。事實上,由於在各檢定中均使用 MSW,故二檢定並不互相獨立;所以其誤差甚至將大於所示的值)。由於犯零次、一次或兩次型 I 誤的機率和為 1,所以至少犯一次型 I 誤的機率為 1-0.9025=0.0975。因此,當我們使用費雪 LSD 程式依序檢定兩組假設時,型 I 誤的機率不是 0.05,而是 0.0975,此錯誤比率稱為實驗性的型 I 誤機率。

假設我們對檢定 3 也進行費雪 LSD 程式,則比較性的錯誤機率仍維持在 α=0.05;然而在三個檢定中至少犯一次型 I 誤的機率增為 1-(0.95)(0.95)(0.95)=1-0.8574=0.1426。所以,如果我們對所有成對比較依序進行費雪 LSD 程式,則總(或實驗性的)型 I 誤機率為 0.1426。為避免混淆起見,我們將實驗性的型 I 誤機率記為 α_{EW}。

為寫出實驗性的型 I 誤之一般式,我們令 C 為可能的成對比較組數。對 k 個母體的問題而言,C 的值是由 k 個母體中一次取 2 個母體的組合數;也就是說,

$$C=\text{成對比較的組數}=\binom{k}{2}=\frac{k!}{(k-2)!2!}=\frac{k(k-1)}{2} \qquad (17.14)$$

一般而言,在含 C 組成對比較的問題中,至少犯一次型 I 誤的機率為 $1-(1-\alpha)^C$。亦即,

$$\alpha_{EW} = 實驗性的型 \text{I} 誤機率 = 1 - (1-\alpha)^C$$

◎包法隆尼(Bonferroni)調整

費雪 LSD 程式的問題是實驗性的型 I 誤機率與比較性的錯誤機率 α 及成對比較數有關。假定我們不指定比較性的錯誤機率,而以 α_{EW} 的特定值來求 α 值。

在前述的討論中,我們說到在含 C 組可能的成對比較之問題中,至少犯一次型 I 誤的機率為

$$\alpha_{EW} = 實驗性的型 \text{I} 誤機率 = 1 - (1-\alpha)^C$$

義大利數學家包法隆尼(Bonferroni)證明當 α 介於 0 與 1 之間時,對任一 C 值,

$$1 - (1-\alpha)^C \le C_\alpha$$

因此,由於 $\alpha_{EW} = 1 - (1-\alpha)^C$,故當檢定 C 組成對比較時,至少犯一次型 I 誤的機率至多為 C_α。若我們希望在整個實驗中,犯型 I 誤的最大機率為 α_{EW},則我們將使用等於 α_{EW} / C 之比較性的型 I 誤機率。

◎塗其程式

塗其程式(Tukey's procedure)容許實驗者進行所有可能的成對比較檢定,而仍能維持如 α_{EW} =0.05 的總實驗型 I 誤機率。此檢定的基礎是稱為「t 值化全距分配」(studentized range distribution)的機率分配。令 $\overline{X}_{max}$ 表示最大的樣本平均數,且 $\overline{X}_{min}$ 表示最小的樣本平均數。

當各樣本的樣本大小 n 相等且母體變異數相等時,

$$q = \frac{\overline{X}_{max} - \overline{X}_{min}}{\sqrt{\dfrac{MSW}{n}}}$$

（17.15）

的抽樣分配即為 t 值化全距分配。我們可由(17.15)式決定任二樣本平均數的差應為多大才能拒絕其所對應的母體平均數為相等之假設。這個值稱為塗其顯著差(Tukey's significanx difference，記為 TSD)。

$$\text{TSD=塗其顯著差} = q\sqrt{\frac{MSW}{n}}$$

（17.16）

塗其程式與包法隆尼調整的類似之處在於二樣本平均數差需較大時才能支持母體平均數不相等的結論。

17.4 實驗設計簡介

統計研究可區分為實驗研究(experimental study)與觀察研究(observational study)。在實驗研究中，係先指定欲探究的變數，然後控制該研究中的某些因數，以得到有關因數如何影響變數的資料。在觀察研究或非實驗研究(nonexperimental study)中，我們並不會特別去控制因數對變數的影響。調查可能是最常見的一種觀察研究。

茲以化學科技公司所面對的問題做為實驗統計研究的例子。化學科技發展出一種新的自來水過濾系統。新過濾系統的元件將購自不同的供應商，而化學科技將在南卡羅萊納州哥倫比亞市裝配這些元件。工業工程部負責決定最佳的裝配方法，

在考慮許多可能的方法之後，該部門將可能的方法減爲三種：
方法 A、方法 B 與方法 C。各方法的裝配程式均不同。化學科
技的管理部門想知道那一種裝配方法的每週產量最多。

在化學科技的實驗中，裝配方法即爲所謂的因數(factor)。
由於對應於此因數有三種裝配方法，所以我們說此實驗共有三
種處理(treatments)：一種處理爲方法 A、另一種爲方法 B，而
第三種爲方法 C。一般而言，因數是實驗者選定調查的變數，
而處理則對應於一因數的水準。化學科技的問題是關於一個定
性因數(裝配方法)的單因數實驗的例子。其他實驗可能包含多
個因數；有些可能是定性的，而有些可能是定量的。

三種裝配方法或處理定義了化學科技實驗的三個欲探究的
母體。一個母體對應於使用裝配方法 A 的所有化學科技員工，
另一母體對應於使用方法 B 的員工，而第三個母體爲使用方法
C 的員工。注意在各母體中，欲探究的隨機變數(反應變數)爲
過濾系統的每週裝配量，而此實驗的主要統計目的爲判定所有
三個母體的平均每週生產單位數是否相同。在實驗設計的術語
中，欲探究的隨機變數稱爲因變數(dependent variable)、反應變
數(response variable)或簡稱反應(response)。

假定由化學科技的生產部門之所有員工中隨機選取 3 名員
工。在實驗設計的術語中，這 3 位隨機選取的員工稱爲實驗單
位(experimental units)。在化學科技問題中，我們將使用所謂的
完全隨機化設計(completely randomized design)。這種設計必須
將三種裝配方法或處理隨機分派給各實驗單位或員工。例如，
可能將方法 A 指派給第二個員工，方法 B 給第一個員工，而方
法 C 給第三個員工。如本例的隨機化(randomization)觀念是所

有實驗設計的重要原則。

在前述實驗中,每個處理僅有一個觀察值(裝配單位數)。換句話說,各處理的樣本大小為 1。因此,若欲得到各裝配方法更多的資料。我們必須重複基本的實驗過程。例如,我們隨機選定 15 名員工,且將各處理隨機分派給 5 名員工。由於各裝配方法分派給 5 名員工,我們可以說有 5 次仿做(replicate)。仿做(replication)過程是實驗設計的另一重要原則。

補充說明

1. 實驗設計中的隨機化,類似於觀察實驗中的機率抽樣。

2. 在許多醫學實驗中,均採用雙重盲目(double-blind)研究以消除可能的偏誤。在這些研究中,提供處理的醫生與實驗對象均不知道到底採取何種處理。此類研究對其他類型的實驗也有助益。

17.5 完全隨機化設計

在分析由完全隨機化設計所得到的資料時,我們欲檢定的假設與 17.2 節的形式完全一樣。

$$H_0 : \mu_1 = \mu_2 = \cdots = \mu_k$$
$$H_a : 並非所有的平均數都相等$$

其中

$$\mu_i = 第 i 個母體的平均數$$

我們將以 17.1 節的變異數分析之前提假定為基礎,所以在檢定完全隨機化實驗設計的資料其母體平均數是否相等時,我們可使用如 17.1 節與 17.2 節介紹之變異數分析。在變異數分析中,我們需要計算母體變異數 σ^2 的兩個獨立之估計值。

◎母體變異數的處理間估計值

在實驗設計裡，σ^2 的樣本間估計值稱爲處理均方(mean square due to treatments，記爲 MSTR)。此值與 17.節所稱的樣本間均方(MSB)相同。我們有時也稱之爲處理間均方(mean square between treatments)。MSTR 的計算公式如下：

$$MSTR = \frac{\sum_{i=1}^{k} n_i \left(\overline{X}_i - \overline{\overline{X}}\right)^2}{k-1} \qquad (17.7)$$

(17.17)式的分子稱爲處理間平方和(sum of squares between treatments)或處理平方和(sum of squares due to treatments，記爲 SSTR)。分母 $k-1$ 爲 SSTR 的自由度。

◎母體變異數的處理內估計值

σ^2 的第二個估計值是以各樣本或處理內的樣本觀察值之變異爲準。在討論變異數分析時，我們稱此 σ^2 的估計值爲母體變異數的樣本內估計值。此處，這個估計值稱爲誤差均方(mean square due to error)，並記爲 MSE。此值與 13.2 節所稱的樣本內均方(MSW)相同。我們有時也稱之爲處理內均方(mean square within treatments)。計算 MSE 的公式如下：

$$MSE = \frac{\sum_{i=1}^{k} (n_i - 1)s_i^2}{n_T - k} \qquad (17.18)$$

(17.26)式的分子稱爲處理內平方和(sum of squares within treatments)或誤差平方和(sum of squares due to error，記爲

SSE)。MSE 的分母 $n_T - k$ 為 SSE 的自由度。

◎比較變異數的估計值：F 檢定

若虛無假設為真，且 ANOVA 基本前提假定成立的話，MSTR/MSE 的抽樣分配為分子自由度是 $k-1$ 且分母自由度是 $n_T - k$ 的 F 分配。我們也曾提過，如果 k 母體平均數並不相等，由於 MSTR 將高估 σ^2，所以 MSTR/MSE 會偏高。故當 MSTR/MSE 值顯然超出由分子自由度為 $k-1$ 且分母自由度為 $n_T - k$ 的 F 分配所隨機選定的值時，我們將拒絕 H_0。

◎完全隨機化設計的 ANOVA 表

使用我們所介紹的完全隨機化實驗設計的術語，我們可將總平方和 SST 分解如下：

$$SST = SSTR + SSR \qquad (17.19)$$

我們注意到此結果對各平方和的自由度亦成立。也就是說，總自由度是 SSTR 與 SSE 所對應之自由度的和。完全隨機化設計的 ANOVA 表之一般形式如表所示。

完全隨機化設計的 ANOVA 表				
變異來源	平方和	自由度	均 方	F
處 理	SSTR	$k-1$	$MSTR = \dfrac{SSTR}{K-1}$	$\dfrac{MSTR}{MSE}$
誤 差	SSE	$n_T - k$	$MSE = \dfrac{SSE}{n_T - k}$	
合 計	SST	$n_T - 1$		

＊雙因數變異數分析：無重複實驗

在宗教博物館紀念品的販售中，假設我們想要瞭解貨品陳設的「高度」與「數量」這兩個因數對貨品銷售量的影響；於是將陳設高度分為高中低三層、數量也分為少中多，這樣就有 9 種擺設的情況，每種情況對應一個銷售量。這 9 個銷售量列表如下：

	低	中	高
少	15	10	5
中	25	20	10
多	10	15	5

數字愈大表示銷售量愈好。

STEP 1：將資料建於一新的工作表內，如下圖。

	A	B	C	D	E
1		低	中	高	(高度)
2	少	15	10	5	
3	中	25	20	10	
4	多	10	15	5	
5	(數量)				

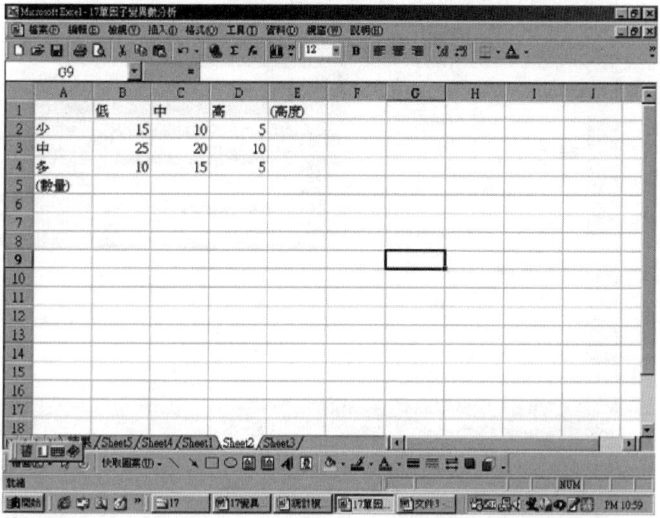

STEP 2：進行假設檢定；本研究關心的是這兩個因數有無對銷售量造成影響。因此需進行兩次的假設檢定；第一對的假設為 H_0 :A 因數沒有影響（即對於母體平均數而言，低、中、高等三組的平均數並無不同），H_1: A 因數有影響（即對於母體平均數而言，低、中、高等三組的平均數至少有兩組不同）；同理對第二對的假設是 H_0 :B 因數沒有影響（即對於母體平均數而言，前、中、後等三組的平均數並無不同），H_1: B 因數有影響（即對於母體平均數而言，前、中、後等三組的平均數至少有兩組不同）；決定顯著水準為 0.05。

STEP 3：選取「工具」、「資料分析」、「雙因數變異數分析：無重複試驗」，然後填入資料如圖 17.6、圖 17.7，即可產生圖 17.8 的結果。

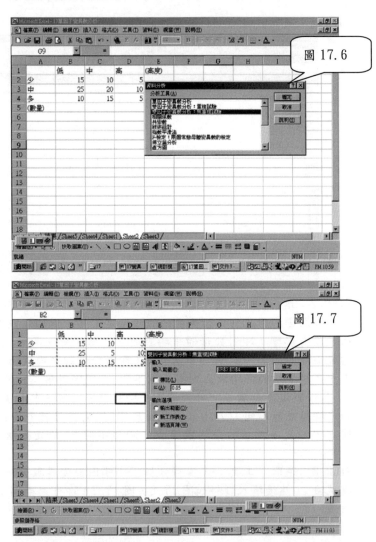

圖 17.6

圖 17.7

STEP 4：在圖 17.8 的 ANOVA 摘要表裡，「列」指的是數量（B 因數）、「欄」指的是高度（A 因數），「錯誤」指的是誤差（error），因為列的 F 值 6.25 小於臨界值 6.94，所以資料訊息表示位置對銷售

量並無明顯的影響，也就是說陳設貨品的數量不是銷售量最重要因素；反觀欄的 F 值 7.75 大於其臨界值 6.94，所以高度不同，其銷售量就有明顯的不同。因此，陳設的高度是影響銷售量的重要因素，我們從圖 17.8 中的列與欄的平均數就可大概看的出來，「數量」的平均數都很接近、「高度」的平均數就顯得較為分散。

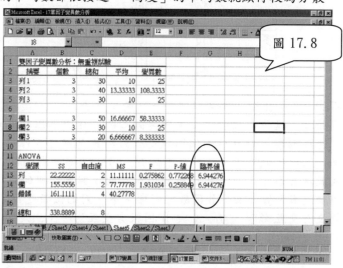

圖 17.8

＊雙因數變異數分析：重複試驗

在銷售量例子裡的 9 種情境，都分別只有一個銷售量，且無重複試驗（例如這 9 個數值只是來自同一天的銷售量而已），只利用某段時間的銷售量就下結論，稍嫌草率，因此有需要重複試驗幾天，此時，每一個情況會有不只一個的銷售量，而有多個數值。我們利用 EXCEL 的雙因數變異數分析：重複試驗來加以分析。重複試驗銷售量的實驗數天後，得到下表：

	高	中	低
少	36	90	60
	44	95	57
	30	105	68
中	42	69	66
	44	66	60
	48	80	52
多	30	90	53
	27	103	66
	44	99	72

STEP 1：如上圖，將資料建於一新的工作表。

STEP 2：進行假設檢定；本研究關心的是這兩個因數有無對銷售量造成影響，以及這兩個因數是否對銷售量有交互作用。因此需進行三次的假設檢定（有三對的 H_0、H_1），第一對的假設為 H_0：A 因數沒有影響，H_1：A 因數有影響；同理對第二對的假設是 H_0：B 因數沒有影響，H_1：B 因數有影響；第三對的假設是 H_0：A 與 B 因數沒有交互影響，H_1：A 與 B 因數有交互影響；決定顯著水準為 0.05。

STEP 3：選取「工具」、「資料分析」、「雙因數變異數分析：重複試驗」，然後填入資料如圖 17.9、圖 17.10，即可產生圖 17.11 的結果。

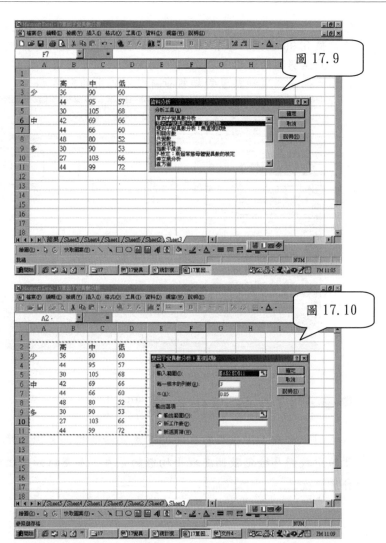

STEP 4：在圖17.11的ANOVA摘要表中變源共分為五種：樣本、欄、交互作用、組內、以及總和。這裡所謂的「樣本」就是數量、「欄」則是高度，在值這一欄裡，「樣本」的F值2.33小於臨界

值 3.55，「欄」的 F 值 107.96 遠大於臨界值 3.55，「交互作用」的 F 值 5.99 也大於臨界值 2.93。換句話說，陳設的貨品數量對銷售量並無明顯的影響，相反的，高度這個因素對銷售量有顯著的影響。至於高度和數量對銷售量有交互作用的影響。

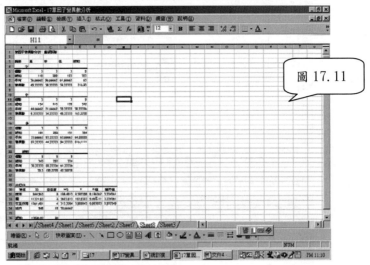

圖 17.11

17.6 隨機化區集設計

到目前為止，我們所介紹的都是完全隨機化實驗設計，前述章節中我們為檢定數個處理平均數的差異，都是以如下之比值來計算 F 值

$$F = \frac{MSTR}{MSE}$$

（17.20）

但當外生因數(實驗中未考慮到的因數)產生的差異使 MSE 值變大時，即會產生問題。在這種情況下，(17.20)式的 F 值會

變小,所以即使事實上真有差異時,也無法顯示處理平均數間的差異。

在本節中,我們將介紹另一種實驗設計,稱為隨機化區集設計(randomized block design)。此設計的目的,在於控制那些引起 MSE 發生變異的外生原因,並能提供一個更好的誤差變異數的估計式,而使偵測處理平均數差異的假設檢定其檢定力更強。

◎隨機化區集設計的 ANOVA 程式

隨機化區集設計的 ANOVA 程式需將總平方和(SST)分割為三群:處理平方和、區集平方和與誤差平方和,此分割公式為:

$$SST=SSTR+SSBL+SSE \qquad (17.21)$$

此平方和分割如表的隨機化區集設計之 ANOVA 表所示。

本表所使用的符號如下所示:

k =處理數

b =區集數

n_T =總樣本大小($n_T = kb$)

具 k 個處理與 b 個區集之隨機化區集設計的 ANOVA 表

變異來源	平方和	自由度	均　方	F
處　理	SSTR	$k-1$	$MSTR = \dfrac{SSTR}{K-1}$	$\dfrac{MSTR}{MSE}$
區　集	SSBL	$b-1$	$MSBL = \dfrac{SSBL}{b-1}$	
誤　差	SSE	$n_T - k$	$MSE = \dfrac{SSE}{n_T - k}$	
合　計	SST	$n_T - 1$		

　　在 ANOVA 表中，總自由度 $n_T - 1$ 被分割成處理的自由度 k-1，區集的自由度 b-1，及誤差項的自由度(k-1)(b-1)。均方該行為平方和除以自由度，而 F 比值為 F =MSTR/MSE，可用以檢定處理平均數之間是否有顯著差異。

◎計算與結論

　　為計算檢定隨機化區集設計的處理平均數間的差異所需之 F 統計量，我們必須計算 MSTR 與 MSE。為計算此二均方，我們需先計算 SSTR 與 SSE，同時也將計算 SSBL 與 SST。我們將分四個步驟進行所需之計算，除了已定義的 b、k 與 n_T 之外，尚需使用下列的符號：

X_{ij} = 第 i 個區集第 j 個處理的觀察值

$\overline{X}_{\cdot j}$ = 第 j 個處理的樣本平均數

$\overline{X}_{i\cdot}$=第 i 個區集的樣本平均數

$\overline{\overline{X}}$=總樣本平均數

步驟 1.計算總平方和(SST)：

$$SST = \sum_{i=1}^{b} \sum_{j=1}^{k} \left(X_{ij} - \overline{\overline{X}}\right)^2$$

（17.22）

步驟 2.計算處理平方和(SSTR)：

$$SSTR = b \sum_{j=1}^{k} \left(\overline{X}_{\cdot j} - \overline{\overline{X}}\right)$$

（17.23）

步驟 3.計算區集平方和(SSBL)：

$$SSBL = k \sum_{i=1}^{b} \left(\overline{X}_{i\cdot} - \overline{\overline{X}}\right)^2$$

（17.24）

步驟 4.計算誤差平方和(SSE)：

SSE=SST-SSTR-SSBL

在本節結束之前，我們對隨機化區集設計做些結論。本節所說的區集指的是完全區集設計，"完全"兩字，指每個區集都接受所有 k 個處理，也就是所有的管制員(區集)均接受三種系統(處理)測試。若各區集僅接受部分的處理，而非所有的處理，則這種區集設計稱爲不完全區集設計。

二因數變異數分析

實例一

假設你是宗教博物館的行銷主管，你想瞭解紀念品陳列架的【高度】和【位置】這兩個因數對銷售量的影響。於是你想將陳列高度分爲低、中、高三層，位置也分爲前面、後面。總共就有 6 個情境，每個情境之內只有一個銷售量。如下表：

	低	中	高
前面	35	95	60
後面	30	90	50

　　我想知道到底是陳列架的高度(A 因數)還是位置(B 因數)對銷售量有影響。

1. 因為本研究關心這兩個因數對銷售量是否有影響。因此要進行兩次假設檢定，所以會有兩隊統計假設。第一對的虛無假設 H_0：A 因數沒有影響，對立假設 H_1：A 因數有影響。同理，第二對虛無假設 H_0：B 因數沒有影響，對立假設 H_1：B 因數有影響。
2. 決定顯著水準 0.05
3. 選取【雙因數變異數分析：無重複試驗】

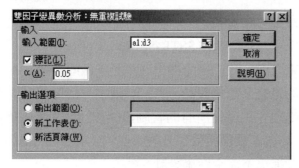

4. 結果如下：

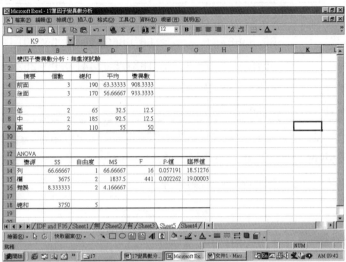

5.

雙因數變異數分析：無重複試驗

摘要	個數	總和	平均	變異數
前面	3	190	63.33333	908.3333
後面	3	170	56.66667	933.3333
低	2	65	32.5	12.5
中	2	185	92.5	12.5
高	2	110	55	50

ANOVA

變源	SS	自由度	MS	F	P-值	臨界值
列	66.66667	1	66.66667	16	0.057191	18.51276
欄	3675	2	1837.5	441	0.002262	19.00003
錯誤	8.333333	2	4.166667			
總和	3750	5				

　　上表中，列指的是位置，欄指的是高度，錯誤是誤差，因為列的 F 值 16 小於臨界值 18.51，p 值大於顯著水準 0.05，所以表示位置對銷售量並沒影響。

17.7 析因實驗

◎ANOVA 過程

　　二因數析因實驗的 ANOVA 過程與完全隨機化實驗及隨機化區集實驗類似之處在於，將平方和與自由度分割成個別來源。二因數析因實驗的平方和分割公式如下：

$$SST=SSA+SSB+SSAB+SSE$$

其平方和與自由度的分割彙總於表中。以下是所使用的符號：

a =A 因數的水準數

b =B 因數的水準數

r =仿做數

n_T =實驗的總觀察數；$n_T = abr$

r 個仿做的二因數析因實驗之 ANOVA 表

變異來源	平方和	自由度	均 方	F
因數 A	SSA	$a-1$	MSA=$\dfrac{SSA}{\alpha-1}$	$\dfrac{MSA}{MSE}$
因數 B	SSB	$b-1$	MSB=$\dfrac{SSB}{b-1}$	$\dfrac{MSB}{MSE}$
交互作用	SSAB	$(a-1)(b-1)$	MSAB=$\dfrac{SSAB}{(a-1)(b-1)}$	$\dfrac{MSAB}{MSE}$
誤 差	SSE	$ab(r-1)$	MSE=$\dfrac{SSE}{ab(r-1)}$	
合 計	SST	n_T-1		

什麼是交互作用的影響？我們把這 9 個細格的平均數量畫出來，如下圖。陳設的數量幾乎對銷售量沒什麼影響，但是陳設的高度就影響很大，概括來說，放在中層的銷售量明顯高於其他兩層，另外有一個現象，就是如果數量是中量的話，那麼陳設的高度並不是有很大的差異，但若是數量是多或少時，擺在中層的銷售量明顯高於其他兩層。換句話說，銷售量雖受陳設高度的不同而有明顯的差異，但是這種影響也會跟隨數量改變而有所不同。這就是高度與數量交互影響著銷售量。

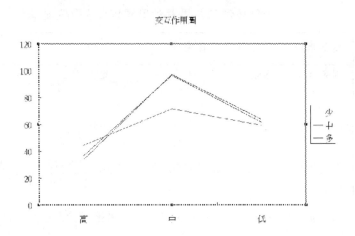

交互作用圖

◎計算與結論

　　為計算檢定 A 因數、B 因數與交互作用的顯著性之 F 統計量，我們必須先計算 MSA、MSB、MSAB 與 MSE。而欲求得此四均方值，先得計算 SSA、SSB、SSAB 與 SSE；當然也須計算 SST。我們將以五個步驟說明計算程式。除了前面定義過的 a、b、r 與 n_T 之外，我們尚需用到下述符號：

　　　　X_{ijk} ＝對應於 A 因數第 i 個處理、B 因數第 j 個處理之第 k 個仿做的觀察值。

　　$\overline{X}_{i\cdot}$ ＝A 因數第 i 個處理的觀察值之樣本平均數。

　　$\overline{X}_{\cdot j}$ ＝B 因數第 j 個處理的觀察值之樣本平均數。

　　$\overline{X}_{ij}$ ＝A 因數第 i 個處理、B 因數第 j 個處理之組合其觀察值之樣本平均數。

　　$\overline{\overline{X}}$ ＝所有 n_T 個觀察值之樣本平均數。

步驟 1.計算總平方和：

$$SST = \sum_{i=1}^{a}\sum_{j=1}^{b}\sum_{k=1}^{r}\left(X_{ijk} - \overline{\overline{X}}\right)^2$$

（17.25）

步驟 2.計算 A 因數平方和：

$$SSA = br\sum_{i=1}^{a}\left(\overline{X}_{i\cdot} - \overline{\overline{X}}\right)^2$$

（17.26）

步驟 3.計算 B 因數平方和：

$$SSB = ar\sum_{j=1}^{b}\left(\overline{X}_{\cdot j} - \overline{\overline{X}}\right)^2$$

（17.27）

步驟 4.計算交互作用平方和：

$$SSAB = r\sum_{i=1}^{a}\sum_{j=1}^{b}\left(\overline{X}_{ij} - \overline{X}_{i\cdot} - \overline{X}_{\cdot j} + \overline{\overline{X}}\right)^2$$

（17.28）

步驟 5.計算誤差平方和：

$$SSE = SST - SSA - SSB - SSAB$$

（17.29）

宗教統計小常識

您知道在台閩地區，宗教界辦理的幼稚園托兒所以那一個縣市最多呢？

A：至民國 94 年統計為高雄縣 41 所

習題

17.1 請說明欲以變異數分析檢定，必須符合那三個前提假定？

17.2 有一位宗教系教授進行一項研究，將 30 位毒癮患者隨機分成三組，分別讓其接受行為治療、宗教方法與安慰劑的戒毒處遇，並記錄其最後一週要求使用毒品的次數，請問三種方法的效果是否有差異？

行為方法	宗教方法	安慰劑
10	8	10
7	10	11
9	9	12
11	7	9
6	5	10
7	6	9
10	9	11
8	12	13
6	10	9
3	5	7

17.3 在佛具品商店的販售中，假設我們想要瞭解貨品陳設的「高度」與「數量」這兩個因數對貨品銷售量的影響；於是將陳設高度分為高中低三層、數量也分為少中多，這樣就有 9 種擺設的情況，每種情況對應一個銷售量。這 9 個銷售量列表如下，請問擺設的「高度」與「數量」對銷售量有無造成影響？

	低	中	高
少	19	15	6
中	24	18	11
多	12	16	7

數字愈大表示銷售量愈好。

17.4 承上題，若改以三天的觀察進行重複試驗銷售量的實驗後，得到下表：請問擺設的「高度」與「數量」對銷售量有無造成影響？

	高	中	低
少	30	85	56
	46	92	50
	28	98	60
中	43	72	68
	46	68	65
	45	78	50
多	32	92	55
	26	100	68
	43	102	75

17.5 假設你是宗教博物館的行銷主管，你想瞭解紀念品陳列架的【高度】和【位置】這兩個因數對銷售量的影響。於是你想將陳列高度分為低、中、高三層，位置也分為前面、後面。總共就有 6 個情境，每個情境之內只有一個銷售量。如下表：

	低	中	高
前面	39	95	57
後面	35	89	46

參考文獻

Pagano, Robert R. 著（2005）。行為科學統計學（Understanding Statistics in the Behavioral Sciences【7th ed.】）（潘中道、郭俊賢譯）。台北市：雙葉。（原作 2005 出版）

李沛良（1988）。 社會研究的統計分析。台北：巨流。

林清山（1981）。 心理與教育統計學。台北：東華。

林惠玲、陳正倉（2004）。基礎統計學—觀念與應用。台北市：雙葉。

柯惠新、盧傳熙、謝邦昌（2000）。市場調查與分析技術。台北市：曉園。

柯惠新、丁立宏、盧傳熙、蘇志雄、謝邦昌（2002）。市場調查。台北市：台灣知識庫。

吳喜之、謝邦昌（2001）。現代貝氏統計學及其應用。台北市：鼎茂。

耿直、鄔宏潘、謝邦昌、趙雅婷、蘇志雄（2003）。生物醫學統計學—理論與資料分析應用。台北市：鼎茂。

趙民德、謝邦昌（2000）。多變量分析。台北市：曉園。

趙民德、謝邦昌（2000）。迴歸分析。台北市：曉園。

趙民德、謝邦昌（2000）。資料分析淺論。台北市：曉園。

趙民德、謝邦昌、蘇志雄（2003）。非讀不可—統計學評論。台北市：鼎茂。

謝邦昌等編著（2000）。市場調查與分析技術。台北市：曉園。

謝邦昌編著（2000）。探索民意：民意調查技術之探索。台北市：曉園。

謝邦昌（1999）。STATISTICA 基本使用手冊。台北市：曉園。

謝邦昌（2000）。探索民意—民意調查技術之探索。台北市：曉園。

謝邦昌、易丹輝（2003）。統計資料分析。台北：中華資料採礦協會。

鄭宇庭、易丹輝、謝邦昌（2006）。統計資料分析。台北：中華資料採礦協會。

謝邦昌（1993）。抽樣理論及方法簡介。行政院主計處。

謝邦昌（2001）。統計學。台北：輔仁大學統計系。

謝邦昌（1993）。迴歸分析與試驗設計學。行政院主計處。

謝邦昌（1993）。統計理論及方法介紹。行政院主計處。

習題解答

1.1

統計是資料的蒐集、整理、分析與解釋。將大量的資料轉化成有用的資訊。

1.2

統計的目的在於提供管理者制定有效決策所需的資訊，方得以下較為正確且合理的決策並大幅降低結果之不確定性。

1.3

(1)在官方統計方面：內政部為蒐集臺閩地區各宗教寺廟、教會（堂）等團體有關信仰之設施、宗教活動狀況、社會教化及公益慈善事業辦理情形、未來發展方向，以及希望政府加強提供服務措施等資料，以提供政府規劃宗教輔導政策參考、學術研究及國際資料比較，每年辦理「臺閩地區寺廟、教會(堂)概況調查」。

(2)在教務的管理上，也應用到許多基礎統計的技術，像是教友、信眾人數統計、捐款、奉獻統計等敘述統計。

(3)為了探討宗教現象，或是社會大眾的宗教行為，甚至探索新興宗教的內涵。除了敘述統計之外，也需要運用一些如：相關分析、變異數分析、迴歸分析…等推論統計，甚至是多變量分析的統計技術。

第二章　統計的兩大架構和觀念介紹

2.1

(1)敘述統計(descriptive　statistics)：

我們對研究問題收集資料後，將資料整理、表現成彙總的形式，以利讀者瞭解。在報紙、雜誌、報告及其他出版品的統計資訊大多是敘述統計。這類資料的彙總可能是表列的、圖示的或是數值的。

(2)推論統計(statistical inference)：

欲收集的資料包括大群的元素，例如所有的信徒、全台灣的每戶家庭、寺廟道場或教堂、各年齡層的信眾等，這一大群元素的集合就稱之為母體。在考慮時間、成本及其他因素，我們僅收集母體其中的一小部分資料。所收集的一小部份資料稱之為樣本。從樣本中我們可以得知不少訊息和特性，再利用這些樣本的的訊息和特性對原先的母體做分析、估計、檢定和預測，目的在求得全體之一般化結果，這就是推論統計。

2.2

元素(elements)：資料的個體，通常以一筆資料作稱謂。

母體(population)：我們所要研究的對象全體稱為母體(population)，它是一群具有某種共同特性的人或事物之個體所構成的群體，而每一群體通常含有多種特性，可依某種特性歸納為一母體，亦可依另一種特性歸納為另一母體。

母體參數（Parameter）：用來代表族群特徵的量值稱為母體參數

樣本(sample)：樣本是抽自母體中之某些個體測量所構成，比如從 n 筆資料抽 50 筆資料，其中 50 筆就是樣本數。

樣本統計量（Statistic）：用來代表樣本特徵的量值稱為樣本統計量。

變數(variables)：欲探究的元素特性，一筆資料中通常包含不只一種的變數。

2.3

(1)名目尺度=類別尺度(nominal scale)：

根據特徵的性質做分類，每類答案的代表數字只作為分類用，目的在求分類。例如：宗教類別的資料可用代碼表示：0 為"沒有宗教信仰"；1 為"民間信仰"；2 為"佛教"；3 為"道教"；4 為"基督宗教"；5 為"其他宗教"。以利於記錄及電腦處理。數值 1、2 與 3 僅只是辨認宗教類別的符號而已。名目資料的算術運算如加、減、乘與除是無意義的。

(2)順序尺度(ordinal scale)：

當資料有名目資料的性質，且資料的順序或階層等級有其意義時，此變數的衡量尺度即為順序尺度。例如態度量表的問項——非常滿意、滿意、沒意見、不滿意、非常不滿意。順序尺度資料可為非數值或數值。順序資料的算術運算如加、減、乘與除是無意義的。

(3)區間尺度(interval scale)：

兩個元素的資料值的比較，不僅可以表示順序的關係，尚能測量各順序位置的距離。以一元素的區間資料值減去另一元素的區間資料值即得此二元素的差，衡量此變數的尺度即為區間尺度。例如溫度，台北15度，台南25度，所以知道台南比台北熱，台南和台北相差10度。區間尺度資料的算術運算，如：加、減均為有意義的，但無法使用乘、除的運算。因此，這類資料在統計分析上較名目或順序尺度更有彈性。

(4)比例尺度(ratio scale)：

簡單來說，可以加減乘除的變數即為比例尺度。如：距離、高度、重量、年齡與時間等變數即為比例尺度。這種尺度必包含絕對零值，且零值表示在零點時，此變數不包含任何事物。當我們收集有關金額、年齡、身高…等的資料時，我們會使用比例尺度。比例資料具有區間資料的所有特性，在加、減、乘、除上均為有意義的。因此，比例尺度資料在統計分析上最有選擇性。

2.4

(1)量=定量的資料(quantitative data)：

定量資料是由區間或比例衡量尺度得來，為數值性的連續資料。

(2)質=定性的資料(qualitative data)：

定性資料是由名目或順序衡量尺度獲取的，不可做數值運算，為間斷的資料。

2.5

比(Ratio)、比率(Rate)與比例(propotion)，其中最常見的是比例，

以下將針對比例做進一步的說明：

比例即指一數值佔總數的比重，若將之乘 100 即百分數。目的是使兩個或更多個數目間的大小關係更能明確的表示出來。百分位數的小數點可以省略。

2.6

可分為兩種：

（1）已存在資料之來源—第二手資料。

（2）調查而得的資料—第一手資料。

2.7

實驗性的研究、觀察性的研究

2.8

有些特定的程序可以檢查資料一致性和邏輯性。資料分析人員也會對特別大或特別小的數值，即所謂的異常值(Outlier)，加以檢查。

第三章　　基礎數值資料的運用

3.1

(1)位置的量數是描述資料中的數據集中的程度，常用的有：平均數、中位數、眾數、第P百分位數。

(2)離散度的量數是描述資料中的數據分散的程度，常用的有：全距、四分位距、變異數、標準差

3.2

(1)平均數提供了中心位置的量數，其算法是將所有資料值加總，再除以資料個數。

(2)當我們將資料項由小到大依序排列時，位於中間位置的資料值即為中位數。

(3)眾數是出現次數最多的資料值。

3.3

(1)全距是指資料中最大值與最小值之差距。

(2)第三個四分位數 Q3 與第一個四分位數 Q1 之差。

(3)各資料值與平均數的差稱為對平均數的離差,離差平方和的平均稱為變異數,變異數的最大目的是看資料的離散程度。當比較兩個樣本時,變異數較大的樣本,離散度也較大。

(4)變異數的正平方根,標準差通常更容易與平均數及其他和原始資料有相同單位的統計量來相互比較。

3.4

Z-分數通稱為該項的標準化數值,可說明某一值與平均數之間距離的標準差數。

Z-分數:$Z_i = \dfrac{X_i - \overline{X}}{S}$

3.5

(1)峰度(kurtosis)是指次數分配曲線的高峰之高聳程度。

(2)一群事實的次數分配不對稱謂其具有偏態。算術平均數與眾數之距離與次數分配之偏斜度具有密切的關係。

3.6

在任一資料集裡,至少有 的資料項會落於與平均數相距 k 個標準差之區間內,其中 k 是任何大於 1 的數值。

將這個定理應用於 k=2、3 與 4 的情況,則可得知:

・至少有 0.75 或 75%的資料項落於與平均數相距 k=2 個標準差之區間內。

・至少有 0.89 或 89%的資料項落於與平均數相距 k=3 個標準差之區間內。

・至少有 0.94 或 94%的資料項落於與平均數相距 k=4 個標準差之區間內。

3.7

平均數：67.9

中位數：64

眾數：69

全距：43

四分位距：79.5-59=20.5

變異數：184.6

標準差：13.6

3.8

=(60-67.9)/13.6= -0.58

第四章　統計圖表的利用

4.1

統計圖可將複雜的統計表或數字作清析完整的呈現，加深使用者的印象。

4.2

次數分配、相對次數分配、長條圖(bar chart)、圓形圖

4.3

次數分配、相對次數分配時、點圖、直方圖

4.4

直方圖

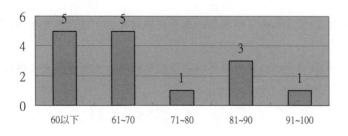

4.5

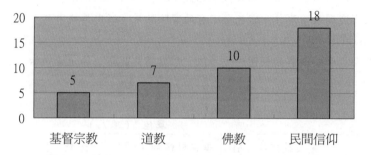

次數

第五章　機率導論

5.1

(1)隨機：確實的結果事先無法預知。但有可預測的長期型態，可以用很多次試驗結果的分布來描述。

(2)機率：在隨機現象下，重複很多次的實驗所得到的結果比率。

5.2

(1)實驗是產生明確一種結果(outcome)的過程。

(2)任一實驗結果則稱為樣本點。

(3)樣本空間即指全部可能的實驗結果(樣本點)所形成之集合。

5.3

假定每一實驗結果出現的機會完全相等的機率分派法。

5.4

以實驗或歷史資料為依據的機率分派法。

5.5

在以主觀法分派機率至實驗結果時，我們將利用任何可參考的資料，如經驗、直覺等等。無論如何，在考慮任何可用的資訊後，我們應將對該實驗結果將發生的相信程度以機率表達出來，此種方法即稱為主觀法。

5.6

(1)事件：事件是樣本點的集合。

(2)事件的機率：該事件所有樣本點機率之和，所以其機率為1。

(3)樣本空間為：事件——它包含所有的實驗結果，所以其機率為1；亦即P(S)=1。

(4)集合：由所觀察的個體組成，任一個體稱為此集合的元素、點、或份子。

5.7

單位：(萬人)

性別	有宗教信仰（A1）	無宗教信仰（A2）	總數
男性（B1）	3.36	4.8	8.16
女性（B2）	9.54	4.3	13.84
總數	12.9	9.1	22

P（有宗教信仰，男性）＝P(A1∩B1)＝ 3.36/22 = 0.15

P（無宗教信仰，男性）＝P（A2∩B1）＝ 4.8/22 = 0.22

P（有宗教信仰，女性）＝P（A1∩B2）＝ 9.54/22 = 0.43

P（無宗教信仰，女性）＝P（A2∩B2）＝ 4.3/22 = 0.20

5.6

(a) 參加禱告會或團契聚會；0.1+0.45-0.09 =0.46

(b) 兩者都不參加。1-0.46 = 0.54

5.7

(1) 互斥事件：假如二事件沒有共同的樣本點則稱為互斥事件。

(2) 條件機率：已知事件 B 已發生的條件下，事件 A 發生的機率。

(3) 獨立事件：指並不相互影響的事件。事件 A 發生的機率與事件 B 發生的機率沒有關係。

5.8

計算事後機率(posterior probabilities)的一種方法。我們先賦予所

求事件一個起始的或事前的(prior)機率估計值而開始我們的分析。然後，經由樣本、特別的報告、產品試驗等等來源，修正當初假設的事前機率值，而得出所謂的事後機率。貝氏定理就是一種計算這些機率的方法。

第六章　隨機變數—離散機率分配

6.1

如果一變數具有有限多個數值或一無限序列(如 1, , 2, , 3, …)的值，在座標圖上用點一個點表示的數值資料，則稱其為離散隨機變數。而隨機變數的機率分配便是描述各隨機變數值的機率分配的情形。

6.2

4	5	2	4	4
4	5	4	2	4
4	5	3	1	5
4	4	3	5	2
2	5	4	5	4
4	5	5	4	4
3	3	4	5	2
4	3	2	3	4
5	3	4	4	3
5	4	3	4	1
3	2	4	5	4
1	5	3	3	5
1	3	4	2	3
2	4	4	5	4
5	3	5	2	5
5	3	1	5	4

3	5	4	2	4
5	4	3	4	5
5	4	5	2	5
4	4	3	3	3

6.3

某機率實驗若具有以下四個性質：

(1)該實驗試驗(trial)n 次，每次試驗過程相同。

(2)各試驗僅有兩種可能的結果，不是成功，就是失敗。

(3)各試驗成功的機率 p 均相等，因此各試驗失敗的機率 1-p 也都相等。

(4)各試驗是相互獨立的。

則可歸類為二項實驗。

在二項實驗中，我們欲探究的是在 n 次試驗中出現的成功次數。若我們令 X 為 n 次試驗中出現的成功次數，則 X 的值可為 $0, 1, 2, 3, \cdots, n$。由於其值為有限個，故 X 是離散隨機變數。對應於此隨機變數的機率分配稱為二項機率分配。

6.4

某一地區有 60% 的居民為媽祖信徒，假設居民可被重複的抽選。今從中隨機選出 20 個居民，則恰有 12 個是媽祖信徒的機率為何？至多有 12 個媽祖信徒的機率？

(1) 0.179705788

(2) 0.584107062

6.5

發生次數的隨機變數滿足下述二個假設：

(1)在任何兩個等長的區間內，事件發生的機率相等。

(2)任何區間內事件的發生與否，與其他任何區間內事件是否發生無關，相互獨立。

6.6

0.685759501

6.7

| 早上 | p(4, 6)= | 0.133853 |
| 下午 | p(0, 6)= | 0.002479 |

第七章　隨機變數—連續機率分配

7.1

連續隨機變數的值可為實數軸上一區間或區間集合裡的任何一值。隨機
變數是實驗結果的數值表示法。在座標圖上無法用一個點一個點方式表
示的均屬於連續隨機變數。

在連續的情形下，機率函數的對等位置是機率密度函數，也記為
$f(x)$。對連續隨機變數而言，機率密度函數提供該函數在各特定的 X
值上之高度或函數值在某區間之 $f(x)$ 圖形下方的面積即為隨機變數值
落於該區間的機率。

7.2

(1)我們不再說隨機變數在某一特定值的機率，而以隨機變數值發生在
某一區間的機率來代替之。

(2)隨機變數值發生在區間 x1 至 x2 的機率，是定義成在區間 x1 至 x2
之機率密度函數圖形之下的面積。

也就是說，一連續隨機變數發生在某一特定值的機率為 0，因為在單獨
一點上位於 f(x)圖形之下的面積為零。

7.3

均勻機率分配的變數每一分鐘的區間發生的機會完全相同。在均勻機率
密度函數中，各 x 值的函數高度或函數值是相同的。

7.4

請參考課本說明

7.5

E(x)=(0+20)/2=10 分

V(x)=(20-0)^2/10=40 分

f(x)=1/20　0≦X≦20

P(17≦X≦20)= ∫1/20dx=3/20

7.6

(1)在整個常態分配族中，各常態分配有其特定的平均數 M 及標準差 。

(2)常態曲線的最高點發生在平均數處，平均數亦為該分配之中位數與
眾數。

(3)常態分配的平均數可為任何數值：負數、零或正數。

(4)常態分配為對稱的；在平均數左側的曲線形狀恰為在平均數右側的
曲線形狀之鏡射。曲線的雙尾皆無限延伸，且在理論上永遠不會與橫軸
相交。

(5)標準差決定曲線的寬度。標準差愈大，則其曲線愈寬、愈平緩，表
示資料的離散度愈高。

(6)常態分配曲線下方之總面積為 1。對所有之連續機率分配而言，此
性質皆成立。

7.7

距離平均數正負 1 個標準差的區間之機率為 68.26%

距離平均數正負 2 個標準差的區間之機率為 95.44%

距離平均數正負 3 個標準差的區間之機率為 99.72%

7.8

若一隨機變數具有平均數為 0 且標準差為 1 之常態分配，則稱其具有標
準常態分配。

7.9

P(X<140)=0.969604

P(120<X)=0.734014

P(120<X<140)=0.235589

7.10

常用來描述完成一項工作所需時間的連續機率分配就是指數機率分
配。指數隨機變數可用來描述如前後兩輛車到達道場之間隔時間、卡車
裝貨所需時間、朝山步道上嚴重損壞處之間的距離等情事。

7.11

P(X>3)= 0.301194

第八章　　抽樣

8.1

(1)所抽樣本能以代表母體。(代表性)

(2)以樣本訊息估計母體之特性，要儘可能精確，並且可測度其可信度
(精確性)。

(3)取樣成本要儘量少。(成本低)

(4)配合不同之母體狀況及行政限制下，採取適宜方法(即考量實務問
題)。亦即如何達到快速、準確、具代表性而又能配合實務。(可行性)

8.2

母體(population)：我們求取資料的全體對象，可能事人、動物、或事
務。

個體(unit)：母體中的每一分子。若母體包含的是人，我們則稱這耶人
為受試(受訪)對象(subject)。

樣本(sample)：母體的一部份，我們蒐集其資訊以便對整個母體做某些
結論。

抽樣底冊(sampling frame)：個體的清單，我們從抽樣底冊中抽取樣本。

變數(variable)：個體的某種特質，被選入樣本的個體就會被度量這種
特質。

8.3

請參閱課本 8.4 節

8.4

當(i)母體內樣本單位不多，且有完備名冊，可茲編號時；(ii)母體內樣本單位間的差異不大時(對研究的目的而言)；和(iii)對母體資訊無法充份獲得時。

8.5

分層隨機抽樣法的優點是(i)可增加樣本代表性；(ii)可提高估計的確度；(iii)可分別獲得各層的訊息，並做各層間的比較分析；(iv)可在各層設立行政單位，以便於執行；和(v)可視各層情形，採取不同的抽樣方法。

而它的限制是(i)分層變數的選取(要與所欲估計的特徵值具有高度相關)；(ii)層數的釐定(要適當並配合母體的分配狀況)；(iii)分層標準的決定(各層不能有重疊現象)；(iv)各層樣本的配置方法；和(v)分層後，樣本資料的整理及估計較複雜。

8.6

系統抽樣是將母體的元素按順序編號後，有系統的每隔一定區間抽取一個樣本的方法。它是簡單隨機抽樣的另一種變化方式。

系統抽樣法的優點是(i)在抽取樣本的過程中，很容易完成抽樣工作；(ii)通常可使樣本普遍的散佈於母體內，使樣本更具代表性；和(iii)在某些條件下，系統抽樣可取代簡單隨機抽樣。

而本法的限制則是(i)對母體狀況宜略有所瞭解；(ii)避免系統樣本內的樣本單位趨於一致；(iii)不易計算估計量的變異數，和(iv)避免母體內樣本單位特徵值的週期性變動。

8.7

按照某種原因或其他一定的標準，將所含抽樣單位個數分別定為許多層(stratum)。再以簡單隨機抽樣法，分別從各層獨立的抽出樣本。

而群集抽樣則是將調查區劃分多個小塊以為群集。抽樣時以群集為單位
進行抽取，抽取到的群集對群集內的個體進行普查。

一般而言，分層抽樣時，各層間的差異越大越好，層內個體的差異越小
越好。群集抽樣則相反，各群集間差異越小越好，但群集內的個體差異
越大越好。

8.8

考量省時、省工、省錢且合乎經濟原則，且準確度不超過決策者所能容
忍的程度時。

8.9

(1)原始資料的變異程度

(2)樣本數的大小

(3)抽樣方法

(4)分層抽樣法抽樣的不同

8.10

誤差界限：樣本統計量離母體參數多遠。

信賴水準：所有可能樣本中有多少百分比滿足這樣的誤差界限。

偏差：樣本統計量老是朝某一方向偏離母體參數值。

欠精確：如果不斷抽取樣本，在不同樣本之下，同一個統計量計算出來
的值差異很大、很分散。無法指望每次抽出的結果都差不多。

8.11

(1) 刻意漏掉部分細節：選擇研究的對象有沒有偏差？是不是事了好幾
種統計方法，然後只報告最好的結果？(滿意度調查等)是不是只報告部
分研究對象的資料？

(2) 受否者知情且同意：每一個研究對象是否在知情且同意的情況下接
受測試 esp. 試驗新的醫療方法的實驗。

(3) 保密原則：受試者的身份資料是否與其他資料分開。

第九章　　抽樣分配與點估計

9.1

介紹母體特性作用的參數(parameters)有那四類？

(1)測定母體趨中性：主要有算術平均、型量、中位數等。

(2)測定分散度：主要有變異數、均方、標準偏差。標準偏差 愈大，則母體中所有個體間的變異愈大。

(3)測定偏歪度

(4)測定頻度分布的曲線峰度

9.2

(1)有限母體的抽樣：若在大小為 N 的有限母體中，樣本大小為 n 的可能樣本被抽取的機率都相等時，所得之樣本即為簡單隨機樣本。

(2)無限母體的抽樣：因母體本身為無限的或者是因母體太大，為了實際上的目的而必須視之為無限的情況。

9.3

(1) 每一個元素皆抽自於相同的母體。

(2) 每一個元素皆獨立地抽出。

9.4

(1)放回抽樣：每一個元素被抽取的機率相等，但某些元素將可能在樣本中出現不祇一次。

(2)不放回抽樣：每一個元素被抽取的機率不相等，但被抽取的元素不會重覆。

9.5

由一具有平均數 μ，標準差 σ 的母體中抽取樣本大小為 n 的簡單隨機樣本，當樣本大小 n 夠大時，樣本平均數 $\overline{X}$ 的抽樣分配會近似於常態分配。

中央極限定理是當母體分配未知時，確認 $\overline{X}$ 抽樣分配形式的關鍵。然而，我們可能會碰到一些母體被假設為或是被確信為常態分配的抽樣情

況。當母體為常態分配時,不論樣本大小,$\overline{X}$ 的抽樣分配仍為常態分配。總而言之,若是大樣本時,由中央極限定理可以得知 $\overline{X}$ 的抽樣分配近似於常態 $\overline{X}$ 之抽樣分配的應用價值。

樣本	母體分配	抽樣分配
大樣本 n≧30	母體為常態分配	$\overline{X} \sim N(\mu, \dfrac{\sigma^2}{n})$
	母體非常態分配	$\overline{X} \sim N(\mu, \dfrac{\sigma^2}{n})$
小樣本 N＜30	母體為常態分配	$\overline{X} \sim N(\mu, \dfrac{\sigma^2}{n})$
	母體非常態分配	$\overline{X}$ 的分配決定於母體分配

9.6

樣本平均數 $\overline{X}$ 的值與母體平均數 μ 的值之差的絕對值,$\left| \overline{X} - \mu \right|$,稱為抽樣誤差。

9.7

(1)不偏性:若樣本統計量的期望值等於欲估計之母體參數,則此樣本統計量稱為該母體參數之不偏估計量(unbiased estimator)

(2)有效性:若同時有二個統計量($\hat{\theta}_1$ 及 $\hat{\theta}_2$),其中一個統計量的變異數較另一個統計量的變異數為小,則變異數小的那個統計量便具有「有效性」。

(3)一致性:當樣本越來越大時,點估計量的值也越來越靠近母體參數,則這個估計量是一致的。

(4)充分性:假設母體參數為 θ,但若樣本統計量 $\hat{\theta}$ 可直接由樣本觀測值去估計,而與 θ 無關,則叫 $\hat{\theta}$ 具有充份性。

第十章　　抽樣分配與區間估計

10.1

(1)區間估計值：根據樣本資料所求出的點估計值，然後藉由點估計量抽樣分配之性質求出兩個數值而構成一區間，稱為區間估計值（interval estimate），並利用此一區間推估未知母體參數的範圍。

(2)信賴區間：區間估計以區間估計值來推估母體參數的真實值落在此區間的信賴水準（confidence level）高低（但不表示準確度高或低），其中區間估計值亦稱為信賴區間（confidece interval）。

10.2

在信賴區間長度相同之下，信賴水準 $1-\alpha$ 越大則越準確。

當信賴水準 $1-\alpha$ 相同時，信賴區間長度越短則越準確

10.3

上限：2.706990555

下限：2.143009445

10.4

上限：4864.744241

下限：3155.255759

10.5

在大樣本時(n≥ 30)，利用中央極限定理，$\overline{X}$ 的抽樣分配近似常態分配。由於當 n≥30 時，可用常態分配近似值，所以出現 $z_{\alpha/2}$。然而當樣本不夠大(n<30)，我們無法使用中央極限定理，假設為小樣本，則其信賴區間是以 t 分配(t distribution)的機率分配為基礎。然而，如果假設母體呈常態分配並不合理時，唯一的選擇就是將樣本增大至 n≥30，而後利用大樣本區間估計法。

第十一章　假設檢定

11.1

在假設檢定中，我們首先做有關一母體母數的嘗試性假定。這個嘗試性假定稱為虛無假設(null hypothesis)，記做 H_0。

定義與虛無假設陳述相反的另一個假設，稱為對立假設(alternative hypothesis)，記做 H_1

11.2

「枉」：真實狀況是無罪，但被判有罪。型一誤差

「縱」：真實狀況是有罪，但被判無罪。型二誤差

在民主國家，法官比較不希望犯型一誤差。

在極權統治國家，法官比較不希望犯型二誤差。

11.3

第一類型錯誤：當 H_0 為真時，我們卻拒絕了它。

第二類型錯誤：當 H_0 為偽時，我們卻接受了它。

		真實情況	
		H_0 為真	H_1 為真
決	不拒絕 H_0	$(1-\alpha)$ 正確結論	β 型 II 誤差
策	拒絕 H_0	α 型 I 誤差	$(1-\beta)$ 正確結論

11.4

若 p 值 $< \alpha$ ，則拒絕 H_0

11.5

(1)決定合適的虛無與對立假設。

(2)選定用以決定是否拒絕虛無假設之檢定統計量。

(3)給定該檢定的顯著水準 α 。

(4)利用顯著水準建立拒絕法則。該法則將標明導致拒絕 H_0 的檢定統計量之值。

(5)收集樣本資料,並計算檢定統計量的值。

(6)比較檢定統計量的值與拒絕法則中的臨界值,以判斷應否拒絕 H_0。

(7)若有需要,可計算該檢定的 p 值。

11.6

(1)建立虛無與對立假設。

(2)利用顯著水準建立基於檢定統計量之拒絕法則。

(3)利用上述的拒絕法則,解出位於該檢定拒絕域的樣本平均數之值。

(4)利用步驟 3 的結果,寫出將導致接受 H_0 的樣本平均數之值,也就是定義此檢定之接受域。

(5)就對立假設中的任一 μ 值,根據 $\bar{x}$ 的抽樣分配與步驟 4 的接受域,計算樣本平均數將落於接受域的機率。此機率即為在選定的 μ 值下發生型 II 誤的機率。

(6)就對立假設中的其他 μ 值,重覆步驟 5。

11.7

(1)假設母體變異已知,該如何進行?

(2)又若母體變異未知,該如何進行?0.886887787

第十二章　二母體平均數與二母體比率之統計推論

12.1

(1)獨立樣本設計——在使用第一種生產方法的工人中抽取一組簡單隨機樣本,再從使用第二種生產方法的工人中抽取另一組獨立之簡單隨機樣本,並以第 12.2 節的方法來檢定二平均數的差異。

(2)成對樣本設計——抽取一組工人的簡單隨機樣本,這些工人先後使用這兩種生產方法,但使用的順序是隨機配置的。某些工人可能先用第一種方法,而另外的工人可能先用第二種方法,但每位工人都會提供一

對資料值,一為使用第一種方法的值,另一為使用第二種方法的值。

12.2

假設 μ_0 為**甲教會**的母體平均**結餘**、 μ_1 為**乙教會**的母體平均**結餘**,則 $H_0 : \mu_0 = \mu_1$ 、 $H_1 : \mu_0 \neq \mu_1$;決定顯著水準 $\alpha = 0.05$;視母體變異數是否已知,選擇不同的計算公式,這裡暫時假設不知道母體變異數為何。

t 檢定:兩個母體平均數差的檢定,假設變異數相等

	甲教會	乙教會
平均數	9.259167	9.959167
變異數	3.703499	14.01032
觀察值個數	12	12
Pooled 變異數	8.856908	
假設的均數差	0	
自由度	22	
t 統計	−0.57615	
P(T<=t) 單尾	0.285182	
臨界值:單尾	1.717144	
P(T<=t) 雙尾	0.570364	
臨界值:雙尾	2.073873	

P>0.05 接受 H₀,甲乙兩教會結餘無差異。

12.3

假設 μ_0 為宗教系學生的母體平均收入、 μ_1 為統計系學生的母體平均收入,則 $H_0 : \mu_0 = \mu_1$ 、 $H_1 : \mu_0 \neq \mu_1$;決定顯著水準 $\alpha = 0.05$

t 檢定：兩個母體平均數差的檢定，假設變異數相等

	宗教	統計
平均數	2.566666667	3.07
變異數	0.129775	0.27845
觀察值個數	9	9
Pooled 變異數	0.2041125	
假設的均數差	0	
自由度	16	
t 統計	-2.363345131	
P(T<=t) 單尾	0.015551468	
臨界值：單尾	1.745883669	
P(T<=t) 雙尾	0.031102936	
臨界值：雙尾	2.119905285	

P＜0.05 拒絕 H_0，兩系畢業生收入有差異。

12.4

假設 μ_0 為甲班的母體平均成績、μ_1 為乙班的母體平均成績，則
$H_0 : \mu_0 = \mu_1$、$H_1 : \mu_0 \neq \mu_1$；決定顯著水準 $\alpha = 0.05$

t 檢定：兩個母體平均數差的檢定，假設變異數不相等

	甲班	乙班
平均數	76.91667	74.4
變異數	98.26515	271.2571
觀察值個數	12	15
假設的均數差	0	
自由度	23	
t 統計	0.490992	
P(T<=t) 單尾	0.314042	
臨界值：單尾	1.713872	
P(T<=t) 雙尾	0.628084	

臨界值：雙尾	2.068658

P＞0.05 接受 H₀，甲乙兩班成績無差異。

12.5

假設 μ_0 為修練前的母體平均體重、μ_1 為修練後的母體平均體重，則 $H_0 : \mu_0 = \mu_1$、$H_1 : \mu_0 \neq \mu_1$；決定顯著水準 α =0.05

t 檢定：成對母體平均數差異檢定

	修練前	修練後
平均數	75.75	64.66667
變異數	164.0227	313.697
觀察值個數	12	12
皮耳森相關係數	0.692939	
假設的均數差	0	
自由度	11	
t 統計	3.003955	
P(T<=t) 單尾	0.005997	
臨界值：單尾	1.795885	
P(T<=t) 雙尾	0.011995	
臨界值：雙尾	2.200985	

P＜0.05 拒絕 H₀，修練前後的體重有差異。

第十三章　母體變異數之推論

13.1

單一母體變異數的單尾檢定

$$H_0 : \sigma^2 \leq \sigma_0^2$$
$$H_1 : \sigma^2 > \sigma_0^2$$

檢定統計量

$$\chi^2 = \frac{(n-1)s^2}{\sigma_0^{\ 2}}$$

拒絕法則

若 $\chi^2 > \chi_\alpha^2$，則拒絕 H_0

其中 σ^2 是母體變異數的假設值，α 是該檢定的顯著水準，而 χ_α^2 的值是自由度為 $n-1$ 的卡方分配值。

13.2

假設 H_0：每一包香的重量無差異；H_1：每一包香的重量有差異；決定顯著水準 α =0.05

變異數=11.41208791

卡方值=29.67142857

p=0.005250715

拒絕 H_0

13.3

假設 H_0：有無禪修的成績無差異；H_1：有無禪修的成績有差異；決定顯著水準 α =0.05。

F 檢定：兩個常態母體變異數的檢定

	禪修	無禪修
平均數	90.86667	89.2
變異數	18.55238	60.6
觀察值個數	15	15
自由度	14	14
F	0.306145	
P(F<=f) 單尾	0.01711	
臨界值：單尾	0.402621	

p=0.01711

拒絕 H_0；有無禪修的成績有差異。

第十四章　卡方檢定：適合度與獨立性檢定

14.1

適合度考驗、獨立性考驗

14.2

(1)列出有關母體之假設多項分配的虛無假設。

(2)用一大小為 n 的簡單隨機樣本，記錄 k 類中的每一類所含的觀察次數。

(3)在虛無假設為真的假設下，決定每類的機率或比率。

(4)將第 3 步的每一類比率乘以樣本數，以決定每一類的期望次數。

(5)將觀察次數和期望次數代入(14.1)式求出此檢定的 χ^2 值。

(6)利用下述拒絕法則完成此檢定：

若 $\chi^2 > \chi^2_\alpha$，則拒絕 H_0

14.3

p=0.003714 ＜0.05 拒絕 H_0。男女在對同性戀的態度是不同的。

14.4

p=0.007021864 ＜0.05 拒絕 H_0。不同的教育程度對宗教選擇的態度是不同的。

第十五章　簡單線性迴歸與相關

15.1

迴歸分析為建立變數關係的數學方程式之統計程序。在迴歸術語中，由數學方程式預測的變數稱為因變數(dependent variable)，而據以預測因變數的值之變數稱為自變數(independent variable)。

15.2

最小平方方法(least squares method)即可提供描述自變數與因變數關係

的最佳近似之直線。我們稱由最小平方法建立的直線方程式為估計迴歸線(estimated regression line)或估計迴歸方程式(estimated regression equation)。

15.3

迴歸分析中的每個觀察值都有殘差，其值為因變數的觀察值 y_i 與由迴歸方程式預測而得的 y_i 值之差；第 i 個觀察值的殘差 $y_i - y_i$ 是以估計迴歸方程式預測值 y_i 所產生的誤差之估計值。

殘差分析可用來檢定迴歸分析的前提假定是否成立。

15.4

請參照課本做法

15.5

請參照課本做法

15.6

在許多調查研究中，我們常常需要就實驗中的每一實驗單位觀察兩個或兩個以上的變數，以決定是否可以從其他的變數衡量預測另一主要變數的情形。相關分析是利用來衡量兩個隨機變數之間"直線關係"的方向與強弱程度

15.7

樣本共變異數(sample covariance)的定義式如下：

樣本共變異數

$$s_{XY} = \frac{\sum (X_i - \overline{X})(Y_i - \overline{Y})}{n-1}$$

15.8 皮爾森積矩相關係數：樣本資料

$$\gamma_{XY} = \frac{s_{XY}}{s_X s_Y}$$

15.9

請參照課本做法

15.10

共變異數 65.3333

相關係數 0.849666

第十六章　多元迴歸

16.1

多元迴歸分析的機率模型是簡單線性迴歸模型的推廣。是將簡單線性迴歸的概念推廣至多於一個自變數的情形。

16.2

多元迴歸問題中的多數自變數間均有某種程度的相關。在多元迴歸分析中，我們以多重共線性(multicollinearity)這個名詞來表示自變數之間的關聯性。

16.3

請參照課本做法

第十七章　變異數分析與實驗設計

17.1

(1)就各母體而言，其因變數為常態分配。

(2)各母體的因變數之變異數(記為 σ^2)均相等。

(3)觀察值是互相獨立的。

17.2

請參照課本做法

17.3

請參照課本做法

17.4

請參照課本做法

17.5
請參照課本做法

附錄　附表

一、常態分配曲線下的面積

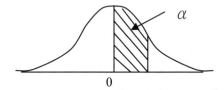

0

z	0	0.01	0.02	0.03	0.04	0.05	0.06	0.07	0.08	0.09
0.0	0.0000	0.0040	0.0080	0.0120	0.0160	0.0190	0.0239	0.0279	0.0319	0.0359
0.1	0.0398	0.0438	0.0478	0.0517	0.0557	0.0596	0.0636	0.0675	0.0714	0.0753
0.2	0.0793	0.0832	0.0871	0.0910	0.0948	0.0987	0.1026	0.1064	0.1103	0.1141
0.3	0.1179	0.1217	0.1255	0.1293	0.1331	0.1368	0.1406	0.1443	0.1480	0.1517
0.4	0.1554	0.1591	0.1628	0.1664	0.1700	0.1736	0.1772	0.1808	0.1844	0.1879
0.5	0.1915	0.1950	0.1985	0.2019	0.2054	0.2088	0.2123	0.2157	0.2190	0.2224
0.6	0.2257	0.2291	0.2324	0.2357	0.2389	0.2422	0.2454	0.2486	0.2517	0.2549
0.7	0.2580	0.2611	0.2642	0.2673	0.2704	0.2734	0.2764	0.2794	0.2823	0.2852
0.8	0.2881	0.2910	0.2939	0.2969	0.2995	0.3023	0.3051	0.3078	0.3106	0.3133
0.9	0.3159	0.3186	0.3212	0.3238	0.3264	0.3289	0.3315	0.3340	0.3365	0.3389
1.0	0.3413	0.3438	0.3461	0.3485	0.3508	0.3513	0.3554	0.3577	0.3529	0.3621
1.1	0.3643	0.3665	0.3686	0.3708	0.3729	0.3749	0.3770	0.3790	0.3810	0.3830
1.2	0.3849	0.3869	0.3888	0.3907	0.3925	0.3944	0.3962	0.3980	0.3997	0.4015
1.3	0.4032	0.4049	0.4066	0.4082	0.4099	0.4115	0.4131	0.4147	0.4162	0.4177
1.4	0.4192	0.4207	0.4222	0.4236	0.4251	0.4265	0.4279	0.4292	0.4306	0.4319
1.5	0.4332	0.4345	0.4357	0.4370	0.4382	0.4394	0.4406	0.4418	0.4429	0.4441
1.6	0.4452	0.4463	0.4474	0.4484	0.4495	0.4505	0.4515	0.4525	0.4535	0.4545
1.7	0.4554	0.4564	0.4573	0.4582	0.4591	0.4599	0.4608	0.4616	0.4625	0.4633
1.8	0.4641	0.4649	0.4656	0.4664	0.4671	0.4678	0.4686	0.4693	0.4699	0.4706
1.9	0.4713	0.4719	0.4726	0.4732	0.4738	0.4744	0.475	0.4756	0.4761	0.4767
2.0	0.4772	0.4778	0.4783	0.4788	0.4793	0.4798	0.4803	0.4808	0.4812	0.4817
2.1	0.4821	0.4826	0.4830	0.4834	0.4838	0.4842	0.4846	0.4850	0.4854	0.4857
2.2	0.4861	0.4864	0.4868	0.4871	0.4875	0.4878	0.4881	0.4884	0.4887	0.4890
2.3	0.4893	0.4896	0.4898	0.4901	0.4904	0.4906	0.4909	0.4911	0.4913	0.4916
2.4	0.4918	0.4920	0.4922	0.4925	0.4927	0.4929	0.4931	0.4932	0.4934	0.4936
2.5	0.4938	0.4940	0.4941	0.4943	0.4945	0.4946	0.4948	0.4949	0.4951	0.4952
2.6	0.4953	0.4955	0.4956	0.4957	0.4959	0.4960	0.4961	0.4962	0.4963	0.4964
2.7	0.4965	0.4966	0.4967	0.4968	0.4969	0.4970	0.4971	0.4972	0.4973	0.4974
2.8	0.4974	0.4975	0.4976	0.4977	0.4977	0.4978	0.4979	0.4979	0.4980	0.4981
2.9	0.4981	0.4982	0.4982	0.4983	0.4984	0.4984	0.4985	0.4985	0.4986	0.4986
3.0	0.4987	0.4987	0.4987	0.4988	0.4988	0.4989	0.4989	0.4989	0.4990	0.4990

　　在 Excel 裡，如何得知 Z 分數所對應的機率值呢？這時候
就要使用「插入函數」的功能，你可以直接在工作列中的 "插
入" 選單中選擇 "函數" 選項，或是直接在資料編輯列中直接
點選 "fx"，便會出現下列對話窗：

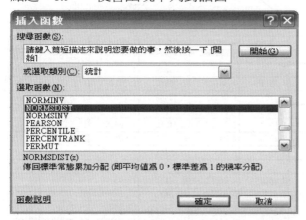

在選取類別中選擇 "統計" 類，並選取 "NORMSDIST" 函數。

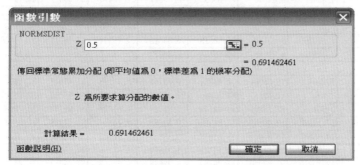

　　"NORMSDIST" 函數對話窗出現後，再輸入欲求取的 Z 值，
在對話窗中便會直接呈現該 Z 值所對應的機率值。要注意的
是，Excel 在此所呈現的機率值是從常態分配最左端向右一直
到所欲求取的 Z 值間所涵蓋的曲線下面積。

二、卡方分配曲線下的面積

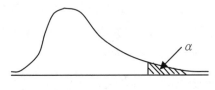

$$\chi^2$$

df\area	0.99	0.95	0.9	0.5	0.1	0.05	0.01
1	0.00016	0.00393	0.01579	0.45494	2.70554	3.84146	6.6349
2	0.0201	0.10259	0.21072	1.38629	4.60517	5.99146	9.21034
3	0.11483	0.35185	0.58437	2.36597	6.25139	7.81473	11.34487
4	0.29711	0.71072	1.06362	3.35669	7.77944	9.48773	13.2767
5	0.5543	1.14548	1.61031	4.35146	9.23636	11.0705	15.08627
6	0.87209	1.63538	2.20413	5.34812	10.64464	12.59159	16.81189
7	1.23904	2.16735	2.83311	6.34581	12.01704	14.06714	18.47531
8	1.6465	2.73264	3.48954	7.34412	13.36157	15.50731	20.09024
9	2.0879	3.32511	4.16816	8.34283	14.68366	16.91898	21.66599
10	2.55821	3.9403	4.86518	9.34182	15.98718	18.30704	23.20925
11	3.05348	4.57481	5.57778	10.341	17.27501	19.67514	24.72497
12	3.57057	5.22603	6.3038	11.34032	18.54935	21.02607	26.21697
13	4.10692	5.89186	7.0415	12.33976	19.81193	22.36203	27.68825
14	4.66043	6.57063	7.78953	13.33927	21.06414	23.68479	29.14124
15	5.22935	7.26094	8.54676	14.33886	22.30713	24.99579	30.57791
16	5.81221	7.96165	9.31224	15.3385	23.54183	26.29623	31.99993
17	6.40776	8.67176	10.08519	16.33818	24.76904	27.58711	33.40866
18	7.01491	9.39046	10.86494	17.3379	25.98942	28.8693	34.80531
19	7.63273	10.11701	11.65091	18.33765	27.20357	30.14353	36.19087
20	8.2604	10.85081	12.44261	19.33743	28.41198	31.41043	37.56623
21	8.8972	11.59131	13.2396	20.33723	29.61509	32.67057	38.93217
22	9.54249	12.33801	14.04149	21.33704	30.81328	33.92444	40.28936
23	10.19572	13.09051	14.84796	22.33688	32.0069	35.17246	41.6384
24	10.85636	13.84843	15.65868	23.33673	33.19624	36.41503	42.97982
25	11.52398	14.61141	16.47341	24.33659	34.38159	37.65248	44.3141
26	12.19815	15.37916	17.29188	25.33646	35.56317	38.88514	45.64168
27	12.8785	16.1514	18.1139	26.33634	36.74122	40.11327	46.96294
28	13.56471	16.92788	18.93924	27.33623	37.91592	41.33714	48.27824
29	14.25645	17.70837	19.76774	28.33613	39.08747	42.55697	49.58788
30	14.95346	18.49266	20.59923	29.33603	40.25602	43.77297	50.89218

　　在工作列中的"插入"選單中選擇"函數"選項，或是直接在資料編輯列中直接點選"fx"，便會出現下列對話窗：

在選取類別中選擇"統計"類，並選取"CHIINV"函數。

　　"CHIINV"函數對話窗出現後，再輸入欲求取的 α 值與自由度，在對話窗中便會直接呈現該卡方值所對應的機率值。

三、t 分配曲線下的面積

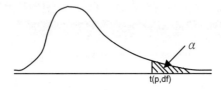

t(p,df)

df\p	0.1	0.05	0.025	0.01	0.005	0.0005
1	3.077684	6.313752	12.7062	31.82052	63.65674	636.6192
2	1.885618	2.919986	4.30265	6.96456	9.92484	31.5991
3	1.637744	2.353363	3.18245	4.5407	5.84091	12.924
4	1.533206	2.131847	2.77645	3.74695	4.60409	8.6103
5	1.475884	2.015048	2.57058	3.36493	4.03214	6.8688
6	1.439756	1.94318	2.44691	3.14267	3.70743	5.9588
7	1.414924	1.894579	2.36462	2.99795	3.49948	5.4079
8	1.396815	1.859548	2.306	2.89646	3.35539	5.0413
9	1.383029	1.833113	2.26216	2.82144	3.24984	4.7809
10	1.372184	1.812461	2.22814	2.76377	3.16927	4.5869
11	1.36343	1.795885	2.20099	2.71808	3.10581	4.437
12	1.356217	1.782288	2.17881	2.681	3.05454	4.3178
13	1.350171	1.770933	2.16037	2.65031	3.01228	4.2208
14	1.34503	1.76131	2.14479	2.62449	2.97684	4.1405
15	1.340606	1.75305	2.13145	2.60248	2.94671	4.0728
16	1.336757	1.745884	2.11991	2.58349	2.92078	4.015
17	1.333379	1.739607	2.10982	2.56693	2.89823	3.9651
18	1.330391	1.734064	2.10092	2.55238	2.87844	3.9216
19	1.327728	1.729133	2.09302	2.53948	2.86093	3.8834
20	1.325341	1.724718	2.08596	2.52798	2.84534	3.8495
21	1.323188	1.720743	2.07961	2.51765	2.83136	3.8193
22	1.321237	1.717144	2.07387	2.50832	2.81876	3.7921
23	1.31946	1.713872	2.06866	2.49987	2.80734	3.7676
24	1.317836	1.710882	2.0639	2.49216	2.79694	3.7454
25	1.316345	1.708141	2.05954	2.48511	2.78744	3.7251
26	1.314972	1.705618	2.05553	2.47863	2.77871	3.7066
27	1.313703	1.703288	2.05183	2.47266	2.77068	3.6896
28	1.312527	1.701131	2.04841	2.46714	2.76326	3.6739
29	1.311434	1.699127	2.04523	2.46202	2.75639	3.6594
30	1.310415	1.697261	2.04227	2.45726	2.75	3.646
inf	1.281552	1.644854	1.95996	2.32635	2.57583	3.2905

在工作列中的"插入"選單中選擇"函數"選項，或是直接在
資料編輯列中直接點選"fx"，便會出現下列對話窗：

在選取類別中選擇"統計"類，並選取"TINV"函數。

　"TINV"函數對話窗出現後，再輸入欲求取的 α 值與自由度，
在對話窗中便會直接呈現該 t 值所對應的機率值。

四、F分配曲線下的面積（ α =0.05）

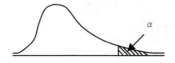

df2/df1	1	2	3	4	5	6	7	8	9	10
1	161.4476	199.5	215.7073	224.5832	230.1619	233.986	236.7684	238.8827	240.5433	241.8817
2	18.5128	19	19.1643	19.2468	19.2964	19.3295	19.3532	19.371	19.3848	19.3959
3	10.128	9.5521	9.2766	9.1172	9.0135	8.9406	8.8867	8.8452	8.8123	8.7855
4	7.7086	6.9443	6.5914	6.3882	6.2561	6.1631	6.0942	6.041	5.9988	5.9644
5	6.6079	5.7861	5.4095	5.1922	5.0503	4.9503	4.8759	4.8183	4.7725	4.7351
6	5.9874	5.1433	4.7571	4.5337	4.3874	4.2839	4.2067	4.1468	4.099	4.06
7	5.5914	4.7374	4.3468	4.1203	3.9715	3.866	3.787	3.7257	3.6767	3.6365
8	5.3177	4.459	4.0662	3.8379	3.6875	3.5806	3.5005	3.4381	3.3881	3.3472
9	5.1174	4.2565	3.8625	3.6331	3.4817	3.3738	3.2927	3.2296	3.1789	3.1373
10	4.9646	4.1028	3.7083	3.478	3.3258	3.2172	3.1355	3.0717	3.0204	2.9782
11	4.8443	3.9823	3.5874	3.3567	3.2039	3.0946	3.0123	2.948	2.8962	2.8536
12	4.7472	3.8853	3.4903	3.2592	3.1059	2.9961	2.9134	2.8486	2.7964	2.7534
13	4.6672	3.8056	3.4105	3.1791	3.0254	2.9153	2.8321	2.7669	2.7144	2.671
14	4.6001	3.7389	3.3439	3.1122	2.9582	2.8477	2.7642	2.6987	2.6458	2.6022
15	4.5431	3.6823	3.2874	3.0556	2.9013	2.7905	2.7066	2.6408	2.5876	2.5437
16	4.494	3.6337	3.2389	3.0069	2.8524	2.7413	2.6572	2.5911	2.5377	2.4935
17	4.4513	3.5915	3.1968	2.9647	2.81	2.6987	2.6143	2.548	2.4943	2.4499
18	4.4139	3.5546	3.1599	2.9277	2.7729	2.6613	2.5767	2.5102	2.4563	2.4117
19	4.3807	3.5219	3.1274	2.8951	2.7401	2.6283	2.5435	2.4768	2.4227	2.3779
20	4.3512	3.4928	3.0984	2.8661	2.7109	2.599	2.514	2.4471	2.3928	2.3479
21	4.3248	3.4668	3.0725	2.8401	2.6848	2.5727	2.4876	2.4205	2.366	2.321
22	4.3009	3.4434	3.0491	2.8167	2.6613	2.5491	2.4638	2.3965	2.3419	2.2967
23	4.2793	3.4221	3.028	2.7955	2.64	2.5277	2.4422	2.3748	2.3201	2.2747
24	4.2597	3.4028	3.0088	2.7763	2.6207	2.5082	2.4226	2.3551	2.3002	2.2547
25	4.2417	3.3852	2.9912	2.7587	2.603	2.4904	2.4047	2.3371	2.2821	2.2365
26	4.2252	3.369	2.9752	2.7426	2.5868	2.4741	2.3883	2.3205	2.2655	2.2197
27	4.21	3.3541	2.9604	2.7278	2.5719	2.4591	2.3732	2.3053	2.2501	2.2043
28	4.196	3.3404	2.9467	2.7141	2.5581	2.4453	2.3593	2.2913	2.236	2.19
29	4.183	3.3277	2.934	2.7014	2.5454	2.4324	2.3463	2.2783	2.2229	2.1768
30	4.1709	3.3158	2.9223	2.6896	2.5336	2.4205	2.3343	2.2662	2.2107	2.1646
40	4.0847	3.2317	2.8387	2.606	2.4495	2.3359	2.249	2.1802	2.124	2.0772
60	4.0012	3.1504	2.7581	2.5252	2.3683	2.2541	2.1665	2.097	2.0401	1.9926
120	3.9201	3.0718	2.6802	2.4472	2.2899	2.175	2.0868	2.0164	1.9588	1.9105
inf	3.8415	2.9957	2.6049	2.3719	2.2141	2.0986	2.0096	1.9384	1.8799	1.8307

12	15	20	24	30	40	60	120	INF
243.906	245.9499	248.0131	249.0518	250.0951	251.1432	252.1957	253.2529	254.3144
19.4125	19.4291	19.4458	19.4541	19.4624	19.4707	19.4791	19.4874	19.4957
8.7446	8.7029	8.6602	8.6385	8.6166	8.5944	8.572	8.5494	8.5264
5.9117	5.8578	5.8025	5.7744	5.7459	5.717	5.6877	5.6581	5.6281
4.6777	4.6188	4.5581	4.5272	4.4957	4.4638	4.4314	4.3985	4.365
3.9999	3.9381	3.8742	3.8415	3.8082	3.7743	3.7398	3.7047	3.6689
3.5747	3.5107	3.4445	3.4105	3.3758	3.3404	3.3043	3.2674	3.2298
3.2839	3.2184	3.1503	3.1152	3.0794	3.0428	3.0053	2.9669	2.9276
3.0729	3.0061	2.9365	2.9005	2.8637	2.8259	2.7872	2.7475	2.7067
2.913	2.845	2.774	2.7372	2.6996	2.6609	2.6211	2.5801	2.5379
2.7876	2.7186	2.6464	2.609	2.5705	2.5309	2.4901	2.448	2.4045
2.6866	2.6169	2.5436	2.5055	2.4663	2.4259	2.3842	2.341	2.2962
2.6037	2.5331	2.4589	2.4202	2.3803	2.3392	2.2966	2.2524	2.2064
2.5342	2.463	2.3879	2.3487	2.3082	2.2664	2.2229	2.1778	2.1307
2.4753	2.4034	2.3275	2.2878	2.2468	2.2043	2.1601	2.1141	2.0658
2.4247	2.3522	2.2756	2.2354	2.1938	2.1507	2.1058	2.0589	2.0096
2.3807	2.3077	2.2304	2.1898	2.1477	2.104	2.0584	2.0107	1.9604
2.3421	2.2686	2.1906	2.1497	2.1071	2.0629	2.0166	1.9681	1.9168
2.308	2.2341	2.1555	2.1141	2.0712	2.0264	1.9795	1.9302	1.878
2.2776	2.2033	2.1242	2.0825	2.0391	1.9938	1.9464	1.8963	1.8432
2.2504	2.1757	2.096	2.054	2.0102	1.9645	1.9165	1.8657	1.8117
2.2258	2.1508	2.0707	2.0283	1.9842	1.938	1.8894	1.838	1.7831
2.2036	2.1282	2.0476	2.005	1.9605	1.9139	1.8648	1.8128	1.757
2.1834	2.1077	2.0267	1.9838	1.939	1.892	1.8424	1.7896	1.733
2.1649	2.0889	2.0075	1.9643	1.9192	1.8718	1.8217	1.7684	1.711
2.1479	2.0716	1.9898	1.9464	1.901	1.8533	1.8027	1.7488	1.6906
2.1323	2.0558	1.9736	1.9299	1.8842	1.8361	1.7851	1.7306	1.6717
2.1179	2.0411	1.9586	1.9147	1.8687	1.8203	1.7689	1.7138	1.6541
2.1045	2.0275	1.9446	1.9005	1.8543	1.8055	1.7537	1.6981	1.6376
2.0921	2.0148	1.9317	1.8874	1.8409	1.7918	1.7396	1.6835	1.6223
2.0035	1.9245	1.8389	1.7929	1.7444	1.6928	1.6373	1.5766	1.5089
1.9174	1.8364	1.748	1.7001	1.6491	1.5943	1.5343	1.4673	1.3893
1.8337	1.7505	1.6587	1.6084	1.5543	1.4952	1.429	1.3519	1.2539
1.7522	1.6664	1.5705	1.5173	1.4591	1.394	1.318	1.2214	1

五、F 分配曲線下的面積（ α =0.01）

df2/df1	1	2	3	4	5	6	7	8	9	10
1	4052.181	4999.5	5403.352	5624.583	5763.65	5858.986	5928.356	5981.07	6022.473	6055.847
2	98.503	99	99.166	99.249	99.299	99.333	99.356	99.374	99.388	99.399
3	34.116	30.817	29.457	28.71	28.237	27.911	27.672	27.489	27.345	27.229
4	21.198	18	16.694	15.977	15.522	15.207	14.976	14.799	14.659	14.546
5	16.258	13.274	12.06	11.392	10.967	10.672	10.456	10.289	10.158	10.051
6	13.745	10.925	9.78	9.148	8.746	8.466	8.26	8.102	7.976	7.874
7	12.246	9.547	8.451	7.847	7.46	7.191	6.993	6.84	6.719	6.62
8	11.259	8.649	7.591	7.006	6.632	6.371	6.178	6.029	5.911	5.814
9	10.561	8.022	6.992	6.422	6.057	5.802	5.613	5.467	5.351	5.257
10	10.044	7.559	6.552	5.994	5.636	5.386	5.2	5.057	4.942	4.849
11	9.646	7.206	6.217	5.668	5.316	5.069	4.886	4.744	4.632	4.539
12	9.33	6.927	5.953	5.412	5.064	4.821	4.64	4.499	4.388	4.296
13	9.074	6.701	5.739	5.205	4.862	4.62	4.441	4.302	4.191	4.1
14	8.862	6.515	5.564	5.035	4.695	4.456	4.278	4.14	4.03	3.939
15	8.683	6.359	5.417	4.893	4.556	4.318	4.142	4.004	3.895	3.805
16	8.531	6.226	5.292	4.773	4.437	4.202	4.026	3.89	3.78	3.691
17	8.4	6.112	5.185	4.669	4.336	4.102	3.927	3.791	3.682	3.593
18	8.285	6.013	5.092	4.579	4.248	4.015	3.841	3.705	3.597	3.508
19	8.185	5.926	5.01	4.5	4.171	3.939	3.765	3.631	3.523	3.434
20	8.096	5.849	4.938	4.431	4.103	3.871	3.699	3.564	3.457	3.368
21	8.017	5.78	4.874	4.369	4.042	3.812	3.64	3.506	3.398	3.31
22	7.945	5.719	4.817	4.313	3.988	3.758	3.587	3.453	3.346	3.258
23	7.881	5.664	4.765	4.264	3.939	3.71	3.539	3.406	3.299	3.211
24	7.823	5.614	4.718	4.218	3.895	3.667	3.496	3.363	3.256	3.168
25	7.77	5.568	4.675	4.177	3.855	3.627	3.457	3.324	3.217	3.129
26	7.721	5.526	4.637	4.14	3.818	3.591	3.421	3.288	3.182	3.094
27	7.677	5.488	4.601	4.106	3.785	3.558	3.388	3.256	3.149	3.062
28	7.636	5.453	4.568	4.074	3.754	3.528	3.358	3.226	3.12	3.032
29	7.598	5.42	4.538	4.045	3.725	3.499	3.33	3.198	3.092	3.005
30	7.562	5.39	4.51	4.018	3.699	3.473	3.304	3.173	3.067	2.979
40	7.314	5.179	4.313	3.828	3.514	3.291	3.124	2.993	2.888	2.801
60	7.077	4.977	4.126	3.649	3.339	3.119	2.953	2.823	2.718	2.632
120	6.851	4.787	3.949	3.48	3.174	2.956	2.792	2.663	2.559	2.472
inf	6.635	4.605	3.782	3.319	3.017	2.802	2.639	2.511	2.407	2.321

12	15	20	24	30	40	60	120	INF
6106.321	6157.285	6208.73	6234.631	6260.649	6286.782	6313.03	6339.391	6365.864
99.416	99.433	99.449	99.458	99.466	99.474	99.482	99.491	99.499
27.052	26.872	26.69	26.598	26.505	26.411	26.316	26.221	26.125
14.374	14.198	14.02	13.929	13.838	13.745	13.652	13.558	13.463
9.888	9.722	9.553	9.466	9.379	9.291	9.202	9.112	9.02
7.718	7.559	7.396	7.313	7.229	7.143	7.057	6.969	6.88
6.469	6.314	6.155	6.074	5.992	5.908	5.824	5.737	5.65
5.667	5.515	5.359	5.279	5.198	5.116	5.032	4.946	4.859
5.111	4.962	4.808	4.729	4.649	4.567	4.483	4.398	4.311
4.706	4.558	4.405	4.327	4.247	4.165	4.082	3.996	3.909
4.397	4.251	4.099	4.021	3.941	3.86	3.776	3.69	3.602
4.155	4.01	3.858	3.78	3.701	3.619	3.535	3.449	3.361
3.96	3.815	3.665	3.587	3.507	3.425	3.341	3.255	3.165
3.8	3.656	3.505	3.427	3.348	3.266	3.181	3.094	3.004
3.666	3.522	3.372	3.294	3.214	3.132	3.047	2.959	2.868
3.553	3.409	3.259	3.181	3.101	3.018	2.933	2.845	2.753
3.455	3.312	3.162	3.084	3.003	2.92	2.835	2.746	2.653
3.371	3.227	3.077	2.999	2.919	2.835	2.749	2.66	2.566
3.297	3.153	3.003	2.925	2.844	2.761	2.674	2.584	2.489
3.231	3.088	2.938	2.859	2.778	2.695	2.608	2.517	2.421
3.173	3.03	2.88	2.801	2.72	2.636	2.548	2.457	2.36
3.121	2.978	2.827	2.749	2.667	2.583	2.495	2.403	2.305
3.074	2.931	2.781	2.702	2.62	2.535	2.447	2.354	2.256
3.032	2.889	2.738	2.659	2.577	2.492	2.403	2.31	2.211
2.993	2.85	2.699	2.62	2.538	2.453	2.364	2.27	2.169
2.958	2.815	2.664	2.585	2.503	2.417	2.327	2.233	2.131
2.926	2.783	2.632	2.552	2.47	2.384	2.294	2.198	2.097
2.896	2.753	2.602	2.522	2.44	2.354	2.263	2.167	2.064
2.868	2.726	2.574	2.495	2.412	2.325	2.234	2.138	2.034
2.843	2.7	2.549	2.469	2.386	2.299	2.208	2.111	2.006
2.665	2.522	2.369	2.288	2.203	2.114	2.019	1.917	1.805
2.496	2.352	2.198	2.115	2.028	1.936	1.836	1.726	1.601
2.336	2.192	2.035	1.95	1.86	1.763	1.656	1.533	1.381
2.185	2.039	1.878	1.791	1.696	1.592	1.473	1.325	1

在工作列中的"插入"選單中選擇"函數"選項,或是直接在
資料編輯列中直接點選"fx",便會出現下列對話窗:

在選取類別中選擇"統計"類,並選取"FINV"函數。

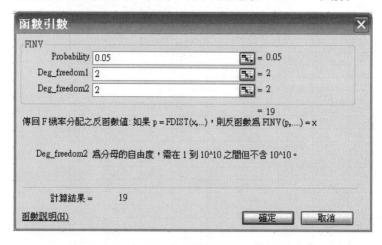

"FINV"函數對話窗出現後,再輸入欲求取的 α 值與自由度,
在對話窗中便會直接呈現該 α 值所對應的機率值。

國家圖書館出版品預行編目資料

臺灣宗教統計學／謝邦昌 張家麟 李國隆 合著.
-- 初版. -- 臺北市：蘭臺出版：2008.12
　面； 　公分. -- （宗教與社會叢書：B017）
　ISBN 978-986-7626-83-7

　　1. 臺灣宗教 2. 統計學

　202.8　　　　　　　　　　98006325

宗教與社會叢書 B017

臺灣宗教統計學

作　　　者：謝邦昌 張家麟 李國隆
出　　　版：蘭臺出版社
編　　　輯：張加君
美　　　編：周依
地　　　址：台北市中正區開封街一段 20 號 4 樓
電　　　話：(02)2331-1675　傳真：(02)2382-6225
劃 撥 帳 號：蘭臺出版社 18995335
網 路 書 店：http://www.5w.com.tw　E-Mail：lt5w.lu@msa.hinet.net
　　　　　　　　　　　　　　　　　books5w@gmail.com
網 路 書 店：博客來網路書店　http://www.books.com.tw
網 路 書 店：華文網、三民網路書店
香 港 總 代 理：香港聯合零售有限公司
地　　　址：香港新界大蒲汀麗路 36 號中華商務印刷大樓
　　　　　　C&C　Building, 36, Ting　Lai　Road, Tai Po,New Territories
電　　　話：(852)2150-2100　　傳真：(852)2356-0735
出 版 日 期：2009 年 6 月初版
定　　　價：新臺幣 550 元

ISBN　978-986-7626-83-7